本书受 2020 年度教育部人文社会科学研究青年基金项目"汉语涉数构式的构式化研究"（20YJC740007）、广东省高水平大学建设重点学科"中华文化国际传播"、广东省"长基计划"中国语言文学学科资助。

HANYU SHULIANG DE FANCHOUHUA YU
QU FANCHOUHUA YANJIU

汉语数量的范畴化与去范畴化研究

陈勇 / 著

人民出版社

责任编辑：王怡石

图书在版编目（CIP）数据

汉语数量的范畴化与去范畴化研究 ／ 陈勇著 ．
北京 ：人民出版社，2025.7. -- ISBN 978－7－01－027219－1

Ⅰ．H13

中国国家版本馆 CIP 数据核字第 2025R5X887 号

汉语数量的范畴化与去范畴化研究
HANYU SHULIANG DE FANCHOUHUA YU QU FANCHOUHUA YANJIU

陈　勇　著

人民出版社 出版发行
（100706　北京市东城区隆福寺街 99 号）

北京汇林印务有限公司印刷　新华书店经销

2025 年 7 月第 1 版　2025 年 7 月北京第 1 次印刷
开本：710 毫米×1000 毫米 1/16　印张：18.25
字数：290 千字

ISBN 978－7－01－027219－1　定价：98.00 元

邮购地址 100706　北京市东城区隆福寺街 99 号
人民东方图书销售中心　电话（010）65250042　65289539

序　言

彭小川

　　2024 年岁末送旧迎新之际,喜获陈勇送来的书稿《汉语数量的范畴化与去范畴研究》,得以先睹为快。细读下来,颇感欣慰。13 年前,陈勇以《汉语数量范畴及其非范畴化研究》为题的博士学位论文顺利通过答辩,答辩委员会评定其是一篇优秀的博士学位论文。陈勇没有因此而自我满足,接下来的岁月,他针对博士论文的不足之处潜心研究,反复打磨、增改,"十年磨一剑"终结硕果。书稿进一步拓宽了研究的空间,提出了更多的新发现、新见解,对一些问题作出了更深入的探讨和解释,并增加了一些典型的个案,全书显得更加厚实丰满。

　　语义范畴一直是汉语语法研究领域的热门话题,成果丰硕,学界已陆陆续续出版了不少学术专著,构建了诸多范畴,如量范畴、程度范畴、目的范畴、对比范畴、时间范畴、递进范畴等,无疑,这些成果大大推动了汉语语法研究的深入。但数量作为汉语十分常见的一种语义范畴,事实上还未得到全面、系统的探究。我认为,陈勇这本书稿的出版,对推动汉语语义范畴研究的创新作出了较好的贡献。

　　该书构建了一个较为系统的汉语数量范畴,其中不乏一些独到的见解:

　　关于数量的内涵与特征。该书对数量的内涵进行了阐明,并对数量的组成成分"数量核、数量依附体、数量度"作了富有创见的分析。比如:数量核是数量表达意义的核心,通常表现为数词;数量依附于客观事物,因此有依附体,

1

而依附体丧失,可能诱发数量意义的弱化或丧失,进而去范畴化,该书以副词"一下"的演化为例,很好地阐释了数量依附体的重要性;数量度分为客观度和主观度,客观度即数量的多少、大小等取决于客观事物的实际情况,而主观度则是一种基于人类主观认识的评价,包括符合大众心理的常规度,以及违背大众心理的反常规度。该书根据对数量内涵的阐释,还进一步分析了数量所具有的各种特征,比如:客观性与主观性,数量存在于客观事物中,客观性是其本质属性,但进入人类认知领域中的数量,又可以充当人们评价客观事物大小、多少、快慢等的手段,因而具有主观性;直观性与等级性,不同数量存在感知度的差异,如"一斤(苹果)"和"(跑了)一回",前者直观,后者抽象,因而不同数量实际呈现为一个连续体,有着等级的差异性,该书以"个"语法化为助词验证了数量的等级性对去范畴化的影响。除此之外,该书还分析了"具体性与模糊性""隐性与显性""离合性与连续性"等特征,所述观点都颇有新见。

关于数量的类型。以往根据计量对象将数量分为物体、时间、空间,以及与人或事物有关的动作数量,而该书则从不同认知角度对数量进行了各种分类,丰富了我们对汉语数量的认识,如客观数量与主观数量、整数数量与非整数数量、表层数量与深层数量、整体数量与部分数量、动态数量与静态数量、语用数量和非语用数量。该书也提出了诸多富有新见的观点:有些数量实际来源于深层的句法结构,如"一个鸡蛋等于两个馒头"中相等的是深层数量"价钱";数量也有整体与部分之区别,如"四家中的一家","四家"是整体数量,"一家"是离析的部分数量;一些数量具有静态性,而长期处于静态之中的数量容易词汇化或语法化,进而去范畴化,如,"一+名+不+动"易产生词汇化现象,例如"一毛不拔","一"的本义实际丧失,又如,"七尺男儿"泛指男子汉,"七尺"计量功能受损,实际丧失了数量意义;汉语中还存在着语用数量,如"两家人亲如一家","一家"是比喻型的语用数量,实际具有特殊的交际意图,即凸显"亲密"的程度。

关于数量的句法表现形式。数量映射于语言层面,表现形式丰富多样,该书对数词、数量短语的复叠、缩略及连缀作了较深入的探讨,颇有新的发现,比如:提出数词复叠的"双+数词"式,例如"双十一""双百";对基数词缩略式连缀的使用情况及规律进行了细致的分析,并指出低数间的缩略连缀较常见,使用频率高,而高数与低数,以及高数之间的连缀频率趋低,这与言语交际的繁简度及信息传播密切相关。另外,数词缩略连缀实际也遵循一定的认知顺序,如"平列、动作或时间先后、语境、主次、部分与整体、谐数"等。该书还发现了汉语数量表达十分特殊的现象,即不同数量短语之间的连缀,以及数量短语复叠式的连缀,如"正是这一棵、一丛、一片的自然之绿""一筐筐、一车车、一堆堆的高丽菜""我们共和国涌现出一个又一个,一批又一批英雄",以往研究未曾关注,该书对其规律进行了全面的描写与阐释。除此之外,该书还从内涵、典型对应式等对尚未得到关注的两种双数量结构"相等与不等""整体与部分"进行了深入探讨,并提出了一些新见,如"整体与部分"关系具有动态性,表现为"由部分到整体"或"由整体到部分"。该书还对传统的"配置"关系作了进一步探讨,比如:提出"多重配置关系",主要表现为一种交叉性和层级性,例如"一间房三个屋,住着他和父亲两人","一间房三个屋"与"两人"是"物—人"配置关系,而"一间房"与"三个屋"又是"物—物"配置关系,这些数量实际处于不同层级中;另外,"配置"关系还具有强弱、主次之分,如"一夫一妻"是强配置关系,"三室一厅"中"三室"是主要的。该书还从类型、典型对应式、标记词等对学界尚未涉及的数量范围表达进行全面探索,这为当前数量研究提供了有益补充。总之,此部分该书花了大量的笔墨,足见作者对语料的观察细致入微,具有十分扎实的汉语语法研究功底。

此外,更难能可贵的地方是,该书对数量范畴的研究并未拘束于传统范畴静态描写与构建的研究范式,而是尝试对现有语义范畴进行开拓性研究,即突破范畴的静态描写观,在动态视角下反过来重新审视范畴,并由此挖掘出了许多有价值的新东西。该书提出语义范畴具有两面性,即静态性和动态性,并在"静动"结合视角的观照下,深入探察了汉语语义范畴的去范畴化现象,这是以往范畴研究有所忽略的。该书从句法功能扩展与丧失、语义内涵及功能变化、语篇功能扩展等角度,对数量范畴典型成员数词、量词、数量短语偏离或离开范畴的全貌进行了深入剖析及系统概括，这些以往研究均尚未涉及，其中，一些观点颇为鲜见，比如：数词可由修饰语变为中心语，例如"理由一"；数词句法、语义功能的扩展可导致去范畴化现象，例如"不三不四"；量词扩展出充当宾语、状语时，可与相关介词或动词融合，形成新的词语，如"逐个、挨个儿"，但量词的重叠特征丧失；量词语义可抽象泛指"多或少"，例如"辈出、成群结队"，以及网络流行语"秒杀""分分钟"；数量短语的语义可发生转指，例如"两口子"，"两口"转指出"人"的意义；数量短语也可以抽象泛指"多或少"。作者为了验证共时层面的这些去范畴化现象，还选取了一些典型的数量个案"半、一般、般"以及数序结构"一……再……、一……二……"展开了历时的去范畴化研究，并揭示了其动因及机制。由此可见，该书将共时与历时结合的思想始终贯穿于整个范畴研究过程中，对汉语语法共时研究和历时演变研究具有较好的参考作用。

全书深化了我们对数量范畴的认识和理解，让我们对表达数量范畴的语言结构及背后的规律有更深入的认识。同时，为语义范畴的去范畴化研究开了一个好头，丰富了现代汉语语义范畴的理论研究，希望能为学界带来一些新思考。

当然，该书虽有不少新见解，创新性较强，但也还存在可以进一步拓展的空间，比如，该书聚焦数量范畴典型成员数词、量词、数量短语的去范畴化现象，但是，范畴有典型成员也有非典型成员，那么，非典型成员的去范畴化现象也应是范畴研究不可忽视的对象。

相信陈勇能够始终保持学术研究的韧性，不断开拓出学术研究的新天地。

2025 年 1 月 6 日于广州

目　　录

1

绪　　论

语义范畴一直是汉语语法研究的热点,成果颇丰,但传统研究多聚焦于范畴的构建及静态描写,较忽略范畴的动态研究。本书将从"动静"结合的视角对汉语数量范畴进行全面、系统的研究,通过对其内涵、特征、类型及表现形式进行深入分析,拟构一个较具体系的数量范畴,这是"静";而对其典型成员数词、量词、数量短语及相关个案的去范畴化(decategorization)①过程、动因及机制进行细致的描写与解释,这是"动"。本书希望能为今后的语言范畴研究提供新的方法论及相关理论依据。

一、研究背景

(一) 数量范畴是人类重要的认知范畴

范畴化(categorization)指人类对外界事物进行主观概括或分类的心智过程②,换言之,就是对范畴进行归类的过程。范畴映射于语言层面形成各种语言范畴,而语义范畴是最为常见的一种。什么是语义范畴? 语义范畴是从语

---

①　关于"decategorization"学者们使用的译名不同,如类变、脱范畴化、去范畴化、非范畴化。(分别参见孙朝奋:《〈虚化论〉评介》,《国外语言学》1994 年第 4 期;胡壮麟:《语法化研究的若干问题》,《现代外语》2003 年第 1 期;吴福祥:《汉语方言中的若干逆语法化现象》,《中国语文》2017 年第 3 期;刘正光:《语言非范畴化——语言范畴化理论的重要组成部分》,上海外语教育出版社 2006 年版,第 1 页)为更能体现范畴的动态感,本书统一使用"去范畴化"。

②　Ungerer, F. & Schmid, H. J. *An Introduction to Cognitive Linguistics*, London and New York: Longman, 1996, p. 2.

法意义角度归纳出来的范畴,如陆俭明①、邵敬敏②等学者的相关论述。近二十年来,语义范畴一直是汉语语法研究的热门课题,所取得成果较为丰硕,如李宇明的《汉语量范畴研究》③、刘雪春的《现代汉语等同范畴的语义认知研究》④、樊青杰的《现代汉语传信范畴研究》⑤。

数量范畴也是人类极为重要的认知范畴。一切客观事物都存在着数量概念,而进入人类语言层面的数量表现形式自然丰富多样,因此,数量范畴也是汉语十分常见的语义范畴。但从现有研究来看,有关该范畴的成果甚少,更缺乏全面、系统的探究。此外,在实际使用过程中,数量、量、程度等概念尚存各种纠葛,我们认为,十分有必要构建一个相对独立的数量范畴,以厘清这些纠葛。

(二) 范畴的动态性也是范畴研究的重点

范畴也具有动态性。范畴实际存在着某些成员偏离范畴属性特征的现象,如"一百个不愿意"中,"一百个"虽为数量短语,但实际表"程度"。以往学界对语义范畴的研究,主要集中于静态的描写与构建,虽成果丰富,但存在较大缺陷,即人们仅仅是为了建立某种范畴而研究范畴,忽视了范畴的动态性。因此,我们认为,范畴的动态考察将是今后范畴研究的重要任务之一。

什么是范畴的动态性?"范畴动态性"指范畴内、外部的变化反映,主要表现为去范畴化现象,即成员的范畴属性特征逐渐弱化或丧失,由典型变为边缘,或由此范畴成员变为彼范畴成员。对范畴动态性的考察可以使我们更准确地判断哪些范畴成员偏离或离开范畴,也有利于构建一个更为清晰的范畴,

① 参见陆俭明:《现代汉语语法研究教程》,北京大学出版社 2003 年版,第 161 页。
② 参见邵敬敏:《汉语语义语法论集》,上海教育出版社 2007 年版,第 30 页。
③ 李宇明:《汉语量范畴研究》,华中师范大学出版社 2000 年版。
④ 刘雪春:《现代汉语等同范畴的语义认知研究》,华东师范大学 2004 年博士学位论文。
⑤ 樊青杰:《现代汉语传信范畴研究》,北京语言大学 2008 年博士学位论文。

更有助于语言的运用。

总之,范畴的静态描写与动态考察都是范畴研究的重点,我们认为,"动静"结合将是语言范畴研究的新视野。

二、研究目的及意义

本书基于学界前贤所取得的研究成果,借鉴相关领域的理论与方法,并通过分析大量的汉语语料,试图达到如下研究目标:

第一,厘清数量、量、程度之间的区别与联系,并进一步对汉语数量的内涵、特征、类型及表现形式等进行全面、系统的描写与分析,进而构建一个较具体系的数量范畴。

第二,深度探索汉语数量范畴的动态性,运用去范畴化、语法化、词汇化、构式化等理论,对数量范畴较典型成员数词、量词、数量短语等逐类进行动态考察。

第三,通过多个个案研究进一步推进汉语数量范畴的动态考察。从历时角度,追踪性探究一些具体的数词、量词、数量短语、数序结构等的发展演变历程,分析其去范畴化的动因与机制。

第四,从范畴化与去范畴化视角,深化语言范畴研究的方法论,丰富语言范畴理论。

本书的研究意义主要体现在以下三个方面:

第一,已有研究虽涉及汉语数量范畴,但始终未建立一个真正的数量范畴。本书所构建的数量范畴能丰富汉语语义范畴系统,并促进汉语语法研究的创新。

第二,突破原有语言范畴的静态描写范式,本书对范畴的研究采取"动静"结合的方法,将为语义范畴研究提供新视角。首先,以静态描写的方式构建一个数量范畴,其次,再以动态考察的方式系统分析数量范畴的动态性。但静态描写和动态考察都不是绝对的,有时"动"中有"静",有时"静"中有"动","动静"结合将是范畴研究的新视角,无疑,这从方法论上丰富了范畴理论。

第三,去范畴化是一种新兴的认知语法理论,当前可能还存在这样或那样的不足,比如,现有研究主要关注名词、动词的去范畴化现象,鲜及其他词类,而从历时角度展开的研究更少,本书内容将对去范畴化研究有所补充,也可进一步丰富该理论的研究方法。

三、研究综述

现有文献缺乏对数量范畴进行系统探索,更缺乏对数量范畴的动态研究。目前与本书相关的研究成果主要体现在:关于数量范畴的概念及构建;与数量相关的数词、量词及数量短语研究;数量去范畴化相关研究。下面,我们将从这几个方面进行综述。

(一) 关于数量范畴的概念

"数量范畴"概念的提出最早可追溯至古希腊哲学家亚里士多德的《范畴篇·解释篇》,该书将人类感知的世界划分为"实体、数量、性质、关系、地点、时间、姿态、状况、活动、遭受"[①]十大范畴。其中,作者对"数量"的认知也有不少见解,如,数量可为分离的数量与连续的数量,数量似乎不容许有程度的差异。[②] 这表明,数量是变化的,数量一般是具体的,而非抽象的。这些观点对我们的启发较大。不过,他对数量的探讨是基于哲学层面的,缺乏对数量语言层面系统、客观的评价。另外,书中所指数量太过宽泛,没有直观性,分类标准也不统一,只是泛泛而论,比如,数量范畴包括"数目、语言"(分离的数量)和"线、面、时间、空间"(连续的数量)[③],事实上,这些所谓的"数量"并不在一

---

① [古希腊]亚里士多德:《范畴篇·解释篇》,方书春译,商务印书馆 2008 年版,第11页。

② 参见[古希腊]亚里士多德:《范畴篇·解释篇》,方书春译,商务印书馆 2008 年版,第19、23页。

③ 参见[古希腊]亚里士多德:《范畴篇·解释篇》,方书春译,商务印书馆 2008 年版,第19页。

个层面上，"数目"是数量，但将"语言、线、面"等也看作数量，显然不合理，数量所辖范围太大。

国内，吕叔湘的《中国文法要略》较早将"数量"当作范畴来论述，但吕先生并未给"数量范畴"一个明确定义，仅笼统地分析了数量的一些表现形式。此外，他将"程度"归为"数量"的次范畴，略不合理，因为程度与数量区别较大，正如吕先生自己所述"一般来说，物件有数量，性状无数量"①。

高名凯在《汉语语法论》一书中也提及了数量范畴，指出"数目本来是代表数量范畴各概念的词，不是属于纯粹的语法问题，但关于数目的系统及其由语法成分来表示的地方则是语法学所应当讨论的"②。但我们认为，"数量范畴"并不仅仅等于"数目系统及其语法表现形式"。

张志公在《现代汉语》（中）一书中指出，"数量的概念应用十分广泛，在计划和统计工作中，说事物的规模和发展水平要有各种数量指标，比如，工农业产品数量、基本建设工量、商品流转额、职工人数等""表达数量主要使用数词、量词和数量短语""人和事物可以用数量计算，行为动作也可以用数量计算"③。这里主要论述了"数量概念"的重要性，数量计量的对象及表达形式，但实际上也并未将数量上升至范畴层面。不过，这些观点使我们对数量范畴的"范围"有了更为清晰的认识。

陆俭明在《现代汉语语法研究教程》一书中也探讨了数量范畴的问题，陆先生认为"数量短语表示的就是数量范畴"④，并指出了数量范畴的四种表现形式：数词+量词+（名词）、"数量"词+（名词）、每+数词+量词+（名词）、指示代词+数词+量词+（名词）。上述四种虽都是数量范畴常见的表现形式，但数词、量词等本身也都是数量范畴较为典型的成员。

---

① 吕叔湘：《中国文法要略》，辽宁教育出版社 2002 年版，第 146 页。
② 高名凯：《汉语语法论》，商务印书馆 2011 年版，第 161 页。
③ 张志公：《现代汉语》（中），人民教育出版社 1982 年版，第 174 页。
④ 陆俭明：《现代汉语语法研究教程》，北京大学出版社 2003 年版，第 163 页。

（二）关于数量范畴的构建

目前，以"数量范畴"为名进行的专书研究极为少见，我们通过对现有文献资料进行检索，仅发现以下少量相关论著：

英国语言学家 Corbett 出版了名为 *Number*① 一书，但综观全书内容，作者所研究的其实并非传统意义上的"数量"，而是"数"范畴，作者通过考察 250 种语言发现，语言中的"数"并非只是单数和复数的二元对立，实际还有三种、四种、五种甚至更多的"数"存在。这一观点对数范畴的类型学研究有非常重要的意义。

甘露的硕士论文《甲骨文数量、方所范畴研究》②对甲骨文中的数量范畴作了初步探索，主要讨论了甲骨文数词的结构、分类、语法功能，以及数词与名、量词之间的组合关系。这些研究侧重于共时层面的描写，尚未呈现一个系统的数量范畴。

近二十年来，与数量范畴密切相关的量范畴研究成果较为丰富，如，李宇明的《汉语量范畴研究》③从纵、横维度对汉语"量"的表达形式、分类等进行了全面探索，并构建了系统的量范畴，这对汉语语义范畴研究有十分重要的借鉴意义。但量范畴尚存进一步探讨的问题：一是次范畴间联系不够紧密，比如，将物量与语势（虚灵的"情感量"）放在一起，难以感觉到"量"的同质性；二是次范畴间缺乏"沟通"，譬如，数量与程度之间的互相转化及演变尚未得到足够关注。尽管量范畴还存在一些问题尚待深入，但在具体运用过程中它显示出了较大的理论价值和实践意义，运用该理论可研究各种语言中的"量"，相关论述有陈淑梅的《鄂东方言的量范畴研究》④、刘柏威的《俄汉语量

---

① Corbett，G. G. *Number*，Cambridge：Cambridge University Press，2000.
② 甘露：《甲骨文数量、方所范畴研究》，西南师范大学 2001 年硕士学位论文。
③ 李宇明：《汉语量范畴研究》，华中师范大学出版社 2000 年版。
④ 陈淑梅：《鄂东方言的量范畴研究》，华中科技大学 2006 年博士学位论文。

范畴研究》①等。

（三）与数量相关的数词、量词及数量短语研究

1.关于数词的研究

以往研究多聚焦于数词的分类及个案研究,具体如下:

（1）数词分类

此类成果较多,如,王力的《中国语法理论》②将数词分为基数、序数、问数;朱德熙的《语法讲义》③将数词分为基数、序数,前者表数量的多少,后者表先后次序,朱德熙还讨论了复合数词的内部构造情况,并进一步把基数分为系数和位数;邢福义和汪国胜的《现代汉语》④认为数词主要可分为基数和序数;周一民的《现代汉语》(修订版)⑤将数词分为基数、序数、分数、小数、倍数、概数;邢福义在《“广数”论略》⑥一文中又提出“广数”一说法,即表示“广泛”意思的数字。

（2）数词个案研究

数词共时的个案成果也不少,如,邢福义在《现代汉语数量词系统中的“半”和“双”》⑦一文中讨论了兼有数词和量词用法的“半”“双”的语法表现及其语法性质归属问题;冯雪梅的《数词“多”用法补义》⑧对数词“多”用在数词或数量短语后面的情况进行了补充说明;华玉明和黄艳梅的《现代汉语中“一”的用法》⑨对现代汉语中“一”的用法作了较细致的描写,指出“一”既有

①　刘柏威:《俄汉语量范畴研究》,黑龙江大学 2006 年博士学位论文。

②　王力:《中国语法理论》,商务印书馆 1944 年版,第 318 页。

③　朱德熙:《语法讲义》,商务印书馆 1982 年版,第 46 页。

④　邢福义、汪国胜:《现代汉语》,华中师范大学出版社 2003 年版,第 277 页。

⑤　周一民:《现代汉语》(修订版),北京师范大学出版社 2007 年版,第 295—296 页。

⑥　邢福义:《“广数”论略》,《华中师范大学学报(人文社会科学版)》2010 年第 2 期。

⑦　邢福义:《现代汉语数量词系统中的“半”和“双”》,《语言教学与研究》1993 年第 4 期。

⑧　冯雪梅:《数词“多”用法补义》,《襄樊学院学报》2000 年第 3 期。

⑨　华玉明、黄艳梅:《现代汉语中“一”的用法》,《邵阳师范高等专科学校学报》2000 年第 1 期。

实词用法,也有虚词用法;楼志新、张菊娥的《略谈成语中数词的语用功能及修辞方式》①考察了成语中的数词,指出其语用功能主要有实指、虚指、泛指及无义,修辞方式有比喻、夸张、借代、反复等。相关论文还有周日安的《数词"零"的缀化倾向》②、舒志武的《数词"三"的文化意义分析》③等。

2. 关于量词的研究

现有成果主要聚焦于量词的分类、语义特征、重叠、与其他词类的组配等。具体如下:

(1)量词分类

量词分类研究一直是学界热门话题,不少学者对此作出了贡献,如:朱德熙的《语法讲义》④将量词分为七大类:个体、集合、度、不定、临时、准、动量词;邢福义和汪国胜的《现代汉语》⑤分为两大类:物、动量词;何杰的《现代汉语量词研究》⑥分为四大类:名、动、兼职、复合量词,其中,名量词细分为个体、集合、部分、借用、临时量词,动量词又分为专用、借用动量词;周一民的《现代汉语》(修订版)⑦分为三大类:名、动、时量词,名量词又细分为个体、集合、种类、度、不定、容器、范围、借用量词,动量词分为专用、借用名词、重复动词的量词。

(2)量词的语义特征

不少学者对量词的语义特征作了深入探讨,如马庆株的《数词、量词的语义成分和数量结构的语法功能》⑧分析了量词的语义特征[±次序][±范围],

① 楼志新、张菊娥:《略谈成语中数词的语用功能及修辞方式》,《云梦学刊》2002 年第 2 期。

② 周日安:《数词"零"的缀化倾向》,《西北师大学报(社会科学版)》2003 年第 3 期。

③ 舒志武:《数词"三"的文化意义分析》,《华南农业大学学报(社会科学版)》2004 年第 2 期。

④ 朱德熙:《语法讲义》,商务印书馆 1982 年版,第 48 页。

⑤ 邢福义、汪国胜:《现代汉语》,华中师范大学出版社 2003 年版,第 277—278 页。

⑥ 何杰:《现代汉语量词研究》,民族出版社 2000 年版,第 28 页。

⑦ 周一民:《现代汉语》(修订版),北京师范大学出版社 2007 年版,第 297 页。

⑧ 马庆株:《数词、量词的语义成分和数量结构的语法功能》,《中国语文》1990 年第 3 期。

并对量词作了进一步分类;邵敬敏的《量词的语义分析及其与名词的双向选择》①《动量词的语义分析及其与动词的选择关系》②对名、动量词的语义特征作了细致深入的描写与分析;赖先刚的《量词是体词吗?——量词的数量语义特征与语法功能》③也考察了量词的语义特征,认为从数量语义特征看,量词重叠并未产生空间量的变化,其量变发生在时间维度上,从句法功能上看,量词与量词结构具有谓词性。

（3）量词重叠的语法意义

对量词重叠语法意义的认识主要有三种:周遍、逐量、多量。如朱德熙的《语法讲义》④认为量词重叠包含"每、每一"的意思;王继同的《"一+动量词"的重叠式》⑤则认为表"逐一";石毓智的《试论汉语的句法重叠》⑥认为表"遍指";郭继懋的《再谈量词重叠形式的语法意义》⑦认为,或表"周遍",或表量"多",或表"连续";李宇明在《汉语量范畴研究》中⑧提出词语重叠最基本的语法意义是"调量",而量词重叠则使数量加大;杨凯荣在《"量词重叠+（都）+VP"的句式语义及其动因》一文中⑨指出,重叠实际是对每个成员进行"逐一"扫描。

（4）量词与其他词类的组配

该类研究较早见于邵敬敏的《量词的语义分析及其与名词的双向选择》⑩

---

①　邵敬敏:《量词的语义分析及其与名词的双向选择》,《中国语文》1993 年第 3 期。

②　邵敬敏:《动量词的语义分析及其与动词的选择关系》,《中国语文》1996 年第 2 期。

③　赖先刚:《量词是体词吗?——量词的数量语义特征与语法功能》,《四川师范大学学报（社会科学版）》2009 年第 4 期。

④　朱德熙:《语法讲义》,商务印书馆 1982 年版,第 26 页。

⑤　王继同:《"一+动量词"的重叠式》,《中国语文》1991 年第 2 期。

⑥　石毓智:《试论汉语的句法重叠》,《语言研究》1996 年第 2 期。

⑦　郭继懋:《再谈量词重叠形式的语法意义》,《汉语学习》1999 年第 4 期。

⑧　李宇明:《汉语量范畴研究》,华中师范大学出版社 2000 年版,第 331 页。

⑨　杨凯荣:《"量词重叠+（都）+VP"的句式语义及其动因》,《世界汉语教学》2003 年第 4 期。

⑩　邵敬敏:《量词的语义分析及其与名词的双向选择》,《中国语文》1993 年第 3 期。

《动量词的语义分析及其与动词的选择关系》①,邵先生考察了名词与名量词、动词与动量词的双向选择性关系。此外,金有景在《汉语的"序量组合"与"基量组合"》②一文中分析了汉语中基数词、序数词与量词的组配情况,并从语义、语音等方面区分了这两种组配;宗守云的《论集合量词和数词词语的选择限制》③考察了集合量词和基数词、序数词、概数词之间的选择限制关系;宗守云的《量词"组"和"套"对名词性成分的语义选择》④《试论量词"堆"对名词性成分的选择》⑤《论集合量词"把"对名词性成分选择的范畴化过程》⑥从范畴化角度,还考察了量词"组、套、堆、把"等与名词的组配情况。

(5)量词的历时研究

少数学者就量词的形成及演变进行了追溯性的研究,如,量词"丙""两""盒""个""片""帮"的演化,具体有孟繁杰和李如龙的《量词"片"的语法化》⑦、李小军的《汉语量词"个"的语义演化模式》⑧、李建平和龙仕平的《量词"丙""两"的语源及其历时演变》⑨、冯赫的《汉语量词"合"与"合(盒)"的历时考察》⑩、张爱玲的《量词"帮"的语法化》⑪等。

3. 关于数量短语的研究

该研究主要体现在双数量结构、数量短语的重叠、涉数量结构等方面。具体如下:

---

① 邵敬敏:《动量词的语义分析及其与动词的选择关系》,《中国语文》1996 年第 2 期。
② 金有景:《汉语的"序量组合"与"基量组合"》,《语言教学与研究》2000 年第 2 期。
③ 宗守云:《论集合量词和数词词语的选择限制》,《邵阳学院学报(社会科学版)》2008 年第 5 期。
④ 宗守云:《量词"组"和"套"对名词性成分的语义选择》,《汉语学习》2005 年第 4 期。
⑤ 宗守云:《试论量词"堆"对名词性成分的选择》,《南开语言学刊》2007 年第 1 期。
⑥ 宗守云:《论集合量词"把"对名词性成分选择的范畴化过程》,《语文研究》2009 年第 4 期。
⑦ 孟繁杰、李如龙:《量词"片"的语法化》,《语言研究》2011 年第 3 期。
⑧ 李小军:《汉语量词"个"的语义演化模式》,《语言科学》2016 年第 2 期。
⑨ 李建平、龙仕平:《量词"丙""两"的语源及其历时演变》,《古汉语研究》2018 年第 3 期。
⑩ 冯赫:《汉语量词"合"与"合(盒)"的历时考察》,《汉语学报》2018 年第 3 期。
⑪ 张爱玲:《量词"帮"的语法化》,《辞书研究》2022 年第 5 期。

（1）双数量结构研究

该类结构一直是汉语数量短语研究的重点，已取得不少成果。主要集中于以下方面：①双数量结构的分类。如，李临定和范方莲的《试论表"每"的数量结构对应式》①分析了表"每"的数量结构对应式的三种类型，并指出这种结构的语法意义是在分配或计算情况下表示"每"的意义；邢福义的《数量名结构的叠用解注格式》②集中讨论了五种不出现动词的双数量结构的语义类型，如物价、段价、存现、分配、总分等；张旺熹的《汉语特殊句法的语义研究》③把"双数量结构"的语义关系总称为"配比关系"，并划分出九小类：工资收入、价格、频度、速度和产量、比率、组成和配置、分配、物物对应、动作行为对应。②双数量结构的语义及特征。张旺熹的《汉语特殊句法的语义研究》④、陆俭明的《八十年代中国语法研究》⑤、丁加勇的《容纳句的数量关系、句法特征及认知解释》⑥等指出，该结构中的动词不管光杆动词，还是带上"了""过"等，其语义均是非动态的，这实际是由双数量结构的构式义决定的；张建理和叶华的《汉语双数量词构式研究》⑦从构式语法的角度，也对该类结构的构式义、数量的指称与表征、与动词的互动等方面进行深入分析。③主语、宾语的可逆序性。双数量一个充当主语，一个充当宾语，二者能否逆序，如果可以逆序，其是否发生意义的改变。这些问题成为双数量研究的另一重点。宋玉柱在《语法论稿》中⑧指出双数量主宾可易位。但易位后表义是否发生变化，学者们的意

---

①　李临定、范方莲：《试论表"每"的数量结构对应式》，《中国语文》1960 年第 11 期。

②　邢福义：《数量名结构的叠用解注格式》，《语法研究和探索（二）》，北京大学出版社 1984 年版，第 149—164 页。

③　张旺熹：《汉语特殊句法的语义研究》，北京语言文化大学出版社 1999 年版，第 57 页。

④　张旺熹：《汉语特殊句法的语义研究》，北京语言文化大学出版社 1999 年版，第 63 页。

⑤　陆俭明：《八十年代中国语法研究》，商务印书馆 2004 年版，第 25 页。

⑥　丁加勇：《容纳句的数量关系、句法特征及认知解释》，《汉语学报》2006 年第 1 期。

⑦　张建理、叶华：《汉语双数量词构式研究》，《浙江大学学报（人文社会科学版）》2009 年第 3 期。

⑧　宋玉柱：《语法论稿》，北京语言学院出版社 1994 年版，第 200 页。

见不一,丁声树的《现代汉语语法讲话》①、宋玉柱的《现代汉语特殊句式》②等认为语义基本不变,任鹰的《主宾可换位供用句的语义条件分析》③认为语义发生变化。

(2)数量短语重叠

数量短语重叠的研究主要表现为以下几个方面:①重叠的类型、语义及句法功能。如,李宇明的《论数量词语的复叠》④讨论了"量量""一量一量""一量又一量""一量量"的语义及句法差异,郑远汉的《数量词复叠》⑤《数量词叠用问题》⑥也指出数量短语叠用与不叠用在句法上存在差异。②复叠式之间的关系。数量短语的复叠式有多种,究竟哪种是基式哪种是变式,学者们观点不一致,从而引发讨论:郭绍虞的《汉语语法修辞新探》⑦认为"一量量"既可以是"量量"的扩展式,也可以是"一量一量"的省略式;刘月华等的《实用现代汉语语法》⑧、胡附的《数词和量词》⑨、吕冀平的《汉语语法基础》⑩以及张斌的《新编现代汉语》⑪均认为,"一量一量"是基式,"一量量"是变式(或"省略式");李宇明的《汉语量范畴研究》⑫认为"一量量"是基式,而"一量一量"是扩展式。此外,宋玉柱的《关于数词"一"和量词相结合的重叠问题》⑬及李宇

① 丁声树:《现代汉语语法讲话》,商务印书馆1999年版,第37页。
② 宋玉柱:《现代汉语特殊句式》,山西教育出版社1991年版,第152页。
③ 任鹰:《主宾可换位供用句的语义条件分析》,《汉语学习》1999年第3期。
④ 李宇明:《论数量词语的复叠》,《语言研究》1998年第1期。
⑤ 郑远汉:《数量词复叠》,《汉语学报》2001年第4期。
⑥ 郑远汉:《数量词叠用问题》,《南开语言学刊》2003年第2期。
⑦ 郭绍虞:《汉语语法修辞新探》,商务印书馆1979年版,第330—331页。
⑧ 刘月华、潘文娱、故韡:《实用现代汉语语法》,外语教学与研究出版社1983年版,第89页。
⑨ 胡附:《数词和量词》,上海教育出版社1984年版,第54页。
⑩ 吕冀平:《汉语语法基础》,商务印书馆2000年版,第100页。
⑪ 张斌:《新编现代汉语》,复旦大学出版社2002年版,第298页。
⑫ 李宇明:《汉语量范畴研究》,华中师范大学出版社2000年版,第348页。
⑬ 宋玉柱:《关于数词"一"和量词相结合的重叠问题》,《南开大学学报(哲学社会科学版)》1978年第6期。

明的《汉语量范畴研究》①均认为"量量"是"一量量"的变式。③数量短语复叠式的来源。如,李康澄和何山燕的《汉语数量重叠式的历时考察及其类型》一文②对"量量、一量量、一量一量"的历时发展及相互关系作了细致分析。

（3）涉数量结构研究

此类成果也有不少,如郭攀的《古汉语"数（量）·名"二语序形式二论》③、张延俊的《也论汉语"数·量·名"形式的产生》④以及吴福祥等的《汉语"数+量+名"格式的来源》⑤都对"数+量+名"的来源及成因进行了深入探究。诸多学者还对"一+量+名"进行了细致的分析,如:胡清国的《"一量（名）+否定"格式的语法化》⑥和《"一量名"否定格式的两种语序及其制约因素》⑦探讨了"一量名"否定格式的语序及其制约因素,并描写了其历时演化轨迹;宗守云的《"一量名"和"X量名"的差异》⑧分析了"一量名"和"X量名"在句法、语义及语用等方面的差异性,并指出造成差异的主要原因是"一"的虚化。相关论文还有曹秀玲的《"一（量）名"主语句的语义和语用分析》⑨。另外,李宇明的《"一量VP"的语法、语义特点》⑩也探讨了能够进入"一量VP"的量词、动词的范围,并归纳了该格式的表意特点。

---

①　李宇明:《汉语量范畴研究》,华中师范大学出版社2000年版,第348页。

②　李康澄、何山燕:《汉语数量重叠式的历时考察及其类型》,《中南大学学报（社会科学版）》2010年第5期。

③　郭攀:《古汉语"数（量）·名"二语序形式二论》,《古汉语研究》2001年第3期。

④　张延俊:《也论汉语"数·量·名"形式的产生》,《古汉语研究》2002年第2期。

⑤　吴福祥、冯胜利、黄正德:《汉语"数+量+名"格式的来源》,《中国语文》2006年第5期。

⑥　胡清国:《"一量（名）+否定"格式的语法化》,《江西财经大学学报》2004年第1期。

⑦　胡清国:《"一量名"否定格式的两种语序及其制约因素》,《宁夏大学学报（人文社会科学版）》2007年第4期。

⑧　宗守云:《"一量名"和"X量名"的差异》,《阜阳师范学院学报（社会科学版）》2008年第1期。

⑨　曹秀玲:《"一（量）名"主语句的语义和语用分析》,《汉语学报》2005年第2期。

⑩　李宇明:《"一量VP"的语法、语义特点》,《语言教学与研究》1998年第3期。

（四）数量去范畴化相关研究

1. 去范畴化理论研究

"去范畴化"这一概念最早由 Hopper 和 Thompson 在其发表的论文 *The discourse basis for lexical categories in universal grammar* ①中提出来,主要用于阐释词范畴属性的动态性,指词(一般为名词和动词)在一定的语篇条件下逐渐脱离其基本语义和句法特征的过程。Taylor 的 *Linguistic Categorization：Prototypes in Linguistic Theory*(*2nd edition*)②一书中也提到了名词和动词的去范畴化现象,但遗憾的是并未作深入展开。Heine 等的 *Grammaticalization：A Conceptual Framework*③,以及 Hopper 和 Traugott 的 *Grammaticalization*(*2th edition*)④专著中所指的"去范畴化"实际是实词到虚词的转变,或主要词类到次要词类的转变⑤,这与常说的"语法化"没有差别。国内,刘正光的《语言非范畴化——语言范畴化理论的重要组成部分》⑥对"去范畴化"展开了较系统的研究,刘先生将"去范畴化"提升至理论层面,并指出去范畴化既属于语言层面上的问题,也属于认知层面上的问题。在语言层面,"去范畴化"指范畴成员逐渐丧失范畴典型特征的过程,而在认知层面,它属于一种思维创新方式。他还指出了去范畴化的典型特征,如语义抽象与泛化、形态变化特征消失、功能与范畴转移。但是,去范畴化仍存在一些尚待解决的问题,比如,除了名词、

---

① Hopper,P. J. & Thompson,S. A. The discourse basis for lexical categories in universal grammar, *Language*,1984(60).

② Taylor,J. R. *Linguistic Categorization：Prototypes in Linguistic Theory*(*2nd edition*), Oxford：Oxford University Press,1995,pp. 194–196.

③ Heine,B.；Claudi, U. & Hünnemeyer, F. *Grammaticalization：A Conceptual Framework*, Chicago：University of Chicago Press,1991,p. 229.

④ Hopper,P. J. & Traugott,E. C. *Grammaticalization*(*2th edition*), Cambridge：Cambridge University Press,2003,p. 108.

⑤ 也参见刘正光：《语言非范畴化——语言范畴化理论的重要组成部分》,上海外语教育出版社 2006 年版,第 4—5 页。

⑥ 刘正光：《语言非范畴化——语言范畴化理论的重要组成部分》,上海外语教育出版社 2006 年版,第 61 页。

动词等典型词类,数词、介词、副词等其他词类是否也存在该类现象,当前研究并未涉及。

总体来说,这一新兴的语法理论值得我们借鉴。近年来,运用"去范畴化"理论进行汉语研究的成果日益增多,具体有马喆的《"到底"的去范畴化考察》①、王学文的《从认知的原型效应与去范畴化看词类的偏移》②、张金圈的《副词"不要"的拟声化重叠及其深度去范畴化》③、丁健的《去范畴化与标句词"说"的浮现》④等。这说明该理论正处于不断发展与完善阶段。

2.数量的语法化研究

目前,有关数量去范畴化的研究极为少见,仅有一些语法化方面的成果,多为个案。具体如下:

(1)数词及量词的语法化

数词语法化的个案分析较为多见,如:陈前瑞和王继红的《动词前"一"的体貌地位及其语法化》⑤从历时角度对动词前体貌型"一"进行了考证,认为该类"一"不再是数词,已经虚化;张赪的《现代汉语"V—V"式和"VV"式的来源》⑥考察了动词重叠中"一"的来源,认为现代汉语中的"V—V"实际来源于近代汉语里的"动词借用作动量词的用法"以及同源动量词"V—V′"式的进一步发展,而动词重叠形式中的"一"实际已经虚化;冯璠和叶建军的《"多半"的词汇化与语法化》⑦探究了副词"多半"的语法化过程,认为"多半"首先从述宾短语词汇化为数词,然后再进一步语法化为语气副词。相较而言,量词语法化的成果非常少,如张谊生的《从量词到助词——量词"个"语法化

①　马喆:《"到底"的去范畴化考察》,《武汉理工大学学报(社会科学版)》2009 年第 3 期。

②　王学文:《从认知的原型效应与去范畴化看词类的偏移》,《宁夏大学学报(人文社会科学版)》2010 年第 4 期。

③　张金圈:《副词"不要"的拟声化重叠及其深度去范畴化》,《汉语学习》2020 年第 2 期。

④　丁健:《去范畴化与标句词"说"的浮现》,《学术研究》2021 年第 7 期。

⑤　陈前瑞、王继红:《动词前"一"的体貌地位及其语法化》,《世界汉语教学》2006 年第 3 期。

⑥　张赪:《现代汉语"V—V"式和"VV"式的来源》,《语言教学与研究》2000 年第 4 期。

⑦　冯璠、叶建军:《"多半"的词汇化与语法化》,《岭南师范学院学报》2016 年第 5 期。

过程的个案分析》①从历时角度考察了"个"由量词语法化为助词的过程及动因。

（2）数量结构的语法化

汉语中有许多副词的初始形式均涉及数量短语,如"一味""十分""一下""一样"等,从历时角度来看,该类词有显著的词汇化和语法化过程,具体研究有徐时仪的《"一味"的词汇化与语法化考探》②、卢惠惠的《近代汉语程度副词"十分"的语法化及其特殊用法》③、高频的《"一下"的语法化研究》④、盛新华和魏春妮的《词汇化语法化的标准及其理据——以"一样"为例》⑤等。数量结构也存在其他语法化情况,如,孙瑞霞和毕诗武的《论"一个"成为话语标记的语法化轨迹》⑥考察了数量短语"一个"固化为话语标记的过程,并指出其丧失了计量功能。

总体而言,汉语"数量范畴"去范畴化研究虽有相关成果,但仅见于语法化的个案研究。我们认为,语法化只是范畴动态的表征之一,其并不能涵盖范畴的所有动态性。因此,汉语数量范畴的动态性亟待深入探讨。

（五）研究展望

综观上述研究,我们认为"数量"作为一个语义范畴来说,尚未进行全面、系统的研究。而以往研究显示,数量静态研究的成果要远远多于动态的,前者如数词和量词的分类、组配及数量短语的重叠研究等,而后者仅限于个别语法

---

① 张谊生:《从量词到助词——量词"个"语法化过程的个案分析》,《当代语言学》2003年第3期。

② 徐时仪:《"一味"的词汇化与语法化考探》,《语言教学与研究》2006年第6期。

③ 卢惠惠:《近代汉语程度副词"十分"的语法化及其特殊用法》,《语言研究》2005年第2期。

④ 高频:《"一下"的语法化研究》,《甘肃社会科学》2008年第4期。

⑤ 盛新华、魏春妮:《词汇化语法化的标准及其理据——以"一样"为例》,《湘潭大学学报（哲学社会科学版）》2011年第1期。

⑥ 孙瑞霞、毕诗武:《论"一个"成为话语标记的语法化轨迹》,《沈阳航空航天大学学报》2012年第6期。

化现象。尽管语法化在考察范畴动态性时有一定成效,但不足以阐释范畴的所有动态性。基于以往成果,我们认为,数量范畴还存在以下问题尚待解决:第一,如何构建系统的数量范畴?第二,数量范畴是否也具有动态性?第三,数词、量词、数量短语等典型成员是否存在去范畴化现象?深入探究上述问题,将对汉语语义范畴及去范畴化理论研究起到促进与完善作用。

四、理论背景

本书将综合运用语义语法、范畴化、去范畴化、词汇化、语法化、构式化、隐喻及转喻等理论与方法,对汉语数量范畴的构建及其动态性进行全面、系统探究。运用语义语法理论和范畴化理论侧重于构建一个系统的数量范畴;运用去范畴化、词汇化、语法化及构式化理论则侧重于探索数量范畴的动态性,而隐喻、转喻等理论可用于阐释这种动态性。

语义语法研究仍然是当今汉语语法学界的流行趋势之一,因为这一研究方法与汉语的事实较为贴近。汉语不依赖于严格意义上的形态变化,因此,汉语语法研究更适合从语义入手。邵敬敏指出"语义语法的内涵"主要包括:形式和意义是相互依存、渗透、制约的关系,二者可互为研究的出发点;语义是语法研究的重点;语义研究应该有相对的独立性。[1] 邵先生还提出语义研究的六大课题,其中最为重要的两项就是"重建语义范畴"和"梳理语义关系"。"重建语义范畴"主要指对句法结构中某些词语所体现出来的语法意义进行概括。"梳理语义关系"指梳理词、短语、分句,乃至小句之间形成的语义关系。[2] 数量范畴也是汉语重要的语义范畴,因此,语义语法理论可作为构建汉语数量范畴最基本的理论依据。

任何范畴都不是一成不变的,范畴也有动态性,这为范畴发生转移打开了方便之门。去范畴化现象是范畴动态性最显著也是最强烈的表现,因此,范畴

---

[1]　参见邵敬敏:《汉语语义语法论集》,上海教育出版社 2007 年版,第 7 页。
[2]　参见邵敬敏:《汉语语义语法论集》,上海教育出版社 2007 年版,第 8 页。

转移的过程实际就是去范畴化的演进过程。去范畴化是人类认识客观世界的重要方式,也是语言演变与发展的重要途径。因此,借鉴该理论,我们可以更加深入地考察和理解汉语数量范畴的动态变化。

五、研究方法

本书主要运用了以下研究方法:

动态与静态结合。范畴既有动态性,也有静态性。"动静"结合将是语言范畴研究的新视野。范畴静态研究指对范畴的静态描写,而动态研究则是对范畴成员偏离范畴属性特征的考察,是对传统语言范畴研究所存缺陷的弥补。本书在对数量范畴系统进行深入探索的同时,也将探讨其典型成员数词、量词、数量短语等的去范畴化现象。

形式与意义结合。在研究语法形式的时候,不忘记意义的阐释;在研究意义的时候,不忘记形式上的验证。本书将从"数量"这一语义出发,探寻其在句法层面的各种表现形式,并在具体研究过程中力求做到形式、意义的结合与沟通。

描写与解释结合。对汉语数量的内涵与特征、类型、表现形式等以全面、细致的描写与解释为主,而在数量范畴的动态考察过程中,除了进行动态描写外,也从认知角度进行详细的阐释。

共时与历时结合。构建数量范畴系统,主要采取共时的研究方法,而对数量范畴的动态考察则主要采用共时与历时相结合的研究方法,以历时语料来说明或验证共时层面的分析。

六、语料来源及相关说明

本书使用了大量的现代汉语与古代汉语语料,主要通过以下途径获得:

一是通过检索相关语料库或网站获得,主要包括北京大学 CCL 语料库(http://ccl.pku.edu.cn:8080/ccl_corpus/index.jsp)、北京语言大学 BCC 语料库(https://bcc.blcu.edu.cn)、人民网(http://search.people.cn)、大众数字报

（http://paper.dzwww.com）。当具体研究过程中所需语料不足时,本书还检索了国学宝典（http://gxbd.com）、全唐诗库（http://www3.zzu.edu.cn/qts）、古诗文网（https://www.gushiwen.cn）等,以及通过百度、搜狗、"360"等搜索获取了相关语料。

二是少量语料引用了前人研究成果中的相关例句。需说明的是,这些例句后均标明了所引文献的作者及相关注释,不再注明其原来的出处,例如:

晏子曰:"二惠竞爽犹可,又弱一个焉,姜其危哉。"

三是少量语料为本书作者根据语感及汉语语法规则内省的例句。

为了论述方便,除古代汉语语料标明朝代及文献名称外,本书其他例句不再一一注明出处。此外,本书所有例句统一以"节"为单位排序编号。

第一章　范畴的静态性与动态性

　　范畴具有两面性,即静态性和动态性。范畴的静态性主要体现在对范畴共时层面的分类及描写,即范畴化过程,也是构建范畴体系的过程,传统语义范畴研究就有一定范式:对范畴进行界定,阐述范畴的性质与内涵;分析与归纳范畴的特征,并对范畴成员进行分类;探究范畴的表现形式(多指句法);探讨该范畴与邻近范畴的区别及联系。目前,国内语言范畴的静态研究已有相当成果,这为本书提供了很好的借鉴与参考,我们对数量范畴的构建,也将主要遵循传统语义范畴的研究路径。

　　范畴也有动态性,但以往语义范畴研究多忽略了这一点。为了方便本书后面章节的展开,本章将主要对范畴的静态性与动态性进行若干理论探讨,具体内容涉及:范畴的静态观与动态观;范畴动态性与原型;范畴动态性中的去范畴化现象;语言层面去范畴化的主要表征;去范畴化与词汇化、语法化、构式化。

第一节　范畴的静态观与动态观

一、范畴的静态观

　　范畴是一种普遍存在的现象。人类通过对世界(指语言之外的一切事物)进行分类,得出一系列认知范畴①。而认知范畴再语言化后,便产生语言范畴,语言范畴又可分为语音范畴、语义范畴、句法范畴等。无疑,范畴是人类认识世界的有效途径。但由于事物种类千差万别,范畴类型也纷繁多样,这就需要我们进行系统的、静态的描写与分类(范畴化)。

构建范畴对推动汉语语法深入展开有着十分重要的意义。近年来,学界前贤们已构建了多种多样的语言范畴,形成了一定规模。如,以"语法意义"为基础划分的语义范畴:李宇明的"量范畴"②、周静的"递进范畴"③、周红的"致使范畴"④、朱晓军的"空间范畴"⑤、王凤兰的"目的范畴"⑥等。再如,以"词义"为基础划分的"词义范畴"(也称"多义范畴"),主要表现为"一词多义"现象,某种意义上说,一个多义词就是一个语义范畴,如英语的"exchange",相关研究见廖光蓉的论述⑦。此外,也有以某种"多义形式"为基础划分的语义范畴(或称"辐射范畴"),如:英语中的"there结构",相关研究见Lakoff的论述⑧;法语中的"voilà"和"voici"指示结构,见Bergen & Plauche的相关研究⑨。总的来说,上述范畴均是以语义(包括语法意义、词义、结构义等)为基础划分的范畴。也有以"语法功能"为基础划分的语法范畴,如吴英喆的"性"范畴⑩、吴长安的"数"范畴⑪、赵明鸣的"格"范畴⑫、石毓智的"时

---

① 陶瑷丽:《现代汉语程度范畴研究》,《长江学术》2009年第2期。

② 李宇明:《汉语量范畴研究》,华中师范大学出版社2000年版。

③ 周静:《现代汉语递进范畴研究》,华东师范大学2003年博士学位论文。

④ 周红:《现代汉语致使范畴研究》,华东师范大学2004年博士学位论文。

⑤ 朱晓军:《空间范畴的认知语义研究》,华东师范大学2008年博士学位论文。

⑥ 王凤兰:《现代汉语目的范畴研究》,暨南大学2008年博士学位论文。

⑦ 参见廖光蓉:《多义词意义关系模式研究》,《外语教学》2005年第3期。

⑧ 参见Lakoff,G. *Women*, *fire*, *and dangerous things*:*what categories reveal about the mind.* Chicago:University of Chicago Press,1987,p.462.

⑨ 参见Bergen,B. K. & Plauché, M. C. The convergent evolution of radial constructions:French and English deictics and existentials, *Cognitive Linguistics*,2005(16-1)。

⑩ 吴英喆:《从带点与不带点的原字论说契丹语"性"语法范畴》,《中央民族大学学报(哲学社会科学版)》2006年第6期。

⑪ 吴长安:《现代汉语数范畴说略》,《东北师大学报(哲学社会科学版)》2006年第3期。

⑫ 赵明鸣:《中亚〈古兰经注释〉名词的格范畴》,《民族语文》2008年第5期。

体"范畴①等。还有以"词类"(也是一种语法功能)为基础划分的"词类范畴",相关研究见袁毓林②、刘露营和刘国辉③等。一个词类就是一个范畴,如名词、动词、形容词都是典型的词类范畴,见 Taylor 的相关论述④。

如上所述,不管从何角度或依据什么标准来划分范畴,我们认为都是对范畴的静态研究。如前文所述,这些研究已形成范式,对丰富语言范畴研究,有较为重要的借鉴意义。虽然这种范式在语言研究中取得了不错的效果,但仍存在着不足,那就是较为静止地看待范畴,而忽略了其动态性。

二、范畴的动态观

随着人类社会不断发展变迁,范畴也处于不断变化之中。因此,我们认为,不管按什么标准划分出来的范畴,都具有动态性。范畴的静态性与动态性是一对辩证统一的矛盾,彼此互为存在的前提。片面强调范畴的静态性,必将抹杀事物变化及发展的本质特征,而片面强调其动态性则会导致无序状态。静态性与动态性是范畴存在的根本属性。

以往研究显示,对范畴的分类聚焦于静态描写,而对其动态性的关注远远不够。不过,学界并非没有注意到这一现象,只是较少深入展开,也缺乏具体的实例研究。具体情况如下:

Hopper 和 Thompson 提出"去范畴化"这一概念⑤,用于阐述词范畴的动态性,但没有从共时和历时结合的角度考察这种现象。此外,两位学者所说的"动态性"更多指的是语法化,即"实词虚化"。

---

① 石毓智:《论汉语的进行体范畴》,《汉语学习》2006 年第 3 期。

② 参见袁毓林:《词类范畴的家族相似性》,《中国社会科学》1995 年第 1 期。

③ 参见刘露营、刘国辉:《词类范畴典型概念与动词名词化现象》,《重庆大学学报(社会科学版)》2008 年第 1 期。

④ 参见 Taylor,J. R. *Linguistic Categorization:Prototypes in Linguistic Theory*(2nd edition), Oxford:Oxford University Press,1995,p. 59。

⑤ Hopper,P. J. & Thompson,S. A. The discourse basis for lexical categories in universal grammar, *Language*,1984(60)。

Lakoff 认为"范畴都是开放的"[①]。他指出多义词仅有一个意义是基本的,其余意义都是从这个基本意义派生出来的,并提出"字面义→隐喻义"的标准设想。这种"派生关系"实际说明了词义范畴是动态发展的过程。

Geeraerts 指出"从认识论的层面上说,原型的动态性正是我们可以通过已有的知识来理解新概念、新事物这一认知规律的基础"[②]。"原型"的动态性必然体现了范畴的动态性,但并不能涵盖范畴所有的动态现象。

Sinclair 提出"非词语化(delexicalization)"这一概念,指语料库中的高频词在使用过程中不同程度地丧失了原有语义内容。[③] 而非词语化与语法化也存在着密切联系,在非词语化过程中,常常伴随着新语法结构的产生,某些词项的语义不可避免地虚化或丧失。我们认为,非词语化的提出,实际也是从语义范畴的动态性来说的,因为意义的弱化或丧失是语义范畴动态性的最根本体现。

Ungerer& Schmid 提出了词义范畴中的"原型转换"和"原型分裂"。[④] 这实际是语义范畴动态扩展的两种途径,前者指范畴的中心特征发生改变,后者指原型成员从一般到具体的变化,而范畴的中心特征并没有改变。不过,这只是对词义范畴的动态认识。

刘正光认为,范畴属性具有动态性,主要表现为"相对性、可变性、语篇性"[⑤],如,一些名词能够转化为方位词或量词。范畴的动态性为范畴发生转移提供了根本依据,而范畴的转移过程实际就是去范畴化的过程。不过,我们

① Lakoff, G. *Women, fire, and dangerous things: what categories reveal about the mind*, Chicago: University of Chicago Press, 1987, p. 108.

② Geeraerts, D. *Diachronic Prototype Semantics: A Contribution to Historical Lexicology*, Oxford: Clarendon Press, 1997, p. 114.

③ 参见 Sinclair, J. *Corpus Concordance Collocation*, Oxford: Oxford University Press, 1991, p. 113; Sinclair, J. *Trust the Text*, London: Routledge, 2004, p. 198。

④ 参见 Ungerer, F. & Schmid, H. J. *An Introduction to Cognitive Linguistics*. London and New York: Longman, 1996, p. 316。

⑤ 刘正光:《语言非范畴化——语言范畴化理论的重要组成部分》,上海外语教育出版社2006 年版,第 58 页。

认为,去范畴化虽为范畴动态性的主要表现,但并非唯一表征。

杨彬认为新词语的产生实际体现了"原型范畴"的动态性,他指出,"新词语、新词义是词汇意义变化的风向标,是人们的认知范畴扩大的结果,反映了原型范畴的动态特征"①。我们认为,这种动态观念也仅限于对词义范畴的认识。

蒋向勇和邵娟萍指出:"社会在发展,作为记录社会发展和变迁的载体——语言也必然随之不断变化。这就使得语义范畴处于动态变化之中……甚至导致一些语义范畴中最初的原型意义完全丢失,而原来处于边缘的义项上升为现在的原型意义。"②

王德春认为:"范畴是按照客体的本质特征或属性划分的。凡客观事物都有一系列有机统一的特征,这些特征有本质特征和非本质特征之分。本质特征决定事物的本质,失去了本质特征,该事物就变成他事物,就会属于别的范畴或同一范畴的子范畴……"③"本质特征"实际就是范畴属性特征,其丧失与否决定该事物是否仍属于原范畴,这也是以动态观来看待范畴。

刘丹青认为语法范畴具有动态性和可变性。④ 不过,刘丹青所说的动态性主要指"语法化",他指出,语法化可以催生出一些新的语法范畴,如,近代汉语中"们"的语法化及广泛使用,逐渐形成了强制性的"复数范畴"⑤。我们认为,语法化现象只是范畴动态性较为显著的表征之一。

上述研究显示,学界虽关注到了范畴的动态性,但对其认知实际还存在一定的狭隘性,或将范畴的动态性看作词义演变,或看作原型变化,或等同于语法化现象,等等。不过,这些研究启示我们,范畴的动态性不可忽视。同时,也

---

① 杨彬:《从英语新词看原型范畴的动态性》,《北京第二外国语学院学报(外语版)》2007年第12期。

② 蒋向勇、邵娟萍:《语义范畴的原型理论诠释》,《江西社会科学》2007年第6期。

③ 王德春:《论范畴化——指导语言学博士生纪实》,《解放军外国语学院学报》2009年第5期。

④ 刘丹青:《语法化理论与汉语方言语法研究》,《方言》2009年第2期。

⑤ 刘丹青:《语法化理论与汉语方言语法研究》,《方言》2009年第2期。

使我们深刻认识到,在范畴的动态变化过程中,语义的变化是最基本的内在反映,而原型本身的变化以及它对其他成员变化的参照作用也十分重要。其次,语法化、非词语化等都是范畴动态变化过程中的重要表征,不容忽视。

根据前贤们的研究成果,我们认为,在具体的研究过程中范畴动态性的考察可能侧重不一,如,以"语义"为基础构建的语义范畴,侧重于考察"语义"的变化,包括语义的扩展或延伸(即由中心或基本意义扩展出其他边缘意义),以及语义的丧失、弱化或转指;而以"语法功能"为基础构建的语法范畴诸如"性、数、格"等,侧重于考察形态变化、语法分布特征的丧失与扩展。虽然各种范畴可能各有其侧重,但通常情况下,范畴动态考察实际上是交叉进行的,比如,语义范畴虽以语义为重点,但也涉及句法特征、语义功能、语篇功能等方面。

从语言层面来说,在范畴动态性的考察过程中,句法和语义是最基本的对象,其他次之。换言之,语言范畴的动态性应最先体现在句法和语义这两个层面上。因此,我们将语言范畴成员在句法、语义上表现出来的"原型"特征称为该范畴最为根本的属性特征,而这种属性特征的变化就是语言范畴动态性的体现。

第二节 范畴动态性与原型

一、范畴动态性的内涵

范畴动态性实际体现为范畴内、外部的变化过程。范畴内部变化主要包括范畴成员的内部位移,尤其原型与非原型之间的变化。范畴外部变化主要指该范畴与其他范畴之间的动态变化,表现为成员范畴属性特征的改变。

范畴动态性最显著的表现是不同范畴之间的动态变化,即某一范畴成员逐渐离开原属范畴,进入其他范畴。比如,"万分"最初是数量范畴的成员,通过语法化进入了程度范畴,表"非常、极其",这种动态性较为直接。但是,语言范畴的动态变化并非都是如此,有时这种动态性会保留诸多"折中"状态,即同时具有两种或以上范畴的某些特征,这些处于折中状态的范畴成员,丧失了原范畴绝大部分属性特征,但同时又不具备其他范畴的典型特征,比如,汉语的"X分",既可表示实实在在的数量,如"三分利息",又可表示程度,如"三分高兴",前一个"三分"属于数量范畴,而后一个"三分"虽表程度,但较之程度范畴典型成员"很、非常、十分"等,又存在明显差异,我们认为,这些"X分"实际就是一种折中状态。

还有一些范畴成员丧失了原范畴的全部属性特征,但也未进入其他范畴,而是永久性地陷入了一种中间状态,这可以从词汇层面找到一些痕迹。例如:

(1)游乐场,<u>秋千</u>在风中微微摇晃。

(2)结束时,教室的讲台上堆满了各式各样的风车,还有<u>千纸鹤</u>和花。

"秋千"源于"千秋",唐代《汉武帝后庭秋千赋》中记载:"秋千者,千秋也。汉武祈千秋之寿,故后宫多秋千之乐。""千秋(万代)"中"千"为"数量",而逆序后的"秋千"中,"千"已无意义,仅附着于结构,其不再属于数量范畴,也未进入程度范畴,这种中间状态实际以词汇化为手段永久保存下来。又如,"千纸鹤"中的"千"最初确实表示"一千",即用纸折千只鹤以祈祷患病之人早日康复,但在长期发展过程中"千"的数量意义丧失,这个"千"又属于什么范畴呢,较难判断,我们认为,它实际就是范畴动态变化过程中的中间状态。

这是对例(1)(2)的分析,需要说明的是,范畴成员经过动态变化之后,一些进入了新范畴,一些处于折中状态,可能会进入新范畴,而还有一些未进入新范畴,也不属于原范畴,表现为一种彻底的丧失性。我们把范畴之间的动态性大致表述如图1-1所示。

成员Z1:处于动态活跃之中,或为折中状态,有可能进入新范畴。

成员Z2:丧失原范畴的属性特征,也未获取新范畴的某些属性特征,永久性地维持了现状,表现为彻底丧失。

成员Z3:丧失原范畴的属性特征,获取新范畴的属性特征,并进入新范畴。

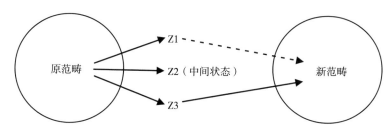

图 1-1　范畴之间的动态性

需指出的是,次范畴之间及其内部的动态变化也是范畴动态性的表现。一个范畴还可划分为若干个次范畴,而次范畴之间的动态性实际也反映了上位范畴的动态性,如,量范畴可分为数量、程度等次范畴,而数量与程度之间存在一定的转化①,这种转化就是量范畴动态性的体现。此外,次范畴内部的动态性也会一定程度印证了上位范畴的动态性,也属于范畴的动态性,如例(1)(2)中"秋千""千纸鹤"中的数量元素"千",最初它属于数词范畴,而在长期的使用过程中,其数量意义丧失,这是数词范畴的动态性,同时也直接反映了数量范畴的动态性。因此,我们所说的"动态性"实际是广义的。

二、原型的内涵

原型的研究始于 Berlin 和 Kay 对 98 种语言中颜色词的调查,两位学者发现了"焦点色"的存在②,"焦点色"是人们对颜色范畴进行归类的参照系统。受家族相似性理论及"焦点色"的启发,Rosch③、Labov④ 等将研究扩展到其他

---

① 吕叔湘:《中国文法要略》,辽宁教育出版社 2002 年版,第 146 页。

② 参见 Berlin,B. & Kay,P. Basic Color Terms:Their University and Evolution, Berkeley and Los Angeles:University of California Press,1969,p. 104。

③ 参见 Rosch,E. On the Internal Structure of Perceptual and Semantic Categories. In Moore,T.(ed.). Cognitive Development and the Acquisition of Language, New York:Academic Press,1973,pp. 111-144。

④ 参见 Labov,W. The Boundaries of Words and Their Meanings. In Baily,C. J. & Shuy,R.(eds.). New Ways of Analysing Variation in English, Washington:Georgetown University Press,1973,pp. 340-371。

范畴,也发现了类似现象,由此提出原型概念。Rosch 认为原型是"一个范畴中最典型的、最具代表性的成员"①,Taylor 指出,原型是范畴核心的心理图式,即"本质属性中那个最能体现典型特征的范例叫原型"②。这说明,在范畴中成员之间的地位并不平等,而原型是范畴的核心所在。比如,"鸟"范畴内,"知更鸟"常被视为原型成员,而"企鹅""鸵鸟""蝙蝠"等被视为非原型成员。

由上可知,原型聚集了一个范畴中最典型的特征,它是有价值的、清楚的样本,也是范畴化过程中的参照点。

三、原型作为识别范畴动态性的手段

Rosch 认为,原型是范畴典型的代表,是与范畴成员有更多共同特征的实例,这个典型代表对识别范畴起重要作用。③ Taylor④、Croft & Cruse⑤ 均认为,范畴是围绕原型而构成的。这说明,原型虽是范畴内最具代表性的成员,但它还有另一项功能,即充当识别范畴或范畴成员的手段,对于范畴的建立起到"模"的作用。蓝纯指出"判断某物体是否归入某范畴,不是看它是否具备该范畴成员的共有特性,而是看它与其原型之间是否具有足够的家族相似性"⑥。廖光蓉认为"原型指体现某一概念最代表性或最典型的例子,是心理表征和认知参照点"⑦。梁彩琳、石文博指出"无论是典型成员还是心理图

---

① Rosch,E. On the Internal Structure of Perceptual and Semantic Categories. In Moore,T. (ed.). Cognitive Development and the Acquisition of Language, New York:Academic Press,1973, p. 135.

② Taylor,J. R. Linguistic Categorization:Prototypes in Linguistic Theory(2nd edition), Oxford: Oxford University Press,1995,p. 59.

③ 参见 Rosch,E. Cognitive representation of semantic categories, Journal of Expreimental Psychology:General,1975(3)。

④ 参见 Taylor,J. R. Linguistic Categorization:Prototypes in Linguistic Theory(2nd edition), Oxford:Oxford University Press,1995,p. 59。

⑤ 参见 Croft, W. & Cruse, D. A. Cognitive Linguistics, Cambridge:Cambridge University Press,2004,p. 82。

⑥ 蓝纯:《认知语言学与隐喻研究》,外语教学与研究出版社 2005 年版,第 26 页。

⑦ 廖光蓉:《多义词意义关系模式研究》,《外语教学》2005 年第 3 期。

式,原型本质上就是人们在范畴化过程中的认知参照点"①。甘世安、陈刚妮也指出"就内部成员的地位来说,它们并不平等,有的属于中心成员,是范畴中的典型成员;有的属于边缘成员,是范畴中的非典型成员,它们是参照典型成员进行归类的"②。

范畴化实际是范畴产生的过程,而在范畴化过程中学者们认为"原型"的作用是参照点或者归类的"模版"。由此可知,以往对"原型"的运用,主要着重于范畴的建立,而很少有学者用范畴的动态观看待原型,其实,作为范畴最清晰的蓝本,原型完全可以充当我们判别哪些成员偏离或离开范畴的手段。我们认为,这对考察范畴动态性来说,无疑是一个很好的方法。原型也是判断范畴动态性的重要手段。

第三节　范畴动态性中的去范畴化

范畴动态性和去范畴化是两种不同的概念,但二者联系密切,前者包含后者。去范畴化指范畴成员逐渐丧失范畴典型特征的过程,从概念的定义来说,显然,去范畴化是范畴动态性最直接的表现。

关于二者关系,刘正光指出,"范畴的动态性为范畴发生转移打开了方便之门"③,而这种转移实际就是去范畴化。换言之,范畴的动态性为去范畴化创造了有利条件。

如果说范畴的动态性在范畴成员的位移上有所体现,我们认为,这种"位移"其实并非是结果性的,也就是说,范畴成员不一定移出原范畴而进入新范畴,那么,范畴成员的动态性实际可分为:"内部位移",指仅限于范畴内部的

---

① 梁彩琳、石文博:《语义范畴原型理论研究:回顾与展望》,《外语学刊》2010 年第 5 期。

② 甘世安、陈刚妮:《名词的原型理论研究》,《西北大学学报(哲学社会科学版)》2010 年第 3 期。

③ 刘正光:《语言非范畴化——语言范畴化理论的重要组成部分》,上海外语教育出版社 2006 年版,第 61 页。

迁移,如由原型成员变成边缘成员,或由边缘成员变成原型成员;"外部位移",指该范畴与其他范畴之间的位移。显然,后一种"位移"更具动态感。

以往将范畴内部划分为三域:原型地带、中间地带、边缘地带。由此,我们认为,范畴成员的位移实际也包含这三域之间的转移,由原型地带到中间地带,其动态性其实不强,而原型地带到边缘地带其动态感就较强了,因为边缘地带再往外就是其他范畴。以上情况都应属于去范畴化现象。

范畴的动态性实际还包括下位范畴的"上位"化,或者上位范畴的"下位"化。前者指范畴的下属"成员"演变为"类",后者指由"类"降格为"成员"。这种现象在词义演变过程中较为明显,如,"江""河"原来分别专指"长江""黄河",后泛指"所有的江或河",成为"范畴"。再如,"deer"在古英语中表示的是类概念"动物",后专指"鹿"①。张维鼎认为,词义的变迁实际反映了范畴层级系统中上下层次的位移。② 不过,这种位移虽是动态的,但总体而言,对范畴属性特征的改变不大,较少表现出去范畴化特性。

如上,我们认为范畴动态性与去范畴化是整体和部分的关系。而从动态感上来说,去范畴化是范畴动态性最为显著的表征。

第四节 语言层面去范畴化的表征

去范畴化是语言演变的重要方式,它指语言单位逐渐丧失语言范畴属性特征的过程。去范畴化现象在语言各层面都有所体现,主要表现在句法、语义及语用层面。句法层面的去范畴化是语言去范畴化的外在表现,而语义、语用层面的去范畴化则是其内在体现。

一、句法层面的去范畴化

刘正光指出,语言去范畴化的特征之一就是"在句法形态上,范畴的某些

---

① 王东风、张凤春:《语境与翻译》,《中国翻译》1993 年第 5 期。
② 张维鼎:《意义与认知范畴化》,四川大学出版社 2007 年版,第 320 页。

典型分布特征消失"①。如,原型名词可直接充当主语、宾语或中心语等,能受数量短语修饰,但不能充当谓语;原型动词可直接作谓语等,具有时体标记,不能充当宾语。而在去范畴化过程中,它们会逐渐丧失其典型句法分布特征,比如,"很+名词"中的名词丧失了充当中心语的能力,不能说"很一个女人","这本书的出版"中的"出版"丧失了动词的时体特征,不能说"这本书的出版了"。Hopper 和 Traugott 认为纯粹的丧失是消极的②,因为这种丧失不是以获得为目的。因此,在语言去范畴化过程中大多数"丧失"是积极的,是以句法功能得到扩展为前提的,如,"很+名词"中名词获得了谓语功能。

句法层面的去范畴化也表现为句法分布特征由单一扩展出多样,比如,数词可由定语位置扩展到宾语、状语位置等,具体见第四章。

如上所述,虽然句法特征的丧失与扩展是句法层面去范畴化的主要表现,但我们认为,可进一步做如下归纳:一是句法分布特征较多的名、动、形容词,在去范畴化过程中句法功能虽也有所扩展,但可能主要表现为丧失;二是句法分布特征单一或较少的数、量、连、介词等,则主要表现为扩展。

二、语义层面的去范畴化

语义层面的去范畴化是语言去范畴化的内在表现,主要表现为语义内涵的变化、语义功能扩展等。

(一) 语义内涵的变化

语义内涵的变化,指语义内容的发展变化,主要包括语义增生、丧失、转指、抽象与泛化。具体如下:

---

① 刘正光:《语言非范畴化——语言范畴化理论的重要组成部分》,上海外语教育出版社2006 年版,第 64 页。

② Hopper,P. J. & Traugott,E. C. Grammaticalization (2th edition), Cambridge:Cambridge University Press,2003,p. 107.

1. 语义增生

这里所说的语义增生是相对的,如果以原有语义为基础,把原有语义看作语义系统的核心所在,那么,其他外来的意义则是附属的、次要的。而在去范畴化过程中,语义增生通常有以下几种情况:

第一,原有语义由核心变为非核心,新增意义由非核心变为核心。例如:

(1)晴天<u>一身汗</u>,雨天<u>一身水</u>,加上蚊叮虫咬,队员们有的满身长满疱疹,有的还得了疟疾。

(2)他的<u>天人合一</u>,其实是说天人一体,心即天。

原型数词"一",其核心意义应为数量意义,表"数目或数序",而例(1)、(2)中"一"的数量意义变得次要,而核心意义变为"整体"。

第二,原有语义核心地位不变,新增意义仍是附加意义。例如:

(3)太祖<u>一名吉利,小字阿瞒。(魏晋《三国志》)

上例中,"一"表"另一、又一",是附加意义。我们认为,这类"一"虽有附加意义,但数量意义仍是其核心意义。

第三,语言单位获得某种临时意义,原有语义的核心地位不变。这些临时意义是通过语义功能扩展所获得的。例如:

(4)产乳量增加的<u>原因有三</u>:一是品种改良化,二是饲料管理科学化,三是人工授精普及化。

上例中,"三"获得了指称功能,指"三种(原因)",因此,"三"临时具有"三种(原因)"的意义,不过,"三"的数量意义仍是核心意义。

2. 语义丧失

在去范畴化过程中,语言形式本义的丧失易导致其范畴意义的丧失。如,前文所述的"秋千","千"的数量"1000"意义已彻底丧失,再如,协同副词"一块",起初为数量短语"一+块",但在历时演变过程中,其数量意义也丧失殆尽。数词或数量短语本义的丧失就是数量去范畴化的直接表现。

3. 语义转指

语义转指虽也表现为丧失,但它通过获得新意义抵消了这种丧失性。从认知语言学角度来看,转喻是语义转指发生的主要机制。刘正光指出,语义转指即为转喻的"视角化"(或称"孤立抽象")①,也就是说,从词语的概念中分离出某一特征,随之扩大其包容性。Hopper & Traugott 认为,新旧意义之间表现为相关性,通常较旧的意义一般是具体的,较新的意义往往是更为抽象的。② 如"二百五十人""他是个二百五",前一个"二百五十"是纯粹的数量,后一个则表"笨、傻、鲁莽"等,已无数量意义,由前者演变为后者实际是语义转指效应起了作用。汉语谐音十分发达,而通过谐音相关可产生更多的语义转指现象,如早期的网络流行语"杯具(悲剧)""洗具(喜剧)""餐具(惨剧)""鸭梨(压力)""神马(什么)""围脖(微博)"等,这类例子不胜枚举。汉语数词的谐音转指也有不少,如,"886、88、86"转指"拜拜","520"转指"我爱你","1314"转指"一生一世","1010"转指"十全十美",等等。

4. 语义抽象泛化

语义抽象泛化一般遵循两种规律:一是由具体到抽象;二是由抽象到更为抽象。抽象与泛化实际是两个同质的概念,泛化就是一个抽象的过程,抽象也是一个泛化的过程③。语义抽象与泛化指"体现概念的词或固定语的 A 义在演进到 B 义的过程中发生了部分概念内涵消失的现象"④。这说明,语义抽象与泛化的实质就是减少原有的概念内涵,保留概念较抽象的核心意义,从而使其范畴特征逐渐模糊,最终表现为去范畴化。具体见下列例句:

(5)但是,海天的生活有保障,他不必为柴米油盐而愁,一心只用在工作上,并很快把自己认真细致、刻苦钻研和勇于负责的品格展现出来。

(6)当年许多人反对离婚有条共同理由,说老单读了书,进了机关,

① 刘正光:《语言非范畴化——语言范畴化理论的重要组成部分》,上海外语教育出版社2006 年版,第 115 页。

② Hopper,P. J. & Traugott,E. C. Grammaticalization (2th edition), Cambridge:Cambridge University Press,2003,p. 101.

③ 参见 Geeraerts,D. On necessary and sufficient conditions. Journal of semantics,1988(4)。

④ 刘正光:《语言非范畴化——语言范畴化理论的重要组成部分》,上海外语教育出版社2006 年版,第 64 页。

就想休农村的妻,做陈世美。

上述例句中,"柴米油盐"所指具体事物"柴火、大米、油、盐"的意义丧失,而泛指"生活必需品";"陈世美"的人称意义丧失,而泛指"忘恩负义""抛妻弃子的一类人"。虽然"柴米油盐、陈世美"抽象泛化过程中分别保留了核心意义"物品""人",但与典型成员相去较远,这实际是去范畴化的表现。

(二) 语义功能变化

朱德熙首次将"陈述、指称"①概念引入汉语语法研究,之后不少学者对这两个概念作了深入讨论,如马庆株指出了指称、陈述与体词、谓词的关系,体词一般具有指称义,谓词一般具有陈述义。② 彭可君对陈述、指称在词性和句法上的表现也进行了细致分析,认为在词性层面上,"陈述"主要表现在动词、形容词、主谓短语、状中结构、动宾短语、述补短语、复谓短语、动词或形容词联合短语等,而"指称"主要表现在名词、定中结构、名词性联合短语等;在句法层面上,"陈述"主要表现在谓语、述语、补语等,"指称"主要表现在宾语、带定语的中心语等。③ 这说明,从词性、句法层面来看,陈述主要体现在谓词性成分上,而指称主要体现在体词性成分上。周国光认为,陈述、指称及修饰是汉语词类的基本表述功能,他还指出名词的指称功能最强,而动词的陈述功能最强。④ 陆俭明也从句法上对谓词性成分的陈述进行了说明。⑤ 纵观以上各位学者观点,可以看出,谓词性成分主要用于陈述,体词性成分主要用于指称,这在汉语中已经是不争的事实。

由上可知,语言单位的语义功能主要分为两种:指称、陈述。然而,根据汉语的事实来看,并非所有的语法单位都具有指称或陈述功能,比如,常见的数

---

① 参见朱德熙:《语法讲义》,商务印书馆 1982 年版,第 102 页。

② 参见马庆株:《指称义动词和陈述义名词》,《语法研究和探索(七)》,商务印书馆 1995 年版,第 139—152 页。

③ 参见彭可君:《关于陈述和指称》,《汉语学习》1992 年第 2 期。

④ 参见周国光:《现代汉语陈述理论述略》,《暨南大学华文学院学报》2004 年第 3 期。

⑤ 参见陆俭明:《八十年代中国语法研究》,商务印书馆 2004 年版,第 95—96 页。

词、量词、介词、连词等就不具有指称和陈述功能,而名词一般具有指称功能,动词、形容词通常具有陈述功能。因此,我们认为在去范畴化过程中数词、量词、介词、连词等的语义功能主要表现为扩展,而名词、动词的语义功能既表现为丧失,也表现为扩展,如名词处于谓语位置,扩展出了陈述功能,但是以丧失中心语位置为代价的。

去范畴化过程中的语义功能变化具体表现如下:

1. 指称、陈述功能的扩展

数词、量词等语义功能常出现扩展现象。例如:

(7)他今年<u>三十</u>了。

(8)梅勒向他要个电话号码,西蒙随口<u>说了个</u>,但是他的女友说,这是旧号码,另外还有新屋的。

汉语数词、量词没有指称对象,也不具备陈述能力,而上述例句中数词、量词的语义功能实际有所扩展,如"三十"扩展出了陈述功能,其后可添加"了",这是较显著的标志;"个"处于宾语位置,而宾语位置的语言单位是有指称能力的[①],此处"个"实际指称"一个电话号码",显然扩展出了指称功能。

汉语一些数量缩略结构中副词、介词、连词等的语义功能实际也被扩展,例如:

(9)普遍做到了"<u>六不</u>":不乱花钱、不乱借钱、不请客送礼、不大吃大喝、不穿奇装异服、不要家里寄东西。

(10)近年来,扬州市以为民办实事为抓手,建立了"走门串户、联系群众"制度,开展了"<u>三在</u>"(走在群众中、干在群众前、乐在群众后)主题实践活动,解决了大量事关人民群众切身利益的问题。

(11)笔者曾听过一句至理名言——"任何事故都是可以避免的",结合警情通报来看,事发时司机坚持"<u>三个如果</u>"的话,悲剧或许可以避免。开车上路守规则很重要,如果人人都能自觉遵守交通规则,交通事故至少

---

① 彭可君:《关于陈述和指称》,《汉语学习》1992 年第 2 期。

要下降 50%……

该类结构中数词或数量短语充当修饰语,副词、介词、连词等充当中心语,而中心语往往具有指称功能①,由此可知,上述例句中的副词"不"、介词"在"、连词"如果"实际由非指称功能扩展出了指称功能,如,"不""在"指称其后的动作行为,"如果"指称其后整个复句的内容。

2. 陈述、指称的互转

陈述与指称可以互相转化。朱德熙认为在动词前添加"所",或在其后添加"者、的"等可由陈述转化为指称②,如"所想/谈/讲""参观者""听者""舞者""吃的""喝的"等。陆俭明认为指称转化为陈述有两种方法:NP+化;NP+了。如"钙化""商业化、晴天了"。陈述转化为指称也有两种方法:加后附成分或助词"的"。③ 如"傻子""甜头""买的"。彭可君也指出,陈述转化为指称的方法:一是通过加虚词"的""所……的"来实现;二是谓词性成分做主语或宾语,或者带上定语来实现转化。而指称转化为陈述的方法:一是通过添加语气助词"了"和语气词"呢"来实现;二是通过作谓语或带状语来实现。④以上主要就具体的语言事实来说的,我们认为,实际可总结为这样一条判别标准:名词在句中分布的位置被动词或形容词等占据时,陈述向指称转化;反之,动词、形容词等在句中分布的位置被名词等占据时,则指称向陈述转化。例如:

(12)40 多万香港市民以震耳欲聋的倒数欢呼声迎接<u>新年的到来</u>。

(13)她无法再过这种<u>不人不鬼</u>的日子了。

(14)英方谈判代表也绅士地耸耸肩膀,问"Why(为什么)?"

上述例句中,动词"到来"占据名词的中心语位置,获得指称功能,陈述转化为指称;"不 A 不 B"中 A、B 主要为动词或形容词,如"不高不低""不吃不

---

① 彭可君:《关于陈述和指称》,《汉语学习》1992 年第 2 期。

② 参见朱德熙:《语法讲义》,商务印书馆 1982 年版,第 78 页。

③ 参见陆俭明:《八十年代中国语法研究》,商务印书馆 2004 年版,第 96—97 页。

④ 参见彭可君:《关于陈述和指称》,《汉语学习》1992 年第 2 期。

喝",而"不人不鬼"中,名词"人、鬼"占据了动词或形容词的谓语位置,获得陈述功能,指称转化为陈述;同理,"绅士"占据了形容词的状语位置,获得陈述功能,其指称也转化为陈述。

3. 陈述、指称的"实现化"

陈述、指称的扩展及转化情况大多是临时的,譬如"我中国人,他英国人"中,"中国人"只是临时获取了陈述功能,而在"我是一个中国人"中,它仍是指称性的。换言之,语义功能的"扩展、转化"可能只是临时反映了去范畴化的趋势,而当临时趋于固化时,我们把这种现象称为陈述、指称的"实现化",也就是说某个词或结构永久性地获得了陈述或指称功能,以往研究中这种现象很少受到学界关注。陈述、指称的"实现化"实际是语言去范畴化过程中较为强烈的表现。具体看下列例句:

(15)他强调发展自然<u>科学</u>的重要性,认为掌握知识的目的是认识自然,以便征服自然。

(16)然而,由于排放设施的不完善和<u>不科学</u>,大量的废气、废物在大气和空间中积累起来,形成各种恶臭,直接或间接地损害人们的健康。

(17)气象局实行24小时值班制度,主要负责人<u>领班</u>昼夜监测,并实行每天一报制,严格执行应急值班制度。

(18)餐厅的<u>领班</u>告诉我,服务员中的那位年长者就是徐相禄,他头发虽然斑白,但精神却十分饱满。

"科学"这个词最初用作名词来使用,如例(15),指反映自然、社会等客观规律的知识体系,但在长期的使用过程中它逐渐发展出陈述功能,如例(16),表"合乎科学的"[1],《现代汉语词典》(第七版)将其收录为形容词。"领班"一词最初为动词,如例(17),指"带领一班人工作",但它逐渐获得了指称能力,

---

① 中国社会科学院语言研究所词典编辑室编:《现代汉语词典》(第七版),商务印书馆2016年版,第735页。

表"担任领班工作的人"①,《现代汉语词典》(第七版)将其收录为名词,如例(18)。汉语中存在着大量的"名词转动词、形容词"或"动词、形容词转名词"的现象,这里不再一一列举。我们认为,这些"转类"现象实际就是陈述、指称"实现化"的表现,也是语言单位去范畴化过程的内在体现。

三、语用层面的去范畴化

语用层面去范畴化主要表现为"在语篇和信息组织上,发生功能扩展或转移"②。如"一+量词+名词"本不具有篇章衔接功能,但在实际应用中,其语篇功能被扩展了。例如:

(19)"生命在于运动",是18世纪法国哲学家狄德罗的一句名言。

(20)这是周恩来所说的最后一句话,他心里想的仍然是别人。

(21)如今广州将在全国率先使出这一有效监管公车私用的硬招,其他地方也可以迅速跟进。一句话,用"GPS"遏止公车"私奔欲望",可以一试。

例(19)(20)中的"一句名言""一句话"作为句子宾语,不具有语篇衔接功能。但例(21)中的"一句话"语篇功能被扩展,它能衔接前后句子,同时具有总括及引入后续句的功能。

在去范畴化过程中,语篇功能的丧失有时也不可避免,如,代词"他""这""那"的虚化,其篇章回指功能丧失。例如:

(22)面对鸡蛋价格问题,刘姥姥是左右逢源,从容作秀,只图吃他个痛快。

(23)教师们也叫她"马姨",围上去和她说这说那。

原型代词"他""她""它""这""那"等在语篇中具有较强的回指能力,但

---

① 中国社会科学院语言研究所词典编辑室编:《现代汉语词典》(第七版),商务印书馆2016年版,第832页。

② 刘正光:《语言非范畴化——语言范畴化理论的重要组成部分》,上海外语教育出版社2006年版,第64页。

上述例句中的"他、这、那"均丧失了回指功能,"他"是虚指的,演化为语气助词,"这""那"演变为"任指",表示"什么都……"。

语篇功能丧失与扩展常伴随句法特征的丧失,如常见的"X 说、X 看"等虽起到衔接篇章作用,但"说、看"丧失了原型动词带宾语的特征,例如:

(24)你看,你要是托个媒人去说,老头子一定不答应。

(25)他才思敏捷,活力洋溢,擅长讲演宣传,还会写书、演戏。可以说,他是一个热情洋溢的胸怀远大理想而又勇于革命实践的优秀将领。

如上分析,我们将语言去范畴化的特征具体做如下归纳:句法层面上,表现为典型句法分布特征丧失或扩展;语义层面上,表现为语义内涵的变化和语义功能的扩展,前者如语义增生、丧失、转指、抽象泛化,后者如陈述、指称功能的扩展、互相转化及实现化;语用层面上,表现为语篇功能丧失或扩展。这里需指出的是,在语言去范畴化过程中,语义、句法、语用的去范畴化实际是交互进行的,也就是说,一个语言单位发生去范畴化时,或同时在句法、语义层面有所体现,或在三个层面都有体现。但"丧失"的程度不一样,如果在三个层面的去范畴化均表现为丧失性,我们认为,是一种较彻底的丧失,其去范畴化程度高。

第五节 去范畴化与词汇化、语法化、构式化

去范畴化、词汇化、语法化、构式化都是语言演变的重要方式,但这些概念既存在着区别,又有着密切联系。

一、去范畴化与词汇化、语法化

在语言演变过程中,词汇化和语法化是两个重要方面,去范畴化则是更为重要的一个方面。三者之间既有区别又有联系,前文我们已经指出去范畴化与语法化的关系:去范畴化包含语法化,语法化是去范畴化的重要表征。而对于去范畴化与词汇化之间的关系,这里还需进一步阐明。

一般对词汇化的理解是从非词的语言单位演变为词的过程,比如,短语词汇化为词。刘红妮,认为"词汇化经常被用来指两种非常不同的现象:共时意义上的词汇化和历时意义上的词汇化。前者通常是指概念范畴的编码形式;而后者则主要指进入词库,向词库中添加成分或不再具有语法规则的能产性"①。这说明,从历时的角度来看,词汇化实际上是一个从具有较高的语法性、能产性到较低的语法性、能产性的过程。我们认为,不管从历时角度还是共时角度来看词汇化,在演化过程中,其形式或形式中成分的句法特征都表现为一定的丧失性。这与语言去范畴化过程中句法特征的丧失有时存在一定重合,如,"X说"是一种词汇化模式②,其中的"说"丧失了原型动词带宾语的能力,如据说、再说、虽说等。词汇化过程中除了句法特征丧失,语义功能也存在丧失,如"X人"也是词汇化模式③,如"烦人""感人""动人""惊人""怡人""傲人""气人"等,其中"人"的指称能力丧失。词汇化过程中语言单位语义的弱化、抽象泛化及丧失也时常发生,如"骨肉"中"骨、肉"本义丧失,抽象泛指"紧密相连、不可分割的关系",再如"国家","家"的本义丧失。由此可知,语言去范畴化与词汇化现象具有一定的吻合性。但是,词汇化并不等于去范畴化,从词类范畴的角度来说,有些形式词汇化后,其词性并未改变,如动词复合,"打""捞""吵""闹"都是动词,而词汇化后的"打捞""吵闹"仍属动词范畴。因此,词汇化更适合看作语言去范畴化的一种手段。

二、去范畴化与构式化

近年来,构式化是国际语言学领域的前沿热点。构式化在汲取语法化、词汇化、历时构式语法理论精髓的基础上形成。此概念最初是 Rostila 提出来

---

① 刘红妮:《词汇化与语法化》,《当代语言学》2010 年第 1 期。
② 董秀芳:《"X说"的词汇化》,《语言科学》2003 年第 2 期。
③ 夏俐萍:《"X人"致使结构及其词汇化》,《语言科学》2016 年第 6 期。

的①,但未受到学界足够关注。直到 Traugott & Trousdale 的经典著作 Con-structionalization and Constructional Changes② 的问世,构式化才在国际语言学界引起极大关注。所谓"构式化"指的是"新形式"和"新意义"配对的创生过程,它在语言网络中形成了新的类型节点(node)。

构式化与词汇化、语法化都属于语言演化,但构式化不同于传统的语言演化,词汇化、语法化的对象主要是词,而构式化除了包含词,还有句法结构,甚至语篇结构。目前,国内构式化研究聚焦于某些结构式的构式化,如石锓和王秀云③、张谊生④等的论文。因此,有学者将构式化界定为"一个原本松散的结构演变为固定构式的过程"⑤。这说明,构式化与词汇化、语法化研究的侧重点其实不一样。

构式化是近几年新兴的历时语法理论,因此,有关构式化和去范畴化的关系,以往研究并未涉及。显然,构式化不等于去范畴化,构式化侧重于关注语言结构的形成,即新构式的产生,而去范畴化关注的是语言单位的范畴转移。目前汉语学界主要将短语或以上的语言结构理解为构式,基于这一认识,我们认为,在演变过程中,构式化和去范畴化存在以下联系及区别:

第一,构式化与去范畴化过程可能基本重合。如果短语或以上结构在构式化时,逐渐丧失范畴的属性特征,偏离所属范畴,那么,该结构的演变兼有构式化和去范畴化。如"一百个 X(一百个不放心)",该结构初为实在的数量短语,但在历时演变过程中,数量本义逐渐丧失,这是去范畴化;而结构上逐渐固化,内部联系紧密,产生了新的构式义,即"动作强度或性状程度",这又是构

---

①　参见 Rostila,J. Lexicalization as a way to grammaticalization. In Karlsson,F. (ed.). Proceed-ings of the Twentieth Scandinavian conference of linguistics,2004。

②　Traugott,E. C. & Trousdale,G. Constructionalization and Constructional Changes,Oxford: Oxford University Press,2013.

③　参见石锓、王秀云:《"一 X 就 Y"的构式化与构式裂变》,《语言科学》2021 年第 6 期。

④　参见张谊生:《试论"有加"的附缀化与"X 有加"的构式化》,《中国语文》2017 年第 3 期。

⑤　刘红妮:《"忽而"的词汇化及其叠用格式的构式化》,《合肥工业大学学报》2011 年第 2 期。

式化。具体如下：

元代，"一百个"修饰名词性短语 NP，确为具体数量，例如：

（1）牛角盒儿<u>一百个</u>。（元《老乞大新释》）

（2）咱们三十个人，各出<u>一百个铜钱</u>，共通三千个铜钱，勾使用了。（元《朴通事》）

至明代，"一百个"的计数功能出现弱化，例如：

（3）若不是神差鬼使，就是<u>一百个晁夫人</u>也到不得大尹的跟前，就到了大尹的跟前，这伙狼虫脱不了还使晁夫人的拳头捣晁夫人的眼弹，也定没有叫晁夫人赢了官司的理。（明《醒世姻缘传》）

上述例句中的"晁夫人"实际无法出现"一百个"，因而演变出"夸张量"，是虚量。

清代至民国，"一百个"可以直接修饰形容词短语 AP 或动词短语 VP，表"性状程度或动作强度"，例如：

（4）清帝不但是不喜欢，而且有些厌恶，如今倒做了皇后，清帝心中自然<u>一百个不高兴</u>。（清《孽海花》）

（5）原来，妇人女子的性情，最是偏执，要是心内不愿意，任凭如何趋承巴结，她总是冷冷淡淡的，<u>一百个不瞅不睬</u>。（民国《宋代宫闱史》）

（6）一个听了摇头道："使不得，使不得！给那个醋后知道了。圣上原是不要紧，可害了梅花苑的尉迟贞姑娘，准是<u>一百个惨死</u>，你肯忍心？"（民国《隋代宫闱史》）

例（4）中，"一百个不高兴"义为"非常不高兴"，"一百个"表示高程度。例（5）（6）中的"一百个"为动作的频次，但可以通过高频次进一步隐喻为"不瞅不睬""惨死"的动作强度。

"一百个"去范畴化及构式化的过程可归纳为：

语义：具体数量→夸张量（虚数）→性状程度或动作强度（程度量）

形式：一百＋个＋NP（松散）→（一百个＋人称）（半紧密）→（一百个＋AP/VP）（紧密）

这里需指出的是,"一百个 X"的去范畴化及构式化在语义和形式上是同步的。也就是说,去范畴化和构式化实际具有一定的重合性。

第二,构式化过程中某些词汇项的去范畴化。某结构中词汇项的去范畴化是诱发该结构构式化的重要因素。这种情况下,去范畴化更适合看作构式化的诱因。如,"东、西"起初是方位词,属于方位范畴,二者经常对用,形成"东一……西一……",表"东边、西边做/有什么",而在演变过程中,"东、西"的去范畴化是构式化的主要诱因,其逐渐泛指"多;杂乱无章",具体见下列历时语料:

(7)东边一画阴,便对西边一画阳。(宋《朱子语类》)

(8)婺州智者山利元禅师,上堂,拈拄杖曰:"大用现前,不存轨则。东方一指,乾坤肃静。西方一指,瓦解冰消。南方一指,南斗作窜……"(宋《五灯会元》)

(9)东一门,曰东安。西一门,曰西安。(元《宋史》)

(10)把袍袖往东一拂,道你来,你来;往西一拂,道你也来,你也来。(元《吕洞宾三醉岳阳楼》)

(11)只见做公的,东一堆,西一簇,好生热闹。(明《醒世恒言》)

(12)当下厨子送上菜来,恰好是一碗烤肉,济公连忙拿一双筷子,站起身来,东一捣,西一捣,把双筷子上,捣了有四五块四方的肥肉,张开嘴来朝里面一送,筷子朝外面一抽,满嘴的大嚼。(清《续济公传》)

例(7)至(10)中的"东(边/方)一……西(边/方)一……"是空间结构。至明清时期,该类结构逐渐丧失方位次序,而演变为更抽象的"多(数量增多、动量增强)"[①]或"杂乱无章",并形成新构式,如例(11)(12)。汉语中类似的还有"左一……右一……(左一杯右一杯)""这一……那一……(这一片那一片)""你一……我一……(你一句我一句)"等,"左、右"去方位化,"这、那、

───────

① 马喆:《方位对叠结构的语义增值与功能拓展——以"东 A 西 B""左 A 右 B"为例》,《汉语学报》2012 年第 1 期。

你、我"等代词丧失具体所指,表现为泛指或任指,也是去范畴化现象。我们认为,结构中词项的去范畴化是推动整个结构构式化的重要诱因。

第三,构式化过程中没有去范畴化。在构式化过程中,整个结构及结构内的词项都未出现去范畴化。汉语有很多结构是"加合"式的,结构内部由最初的松散逐渐演变为紧凑凝固,如"V 一……少一……",词项"一、少"没有明显的去范畴化特征,但整个结构相对固化。例如:

(13)我觉得这样的机会很难得,<u>参加一届少一届</u>,亚运会也是四年一届,我能够参加第三届,不知道还能不能参加第四届。

(14)而对于收藏者来说,艺术大师们的这类作品只可以出现在那个特定的历史时期而无以为继,堪称凤毛麟角,且<u>卖一幅少一幅</u>,因而极具收藏价值。

如上分析,我们认为,构式化不等于去范畴化,但构式化与去范畴化可能存在重合,构式化常伴随去范畴化现象,而去范畴化可看作构式化的重要诱因或机制。

第二章　汉语数量范畴概说

近二十年来,汉语语义范畴研究成果颇为丰富,所构建的范畴也多种多样,如量、递进、空间、目的等范畴。无疑,这些范畴的建立在汉语研究中解决了不少棘手问题,也推动了汉语语法研究的深入。本章将主要以静态视角,借鉴传统范畴研究范式重构数量范畴,探讨以下重要话题:数量、量、程度之间的关系;构建数量范畴的必要性;数量的内涵与特征;数量的类型。

第一节　数量与量、程度的关系

数量、量、程度是三种不同的概念,表义各不相同,对于这几个概念,《现代汉语词典》(第七版)也有相关解释①:

【程度】事物变化达到的状况:天气虽冷,还没有到上冻的~。|他的肝病已恶化到十分严重的~。

【量】能容纳或禁受的限度:饭~|气~|胆~|力~;数量,数目:流~|降雨~|饱和~|质~并重(质量和数量并重)。

【数量】事物数目的多少:要保证~,也要保证质量。

---

① 中国社会科学院语言研究所词典编辑室编:《现代汉语词典》(第七版),商务印书馆2016年版,第170、818、1218页。

如词典所释,三者的词汇意义并不一样,区别较为明显。虽然三者的概念意义差别较大,但作为"范畴"术语来讲时,它们之间便产生较为严重的混用现象,或是彼此包含,或是彼此相等,尤其是数量、量难以区分。此外,对它们所辖范围,学界仍缺乏科学的、清晰的认识,这也是当前学者们从事"量"研究过程中碰到的一大棘手问题,正如赵国军所述:"量的概念不明,缺乏相对公认的定义。在现有文献中,'量''数量'等术语的使用比较混乱,有的多个相近术语不作区分随意使用,有的只选用其一,但使用时又广狭不一,或者仅限于狭义的理解……""有关量的术语层出不穷,量的种类繁杂多样,但全面探讨汉语中量范畴的系统性、不同量之间关系的研究至今阙如。"①尽管前人已察觉到了这些术语的使用问题,但并未作科学梳理。

我们认为,数量、程度作为范畴尽管存在密切联系,但二者的区别较为显著,因为数量是实的,程度是虚的,二者之间即使有一定的转化,但也十分有限,并非所有程度都可转化为数量,请看下面例句:

(1)这个苹果有一斤。

(2)这个苹果有一斤,很重。

(3)她的表情很无辜。

上述例句中,"一斤"是实实在在的数量,可通过感观或工具感知;"很"这一程度量可依赖于"一斤"感知,这时存在程度与数量的转化,"很重"可精确为"一斤",但"很无辜",到底多无辜,却无法用精确数量表示,也就是说,这里的"量"无法实现为精确数量。所以,"程度"并不见得可以用数量精确化。这说明,程度并不等于数量,二者差异大。

数量、程度是两种不同的认知范畴,不过,二者可隶属于一个更大范畴——量范畴,目前,持这一观点的学者较多,如,邵敬敏认为,程度属于一种模糊量②;李宇明也认为程度含有"量"的意义,可称为"度量",而数量可称为

---

① 赵国军:《汉语量范畴研究综述》,《贵州师范大学学报(社会科学版)》2009 年第 6 期。

② 参见邵敬敏:《汉语语法的立体研究》,商务印书馆 2000 年版,第 26 页。

"精确的量"①;陶瑗丽也指出,程度是量的层级表现②;蔡丽认为,数量范畴和程度范畴都是量范畴下面的次范畴,二者的地位是均等的③。

如上,关于三者的区别及联系可做如下归纳:第一,三者的概念意义差别较大;第二,数量是实在的、具体的,程度是抽象的、虚的,二者一定条件下可转化;第三,数量、程度是量范畴的次范畴,二者相对独立,但又存在着相互交叉,比如,"百分之百、千、万"这些数词既可以表确数,又可以表程度,如"百分之百干净""千不怕,万不怕"。

第二节　构建数量范畴的必要性

李宇明对汉语的"量"进行了系统梳理,并建立了量范畴。④ 从"量"研究的成果来看,似乎没有必要再划分一个数量范畴。但值得注意的是,以往的"量"研究多局限于静态的范畴描写,而忽略了其动态性。比如,数词短语"万分之一"与程度副词"万分"虽都属量范畴,但从历时角度来看,后者源于前者,这是一种动态性。再如,"半"有两种用法:"半$_1$"为数词,指人或事物数量的二分之一;"半$_2$"是程度副词,表示动作或性状的程度不高。"半$_1$""半$_2$"的量都属于量范畴,但前者是具体的,后者是虚灵的,且后者是前者语法化的结果。如果以动态观重新审视量范畴,我们认为,有必要划分次范畴。

我们将量范畴划分出数量、程度范畴,主要基于以下原因:(1)数量、程度属不同概念,二者差异大,因此,可构建相对独立的范畴;(2)范畴具有层级性⑤,越往下划分越利于进行深入细致的研究,将量范畴划分出两个更具体的次范畴,既有利于重新审视原有范畴,也有利于对数量、程度范畴作更细致的

---

① 参见李宇明:《汉语量范畴研究》,华中师范大学出版社 2000 年版,第 283 页。
② 参见陶瑗丽:《现代汉语程度范畴研究》,《长江学术》2009 年第 2 期。
③ 参见蔡丽:《程度范畴及其在补语系统中的句法实现》,暨南大学 2010 年博士学位论文。
④ 参见李宇明:《汉语量范畴研究》,华中师范大学出版社 2000 年版。
⑤ 梁丽:《基本层次范畴理论与应用》,中国社会科学出版社 2007 年版,第 19 页。

描写与分析;(3)可使我们更好地察觉到数量、程度范畴的动态性,从而更好地理解量范畴内外部的动态变化。

以范畴动态观来重新审视量范畴,将是另一种情形,具体可见图2-1。

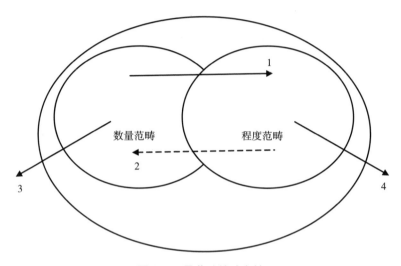

图2-1 量范畴的动态性

数量与程度作为两种不同的概念域,二者之间存在一定的映射,认知机制主要为隐喻,基础是概念的相似性。譬如,数量的多少与程度的高低在概念上相仿,因此,前者可抽象泛指程度高或低。图2-1中,箭头1表示数量范畴的成员可通过去范畴化进入程度范畴,如,程度副词"半""倍"等。虚线箭头2表示程度范畴某些成员也可进入数量范畴,但情况少见,如"一大新闻、四小花旦"中隐含程度的形容词"大""小"有去范畴化为量词的趋势,相关研究如谷晓恒和李晓云①、许光灿②的论文。箭头1、2实际反映了次范畴之间的动态性,而两个次范畴的交叉处则是一种"折中"状态,也是量范畴内部动态性的体现。箭头3表示数量范畴的成员去范畴化并离开量范畴,进入其他范畴,如

---

① 参见谷晓恒、李晓云:《"数词+大+名词"短语浅探》,《汉语学习》2005年第5期。

② 参见许光灿:《数名结构中"大"和"小"不对称性的考察》,《阜阳师范学院学报(社会科学版)》2008年第2期。

副词"一味"中数量元素"一"的去范畴化。箭头4表示某些程度范畴的成员去范畴化并离开量范畴,如,助动词"好"已丧失形容词的"程度义"。

如图2-1所示,我们认为,划分出一个数量范畴,有其存在的合理性,一方面可重新审视量范畴的内部动态性,弥补以往研究缺陷,另一方面又可对次范畴内部及次范畴之间的关系作更为深入的探索。

第三节　数量的内涵与特征

人类还没有发明文字之前,计数多用"结绳法",如"九家易曰:古者无文字,其有约誓之事,事大大其绳,事小小其绳,结之多少,随物众寡,各执以相考,亦足以相治也。"(唐《周易集解》)结绳计数实际反映了原始社会经济活动与数量之间的密切关系。而有了文字以后,尤其数量符号产生以来,人们对事物的计算不再繁琐,只需书写或设置规则。随着社会发展,数量在人们日常生活及交际中越来越重要,同时也成为人类认识世界的另一重要途径。但是,人们还需要对不同的数量进行分类,比如,物体的重量可通过秤来感知,而事故发生的频次不能,重量与频次虽都为数量,却有差别,因此,需要进一步归类,而归类(范畴化)实际就是数量范畴形成的过程。

一、数量的概念及组成成分

(一) 数量的概念

数量观念是人类认识客观世界最基本的途径之一,而进入语言层面的数量,其表现形式自然也丰富多样。数量作为一种范畴概念,我们认为可以作如下界定:表示人或事物(包括事件和行为)多少、大小、长短、快慢、面积、体积、范围等的数量形式或手段的集合。数量范畴是以"数量"这一语义出发建立的语言范畴,它也是语言重要的认知范畴。

（二）数量组成成分

数量存在于客观事物之中，因此，要理解和把握数量，就必须对其内在构成要素有较为清晰的认知。我们认为，语言范畴下的数量应包含以下重要组成部分：

1. 数量核

数量核是数量所指意义的核心所在，其特点通常为可实现性。如，"一个人"的数量核是"一"，"一对/双"的数量核是"二"，而"一群人"的数量核是"群"，"一群"也可实现为具体数量，如"十人为一群"。这里需指出的是，在数量核中数词与量词的地位是不平等的。由于数词运用范围比量词更广，因此，常见的数量核主要表现为数词，而量词实际对数量核起分类作用，比如"一条（鱼）"和"一片（树叶）"，二者的数量核都是"一"，而"条""片"对数量核"一"起一定的分类或区别作用。

不过，有时数量核也表现为量词，如一些复数量词"些""队"等，"一些""一队"的数量核不是数词"一"，而是"些""队"，表示"多"。再如，"一打"的数量核是"打"（十二）。此外，部分个体量词实际也隐含了数量核"一"，如，"他买了只鸡"中"只"就是数量核，表"一"。

当数量核丧失时，数量表达形式必然丧失数量意义，表现为去范畴化，如副词"万一""千万""万万"的演变。

2. 数量依附体

数量存在于客观事物之中，且依赖于客观事物而存在，没有客观事物便无数量。因此，数量的存在必须具有一定的依附体，我们称为"**数量依附体**"。

数量须有计量对象，对象不同，数量依附体也不同，如"两个苹果""三米高的树"，数量"两个""三米"分别依附于"苹果""树"，再如"三个小时""山洪暴发了两次"，"三个""两次"分别依附于时间"小时"、动作行为"暴发"。

数量依附体的丧失，可诱发数量意义的弱化或丧失，进而导致去范畴化。如，副词"一下"，表"短暂的时间"，最初为数量短语"一+下"，在演变过程中，

由于所依附的动作行为丧失,逐渐去范畴化,试比较"灯闪了一下又亮了""灯一下又亮了",其历时演化过程如下:

"一下"是数量短语,表动作行为发生"一次",常附着于动词或动词短语之后,例如:

(1)师委得,令侍者到德山,"打汝,汝便接取柱杖,以柱杖打一下。"(五代《祖堂集》)

(2)师以手空中点一下,供奉无对。(五代《祖堂集》)

(3)问曰:甲乙丙三人同谋殴人,各拳殴一下,合作首从以否?(唐《唐律疏议》)

上述例句中,"一下"分别为"打、点、殴"的动量。

当"一下"与所依附动作行为疏远,尤其处于不同句中或上下文时,其依附关系弱化,例如:

(4)以巾打之,一下死。(宋《太平广记》)

(5)凡看文字,要急迫亦不得。有疑处,且渐渐思量。若一下便要理会得,如何会见得意思出!(宋《朱子语类》)

上述例句中,"一下"虽可理解为"一次",但与所依附的"打、看"距离较远,其依附关系逐渐弱化,"一下"更易理解为其后另一动词"死""理会"的状语。

当数量短语"一下"丧失所依附的动作行为,便产生了去范畴化,例如:

(6)曰:"只为他知处不曾亲切,故守得不曾安稳,所以半途而废。若大知之人,一下知了,千了万当。所谓'吾弗能已'者,只是见到了自住不得耳。"(宋《朱子语类》)

上例中,"一下"表"一次"的数量意义丧失,而表示短时。

数量依附体由具体演变为抽象,也可能诱发去范畴化。如副词"一块",起初是数量短语"一+块",用于单个块状之物,其依附于具体事物,如例(7)至(9)的"壤""雌黄""子"。但唐宋时期,"一块"也可以用于抽象事物,如例(10)至(12)的"元气""天理""物"是无形的,"一块"计量功能实际受损,进而诱发去范畴化,泛指"一起"。

(7)羽曰:"乌林之役,左将军身在行间,寝不脱介,戮力破魏,岂得徒劳,无一块壤,而足下来欲收地邪?"(魏晋《三国志》)

(8)雷公云:凡使,勿误用夹石黄、黑黄、珀熟等。雌黄一块重四两。(魏晋《雷公炮炙论》)

(9)卵石黄味酸,个个如卵,内有子一块,不堪用也。(魏晋《雷公炮炙论》)

(10)一块元气闭,细泉幽窦倾。(唐《石鼎联句》)

(11)盖形骸虽是人,其实是一块天理,又焉得而不乐!(宋《朱子语类》)

(12)地虽一块物在天之中,其中实虚,容得天之气进上来。(宋《朱子语类》)

以上历时案例说明,数量依附体对数量概念来说十分重要。

3. 数量度

客观事物中的数量本身并无大小、多少之分,但进入人类的认知领域后,数量可用来表示或评判人或事物的多少、大小等,这就是"数量度"。"数量度"可分为以下几种类型:

(1)客观度。数量没有大小或多少之别,如,"三个苹果"相对于"一个苹果"来说,表现为多,但相对于"十个苹果"来说,又为少。也就是说,"三"可表多,也可表少,这是由数量的客观度决定的。

(2)常规度。常规度是指在长期的发展过程中,人们对数量大小、多少等的认知形成了一种趋同的心理度量。如"九十岁",大众普遍认为其数量度是"年龄大",属于老年,而"六岁"其数量度是"年龄小",属于童年,"四十岁"属于中年。为什么"四十岁"不属于老年呢,因为数量度实际是以符合大众心理为基础的评价。需指出的是,数量的常规度也是发展变化的,如,上古时期人的寿命较短,"四十至五十岁"或许也可称为老年。

(3)反常规度。反常规度指对数量大小、多少等的评判不符合普通大众的心理,其主观性很强,如,"他才九十岁"可能被认为年龄小,而一般认为"九十岁"已是高寿,应属于年龄大。再如,"他五岁才上一年级",被认为上学晚,而一般认为"五岁"年龄小,"五岁上一年级"应属于上学早。

数量的反常规度是有限的,随着数量的递增或递减,其接受度会逐渐降低。如,"他才一百五十岁""他一岁才上一年级",这些说法难以被接受。

如上,我们可将数量的组成成分表述为图2-2:

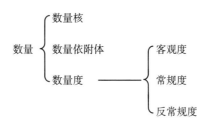

图 2-2　数量的组成成分

二、数量的特征

数量作为一种认知范畴,它具有如下特征:

(一)客观性与主观性

数量存在于客观事物之中,因此,数量的客观性是其本质特点。亚里士多德也指出,对于确定的数量来说,数量没有相反者。[①] 这说明,"数量"本身并没有大小、多少等相反的差别,它是客观存在的,如"五个"较"三个",是多,而较"十个",又是少。但正由于数量的这种两面性,在言语表达过程中,"数量"常被用于评价人或事物的大小、多少、长短等,例如:

(13)a. 七十分合格　　　　七十分才合格(量多)

合格才七十分(量少)

---

① 参见[古希腊]亚里士多德:《范畴篇・解释篇》,方书春译,商务印书馆 2008 年版,第21 页。

　　　　b. 七点钟起床　　　　　　七点钟才起床(时间晚)

　　　　起床才七点钟(时间早)

　　"七十""七"本身并不表示数量多少、时间早晚,而当它们出现在"才"之前时表示数量多、时间晚(主观大量),之后时则表示数量少、时间早(主观小量)。我们认为,同一数量在不同句法结构中显示的"量"并不一样,实际说明了数量又具有主观性。

　　概而言之,以语言形式存在的数量既有客观性也有主观性,数量的客观性是主观性存在的基础,而主观性则是客观性的延伸。

(二) 直观性与等级性

　　存在于客观事物中的数量一般可以直接感知,这是数量的直观性。例如,"桌子上放着五个苹果","五个苹果"所显示的"数量"真实可感,而"一百斤苹果"中"一百斤"一般通过视觉难以感知,但可通过称重来感知这个数量,因此,"五个"与"一百斤"在直观度上并不一样,前者要强于后者。

　　数量的感知度有一定区别,这与数量所依赖的客观事物及相关的测量工具等有着密切联系,因此,它们可感知的等级性并不一样,如下列几组数量:

　　　　(14)a. 三个苹果　　　　　　(有实体依附,无需工具测量)

　　　　　　 b. 一百斤苹果/一碗水　　(有实体依附,需工具测量)

　　　　　　 c. 一种味道/声音　　　　(无实体依附,无工具测量)

　　　　(15)a. 五米高的树　　　　　 (有实体依附,需工具测量)

　　　　　　 b. 日头爬上一竿子高了　 (有实体依附,无工具测量)

　　　　(16)a. 二十分钟　　　　　　 (无实体依附,需工具测量)

　　　　　　 b. 一阵/一会儿　　　　　(无实体依附,无工具测量)

　　　　(17)跑了一回　　　　　　　 (无实体依附,无工具测量)

　　例(14)a 中"三个"可通过所修饰的"苹果"这一实体感知;例(14)b 中的数量"一百斤、一碗"则不能仅通过实体感知,还需测量工具"秤"或"碗",其感知主要来源于测量工具;而例(14)c 的"一种"通常没有实体依附或工具测量,需通过嗅觉、听觉来辨别味道或声音的种类,不过,这类数量的感知度相对较低。例(15)a 中的"五米"除了依附实体"树",也需测量工具,如"尺"等,而例(15)b"一竿子高(习语)"到底是多高,虽有实体依附,但不能用工具测量,其感知度也较低。例(16)a 中的"二十分钟"没有实体可依附,但可通过钟、表等工具测量,而例(16)b 中的"一阵/一会儿"虽表示一定时间量,但其感知度较低,一般也较难用钟、表等工具测量,因为难以明确"一阵/一会儿"到底指多长时间,一小时还是半天? 例(17)的情况与例(16)b 一样,无实体依附,也无工具测量,因而感知度较低。

从例(14)到例(17),数量的感知度逐渐降低,而由 a 到 b 或 c 数量的感知度也逐渐趋低。感知度越低,数量越容易产生去范畴化现象。如"一律"最初表示"一种音律",类似例(14)c,后来虚化为副词"一律",其中数量"一"也发生了去范畴化,因此,处于 c 位置的数量相对 a、b 来说较易去范畴化。有关数量可感知的等级性可表述为:

物体数量(无需工具测量)>物体数量(需工具测量/无工具测量)>空间数量(需工具测量)>空间数量(无工具测量)>时间数量(需工具测量)>时间数量/动作数量(无工具测量)

这一序列基本上反映了 Heine 等的语法化等级:人>物>事>空间>时间>性质。① 换言之,"数量"的直观性越低,去范畴化趋势越强。下面,以"个"为例来进一步验证这一等级性。"个"由量词到助词的演变基本上符合从例(14)到例(17)的等级性。张谊生指出,上古时期,"个"作为量词早在《史记》《左传》已有所见②,但用例较少,可用于计量"人"或"物",例如:

(18)晏子曰:"二惠竞爽犹可,又弱一<u>个</u>焉,姜其危哉。"

(19)譬如群兽然,一<u>个</u>负矢,将百群皆奔。

----

① 参见 Heine,B.;Claudi,U. & Hünnemeyer,F. Grammaticalization:A Conceptual Framework. Chicago:University of Chicago Press,1991,p. 157。

② 参见张谊生:《从量词到助词——量词"个"语法化过程的个案分析》,《当代语言学》2003 年第 3 期。

至魏晋,"个"所计量对象逐步扩展,不再限于人或动物,还可以是植物或其他,如"神"等。例如:

(20)唯善法寺所见光内有两个华树,形色分明,久而方灭。

(21)谁论洛水,一个河神。(魏晋《梁东宫行雨山铭》)

唐代,"个"所计量事物的种类更多。王绍新指出,"个"除了计量人或物外,开始发展出许多新的用法:计量空间、时间、抽象事物。①

"个"计量空间,表现为"处所、长度、面积"等。例如:

(22)孤艇小,信横斜,那个汀洲不是家。

(23)壶高五重,则有五个六十四寸。

(24)……一个千里之方,为方百里者百,一个五百里之国,为方百里者二十五。

(25)……断作驰价官布一个。

上述例句中,"汀洲"是处所;"六十四寸"是长度;"千里之方"是面积;而"布"含有一定的长度,一般论"匹",但这里用了"个"。

"个"计量时间,例如:

(26)求归不得去,真成遭个春。

(27)子京死后一年,方来归舍检校,住三个月,还却去。

"个"计量抽象事物,例如:

(28)尔若实有个见处,试捻来看共尔商量。

(29)大有好笑事,略陈三五个。

宋元时期,"个"除了基本保持以上功能外,又发展出了新功能:计量动作。例如:

(30)三公燮理阴阳,须是先有个胸中始得。(宋《朱子语类》)

(31)我问他个掰两分星,说一段从头的至尾。(元《伍员吹箫》)

上述例句中,动作行为"胸中始得""掰两分星"在句中都做宾语,"个"的

---

① 参见王绍新:《量词"个"在唐代前后的发展》,《语言教学与研究》1989年第2期。

计量功能弱化,同时,"个"也开始逐渐虚化。

当"个"所计量的对象由动词或动词短语逐渐扩展为小句时,其彻底虚化为助词。例如:

(32)然今事众中建立个宾主问答,事不获已。

(33)似斗草儿童,赢个他家偏有。

上述例句中,"宾主问答""他家偏有"是小句,"个"相当于语气助词。

从历时角度来看,不同阶段"个"所计量事物的虚实并不一样。"个"先后由计量人或物体,再到计量空间、时间,再到计量动作,其所显示的数量在感知度上显然降低,而直观性越低,"个"越容易去范畴化,这正好印证了上述数量可感知的等级性。

(三) 具体性与模糊性

客观事物之中的数量本身是具体的,但进入人类认知领域的数量在语言层面上却有具体与模糊的区别。一般表示具体数量可直接用数词或数量短语,如:"四千人""十个苹果"中的"四千""十个"。

如果要强调数量的具体性,可在数量前添加"整整""足足""恰好""正好""实足"等标记词。例如:

(34)上世纪八十年代中期,为了搞活边贸经济,繁荣和扩大边民们互市通商,用了整整两年时间拓展并建成了今日之"中缅友谊街"。

(35)此次拍卖距离上次(2月9日)相隔了足足50天,去年初也出现过如此情形,业内由此推测国土部门今年推地态度谨慎。

(36)从23岁考上北航研究生的那一年算起,恰好七年。

(37)今年李宴家正好50岁,照他的话说,还可以为单位再努力一把。

(38)实足一万银子一里路;退三十里,就是三十万。

也可以在数量后添加"整"。例如:

(39)据了解,被执行人蔡某2014年向许某借款20万元整,逾期没有归还。

数量也具有模糊性,通常在数量后添加"多""几""余""左右""上下""来"等标记词,如"一百五十多年""十几个型号""千余人""八点半左右""五十岁上下""十来个小城市"。也可在数量前添加"若干""不到""不足""(将)近""奔"等标记词,如"若干名副秘书长""不到一年时间""不足一千人""将近十五千米""他是奔三十的人了"。两个数词的叠合也可以表示数量的模糊性,如"三四天、三五人"等。此外,汉语中还有一些词或短语所蕴涵的数量实际也是模糊或不确定的,如"刹那间""一瞬间""瞬息""一会儿""一阵""一些""一点""半天""某一天""一转眼""须臾之间""霎时"等。

(四) 隐性与显性

事物与数量之间是包含与被包含的关系。例如,"人"有"一个头、两只手、两只脚、一双眼睛"等,"一个""两只""一双"被"人"所隐含,而"一只手"又隐含着"五个指头",这些数量都是隐性的,需被逐渐感知。

语言层面上,数量这种显性与隐性的差异更明显,如"五百人""十张桌子","五百""十张"是显性的,而"一对/双""一打"中,"二""十二"则是隐含的,又如,"群""批""队、拨"等隐含的个体数不确定,其所含的数量较为隐性。

数量与数量之间也存在互相包含的关系,如"一公斤"等于"一千克",这里的数词"一"作为一个整体来讲,包含着数量"一千","一米"中的"一"实际包含数量"十"或"一百",因为"一米"等于"十分米或一百厘米",这体现了数量之间相互包含的关系。这主要表现为一些度量单位词。一些时间词也含有数量,时间数量之间也存在相互包含的关系,如,一刻为十五分钟,一小时为四刻或六十分钟,一天为二十四小时,一个月为三十天,一周/一个星期/一个礼拜为七天,一年有四季,为十二个月。以上这些被包含的数量通常是隐性的,需进行换算。

最能体现数量之间包含关系的还有"分数",如"三分之二",可表示纯粹的分数,也可表示"三个中的两个",比如,录取比例是"二比三",也就是说"每三个中录取两个",这些包含与被包含的数量"三个""两个"也是隐性的。

(五) 离合性与连续性

客观事物虽千差万别,但每个事物并非孤立存在,它们彼此有着密切联系,所以"物以类聚",事物之间存在离合性,以至于事物之中的数量也有离合性。例如,"三个朋友中,一个是北京人,一个是长沙人,一个是天津人",如果把"三个"看作一个整体,那么,其后几个"一个"实际反映了数量的离散性特点。再如"将这些苹果堆成一大堆","这些"是离散性的数量,而"一大堆"则是聚合性的数量。

数量的离散性通常表现为连续性。每个个体在一个集合中并不是混乱的存在,即使离散,也有一定秩序,而反映在数量上,就是一种连续性。数量的连续性主要表现为:

1.表顺序的数量

在列举过程中这些数量呈现出一种连续性,如"第一……第二……第三……","其一……其二……其三……"。连续性可分纵向和横向,二者存在一定的区别。

纵向连续呈现时间先后或主次之分。如下列组合:

(40)a. 第一年……第二年……第三年……第四年(时间先后)

　　　b.第一次……第二次……第三次……第四次(时间先后)

　　　c.房间里来了两个人,第一个进来的是李明,第二个进来的是张华(时间先后)

　　　d.一把手、二把手、三把手(主次之分)

横向连续是一种并列关系,主要着眼于空间位置,无时间先后、主次顺序。如下列组合:

(41)a. 一个队列:从左到右,第一个是李明,第二个是张华,第三个是王海。

b.学好英语有三点:第一要记生词,第二要练习写作,第三要常常做阅读理解。尤其第三点最为重要。("第一"并不表示是重点,重点是第三)

2.数量范围中的数量

数量范围是数量连续性的另一种表现形式。数量范围体现的连续性实际有长有短、有强也有弱。数量连续"链"较短的,其范围较窄,表现的连续性较弱,如"三至六人",只包含了"三""四""五""六"。而数量连续"链"较长的,其范围较广,表现的连续性较强,如,"七万至八万""40%至60%"为物体数量上的连续,"八月至十月"为时间数量上的连续,"三亿至四亿立方米"为空间数量上的连续,这些数量范围的连续"链"都较长,因而连续性强。

有时两个邻近数词之间也可表现出一种连续性,但这种连续性较弱,例如:

(42)"三三制"即每班分成三个战斗小组,每个战斗小组三至四人,进攻时以小组为单位,队形疏散可减少伤亡,容易聚拢便于形成战斗力;"三猛"即猛打、猛冲、猛追。

上例中"三至四",实为"三""四"的连续,是一种弱连续性。

数量的连续性有时还表现为一种模糊的连续性,例如:

(43)从13日早上6点多至晚上6点左右,王建民一直躺在医院的走廊里,没有人管他。

(44)全县至去年底个体私营企业发展到6300多家,其中年产值超10亿元的1家,17家企业被确定为市级以上农业产业化龙头企业,创出了科迪汤圆、科迪酸奶、木兰棉纱等一批名牌产品。

(45)至查处时,该公司已加工成品14.81吨,其中7吨售往大理等地。

例(43)中数量范围的前项用了"多",后项用了"左右",表示对数量的不确定,因此"早上6点多至晚上6点左右"相对模糊,其数量的连续性也较为模糊。例(44)中的数量范围"至"前并没有出现范围前项,而后项"去年底"表示的时间不明确,整个数量范围表现出的连续性也较模糊。例(45)中的数量范围"至"前也没有前项,而"查处时"虽可表时间,但较为抽象,"查处时"到底指什么时间,并不确定,因此,其表现的时间数量的连续性也十分模糊。从例(43)至(45),我们可以看出数量的连续性越来越模糊,而这种变化源于数量表现形式不同。

3. 复叠形式的数量

数量复叠也可表现数量的连续性。常见数量复叠形式如"一 q 又一 q",q 为量词,"一 q 又一 q"并不是表示两个 q,而是表示许多 q,且"一 q 又一 q"含有次序意义,义为"第一 q……第二 q……第三 q……"。它的连续链较长,表现为数量上的强连续性。例如:

(46)普朗克总是用忘我的工作来抑制自己内心的悲痛,为科学做出了<u>一个又一个</u>贡献。

(47)据了解,上官云珠 1920 年出生于江阴长泾,她在银幕上塑造了 30 多个性格迥异、风韵别具的人物形象,特别是其"清清白白做人,认认真真演戏"的人品和艺品影响了<u>一代又一代</u>人,成为深受人民群众喜爱的中国电影表演艺术家代表人物之一。

(48)晚间下钓,凌晨起钓,早上卖鱼,周而复始,<u>一天又一天</u>,<u>一年又一年</u>。

(49)他的目光沿着树干<u>一寸又一寸</u>地向上移,雷恩斯福德屏住呼吸。

上述例句中,"一个又一个""一代又一代"为人或事物数量的连续性,其义分别为"多个""多代",实际表示"第一个""第二个""第三个……""第一代、第二代、第三代……"。同理,"一天又一天、一年又一年"为时间数量的连续性,可以表示为"第一天""第二天""第三天……""第一年""第二年""第三年……";"一寸又一寸"为空间数量的连续性,也可以表示为"第一寸""第二寸""第三寸……"。

而"又一q"的连续链较短,表现为弱连续性,它实际可理解为相对前一"q"的"第二q"。例如:

(50)这是广西继去年成功承办第二届中国—东盟博览会、联合国"城市可持续发展南宁国际会议"之后,<u>又一次</u>举办的国际盛会。

(51)他在前不久谈到应对非典带来的影响时还说:"在这个<u>又一轮</u>新的竞争时期,谁能咬紧牙关上一个台阶,谁就有可能获得更大的发展;谁在这时掉下去一步,谁就可能失去更大的发展机会。我希望南京成为前者。"

上述例句中,"又一次"并不表示很多次,而是指相对前一次的下一次,实际对"第二届"的延续,因此,是弱连续的。同理,"又一轮",表示相对前某一轮的下一轮,其连续性也较弱。

数量的连续性还可以呈现出一种反复的连续,如"百分比+到+百分比+再到+百分比"等。例如:

(52)我们还要深究的是:年平均递增率<u>从 0.1%到 7.5%再到 12.2%</u>、人均占有量从 5 公斤到 17 公斤、"吃鱼难"变为"鱼满舱"……

上例中,"再到"前面的项表示第一次连续,后面的项则表示又一次连续,整个数量范围实际表示"0.1%到 7.5%",再"7.5%到 12.2%"。

如上分析,数量的特征可表述为图 2-3:

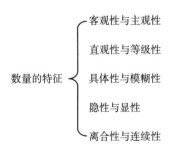

客观性与主观性

直观性与等级性

数量的特征 具体性与模糊性

隐性与显性

离合性与连续性

图 2-3 数量的特征

第四节 数量的类型

根据数量所计量对象的性质可将其分为物体、时间、空间、与人或事物有关的动作数量。物体数量指人或事物多少、大小、轻重等所显示的数量,如"六个苹果""三斤鱼"。时间数量指时间的先后、长短、快慢等所显示出的数量,如"三天""1998年"。空间数量指人或事物的高矮、长短、面积、体积等,也包括人或事物在空间中的位置所显示的数量,如"一米高""五米宽""二十平方米、方圆一公里"。动作数量指人或事物动作行为发生的次数或频率等所显示的数量。如"去了一次北京"中的"一次"。

除了上述分类外,我们认为,人类认知领域中的数量实际丰富多样,还可从以下不同认知视角加以分类:

一、客观数量与主观数量

根据数量的主、客观性特点将其分为客观数量与主观数量。比如"三个人","三个"是客观数量。而当在数量前加上"小小、寥寥、短短、区区"等标记词时则表示主观小量,例如:

(1)漫天黄沙叫我看不清对面的街道,天空是灰黄的一片,太阳化成了紫色的<u>小小的一轮</u>,诡异地挂在天空的一角。

(2)他说,一方面,阿根廷在欧洲以及美国效力的球员超过100人,而巴西赴国外打球的球员只有<u>寥寥10人</u>。

(3)这<u>短短的一个月</u>对于闫森来说太漫长了。

(4)据介绍,目前中国专门研究拉美音乐的专家只有<u>区区几个人</u>,而且大多都已退休。

这些标记词后的数量既可以是确数,如例(1)至(3)的"一轮、10、一个月",也可以是不确定的数量,如例(4)的"几个"。这些标记词用在数量前面,其显示的数量是主观数量。

也可以在数量上添加"大、满、满满、整整"等标记词,表示主观大量。如:

(5)他买了<u>一大箱</u>苹果。

(6)他盛了<u>一满碗</u>的饭。

(7)其中最长的一封信有<u>满满的11页纸</u>。

(8)他<u>整整一个月</u>没有回家了。

上述例句中,"大、满"位于数、量词之间,"满满、整整"位于数量短语之前,其表达的数量均为主观大量。

二、整数数量与非整数数量

整数是数量中最基本的概念之一,据此,我们可将数量分为"整数数量"和"非整数数量"。"整数数量"指以"整数"为基础构成的数量,如"两个苹果""两元"中的"两"是整数。而"非整数数量"则指以"非整数"为基础构成的数量,有两种构成方式:一是直接由非整数(诸如小数、分数等)来构成数量,如"三分之二个苹果""0.85 克";二是整数与非整数加合构成非整数数量,如"苹果一个半",其中"一个半"由"一"与非整数"半"复合而成。

整数数量和非整数数量在语言中的表达实际还存在一定的区别,比如,整数数量可直接在数量后加上"整",或在前面加上"整整",如"两元整""整整两元",而非整数数量较少有这种用法。

基于"数"的概念,实际还可将整数数量分为单数数量、双数数量、复数数量。

单数数量主要指含数量核"一"的数量。例如,"一个人、我个人"等形式中实际含有数量核"一"。

双数数量指含数量核"二"的数量。如"他/她俩"或"他们/她们/你们两个",再如量词"对""双"等。

复数数量指含数量核"三或以上"的数量。如"他们/她们/你们+仨/几个"。名词中的复数表现形式很多,如"鸡群""羊群""牛群""车队""马队""牛队""背包族""啃老族""上班族""听众""群众""观众""苹果堆""人堆"

等,从功能上来讲,"群""队""族""众""堆"是类似英语中的复数形态。

三、表层数量与深层数量

根据数量的显性与隐性特点,可将数量分为表层数量与深层数量。数量虽存在于客观世界之中,但进入人类语言领域的数量,就其来源来讲,它实际有表层与深层的区别。有些数量直接来源于表层的句法结构,我们称为"表层数量",如"十张纸"中的"十张",而有些数量则来源于深层的句法结构,通常是被隐含的,称为"深层数量",例如:

(9)一个鸡蛋等于两个馒头。

上例中,并不是说表层数量"一个"与"两个"相等,显然也无法相等,而是指二者实际隐含的深层数量"价钱"相等。

四、整体数量与部分数量

根据数量离合性的特点,可将数量分为整体数量与部分数量。整体数量指数量作为"合"的整体,而部分数量指数量作为"离"的个体,比如"数+量/名+之+一",如"清明是我国历法中的二十四节气之一","二十四"是整体数量,而"一"是部分数量;又如,"四家中的一家","四家"是整体数量,"一家"也是部分数量。在汉语中表达"整体数量"也常用一些标记词,如"所有""总共""共""一共""全""都""皆"等,"部分数量"也有一些标记词,如"部分""大部分""少部分""少数"等。

五、动态数量与静态数量

根据数量被替换程度的高低,可将数量分为动态数量与静态数量。动态数量可被替换程度高,主要体现在句法层面,比如,常见的数量短语中的数、量替换程度较高,例如:

(10)他吃了三个苹果。

"三个苹果"中的"三个"可以替换为"四个、五个"或"三块、三斤"等,这实际反映了数量的可变性,而这些数量就是动态数量。

静态数量可被替换的程度极低,甚至为零。如"一量/名+否定形式"中"一"的替换性就较低,我们认为这类数量是静态数量。例如:

(11)我常在那儿吃饭,刘斌说他也常去那儿吃饭,但我们却<u>一次也没碰到</u>。

(12)而我开夜车赶出的几幅画,却<u>一幅也没有卖出去</u>,这完全打破了我当初的设想。

(13)两位少年站在我的面前,<u>一言不发</u>,更没有抱怨,只紧盯着远远飞去的小鸟。

上述例句中,"一次"不能被"两次"替换;"一幅"也不能被"两幅"替换;"一言不发"更不可说"二言不发"。这些数量实际是静态数量。

词汇层面的数量显然也是静态的,如量词"打、双、对"所含的数量,再如"两岸""五官""五保(户)""五粮液""六味地黄丸""七星瓢虫""十二指肠"等,"两""五""六""七""十二"都是静态数量。一些缩略语中的数量,也不具有可替换性,如"三个代表""三好""三曹""四化""五讲四美"等,"三""四""五"也是静态数量。

这里需指出的是,如果数量长期处于静态之中,易去范畴化,如"一量/名+不/无+V"容易词汇化,如"一毛不拔""一事无成""一丝不挂""一文不名""一尘不染""一窍不通"等,这些"一"不同程度地丧失了数量意义。再如,"七尺男儿"起初确实指"1.7米左右的男子",因为古代"1.7米"算较高,但是,由于物质生活水平不断提高,"1.7米"在现代看来比较矮了,"1.8米"左右才被认定为标准身高,因此,"七尺男儿"遗留至现代汉语中,逐渐演变成了一种泛指,表示"男子汉",而"七尺"所含实际数量丧失。由此,我们认为,"静态数量"如果不能随着时代的改变而变更,其计量功能必会受损,进而虚指,这是去范畴化的表现,汉语中类似的还有"五音(不全)"。

六、语用数量和非语用数量

根据特殊的语用环境将数量分为语用数量与非语用数量,如比喻型数量,该类数量主要指用某一数量来比喻说明另一数量,以凸显人或事物的某一特性,如"两家人亲如一家","一家"实际是比喻型数量,凸显很亲密。有时时间数量之间也可以用比喻,如"一年短如一日",其中"一日"是比喻型数量,实际凸显"时间过得很快"。

如上分析,可将数量的各种分类情况表述为图2-4。

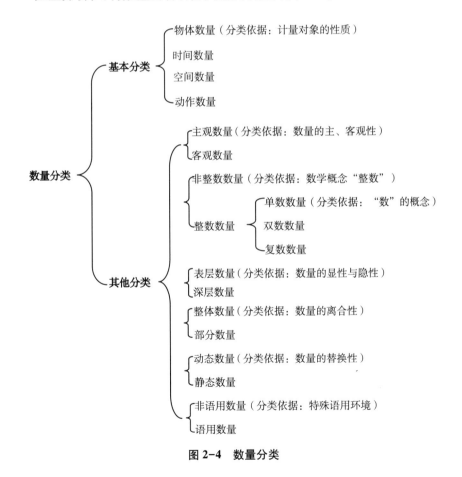

图2-4　数量分类

第三章　汉语数量范畴的表现形式

本章为第二章的延续,也主要以静态视角对汉语数量范畴的表现形式进行全面、系统的探索。汉语数量的句法表达形式丰富多样,本章将主要探讨数词单用及复叠、序数词连缀、基数词缩略及连缀、量词单用及复叠、数量短语单用、数量短语缩略及连缀、数量短语复叠及连缀。此外,也探讨数量的一些特殊表现形式,如,"相等或不等、整体与部分、配置"双数量结构,数量范围表达式,询问数量表达方式,以及其他常见句法格式。

第一节　数词单用、复叠、缩略及连缀

一、数词单用及复叠

数词是数量范畴的典型成员,数词可直接表达数量,其形式十分丰富。数词既可单用,也可以重叠。

(一) 数词单用

数词单用,指数词单独计数,不需要借助其他数词或量词表达数量意义,如直接充当定语,修饰名词,这一用法在汉语中较常见,如"有一猫"。李宇明指出,数词的这种单用情况实际是袭古用法或受到方言的影响,再如"一直

线""胡同口有一矮树"。① 我们认为,数词单用实际还与以下几种因素有关:

第一,数词所修饰的名词是具体的还是抽象的。当为具体名词时,数词通常可单用,而为抽象名词时,数词较难单用,或单用频率极低。我们在北京大学 CCL 现代汉语语料库中进行了相关检索,如"有一人"7062 例、"有二人"497 例,"有一理想""有二理想"均为 0 例,"有一天空""有二天空"均为 0 例,"有一原因"4 例、"有二原因"2 例。因为"人"是具体名词,而"理想、天空、原因"均为抽象名词。

第二,隐含的量词是否为典型的个体量词。如"有一(个)人""有一(个)原因"中,"个"是典型的个体量词,而"有一(片)天空"中"片"不是典型的个体量词,其不能显示出单个个体,这实际涉及第二章所论述的数量核,许多个体量词隐含了数量核"一",如"只、匹、张、条、头、朵、根、本、栋、棵、颗"等,因而表数时"一"和这些个体量词的表意实际重复了,不需要出现个体量词,换言之,隐含典型个体量词时,数词通常能单用。

第三,韵律节奏影响,汉语通常是两个音节一拍,因而"一个人"不如"一人"节奏清晰,而"有一个原因"又不如"有一原因"节奏清晰,后者均可以理解为"2"或"2+2"标准节奏模式。

除了上述情况外,李宇明还指出了一些数词单用的情况:数目大的数词,如"上万人";单音节位数词,如"万家灯火";计量货币,如"房子一平方米只要一万"。② 这里需指出的是,汉语中的阿拉伯数字"1、2、3"等的独有情况显然比数词"一、二、三"等更加普遍,如"雪崩造成了 1 人死亡""2 人重伤""5 人轻伤",这可能受到了英语等语言数词表达方式的影响。

(二)数词复叠

数词复叠也是数量范畴常见的表达式,主要有以下两种情况:

---

① 参见李宇明:《汉语量范畴研究》,华中师范大学出版社 2000 年版,第 34 页。
② 参见李宇明:《汉语量范畴研究》,华中师范大学出版社 2000 年版,第 34、36 页。

1."数数"式

"数数"是数词的直接复叠形式。数词的复叠有时只是形式上的,不具有增量或减量的作用,因此所表达的数量意义没有变化。数词的复叠实际是数量表达形式的压缩,例如:

(1)上海举办"五五购物节","五一"期间重点监测商圈客流环比增长 68.5%。

(2)七七级学生七八年春天入学,七八级学生秋天入学,两次招生仅相隔半年。

(3)与此同时,海航透露,为满足广大旅客"五一"短假的出行要求,特别对西安、北京、海口、三亚等城市推出促销活动,航班票价最低至二二折。

(4)另外六人处于三三对峙状态,22 日将继续就该问题进行讨论。

上述例句中,"五五"实为"5 月 5 日","七七"实为"1977 年","二二"实为"零点二二","三三"实为"三个与三个"。

数词复叠也可表示"每+数词",例如:

(5)参考国际上通行的电话号码分节方法,采用"四四分"或者"三四分"的方法比较好,即最后一节为四个数字的规范原则,如 6275—5775,275—5775。

(6)长沙、株洲、湘潭三座城市依湘江蜿蜒呈品字形分布,市中心两两相距约 30—50 公里,加之周围依附众多的大小城镇,形成一个水乳交融的城市综合体。

(7)数据要素不仅带来了劳动、资本、技术等单一要素的倍增效应,更重要的是提高了劳动、资本、技术、土地这些传统要素之间的资源配置效率,两两之间资源配置优化效率的提高,才是数据要素真正的价值所在。

上述例句中,"四四分"表"每四个一分";"两两"指"每两个"。

数词"五"的复叠式"五五",还可表示"一半……一半……",例如:

(8)两年后,这片林子就能有收益,企业和村民实行五五分成,据保守估算,一亩地净利润能达到 2000 元。

(9)对于共享充电宝品牌入驻,门店并不吃亏,可以得到一笔收入,目前分成是五五开。

有关数词复叠形式的使用情况,我们对人民网进行了统计,具体见表 3-1。

表 3-1　人民网语料中数词一至十复叠形式的使用情况

	一一	二二（两两）	三三	四四	五五	六六	七七	八八	九九	十十
例数	0	5445	2585	741	4541	1883	3077	3496	6962	0
比率	0	18.95%	9%	2.58%	15.81%	6.55%	10.71%	12.17%	24.23%	0

表 3-1 显示,使用频率较高的是"九九""二二(两两)""五五""八八""七七",使用频率较低的是"三三""四四""六六"。而"一一""十十"基本为零,主要原因在于,"一一"已去范畴化为"副词",表"逐一";十或以上的数词一般不采用"数数"复叠式。

2."双+数词"式

"双+数词"是数词间接复叠的形式。"双+数词"实际是汉语数词复叠较特殊的方式,其来源于数量表达形式上的压缩,所表达的数量意义是具体的。

"一至九"的复叠也可以用"双+数词",例如:

(10)4 月 3 日,中国礼仪休闲用品工业协会、京东鲜花礼品艺术品部和巧克力盒娱乐在京召开新闻发布会,计划于 2018 年七夕正式推出首个属于 14—45 岁泛年轻人的《"中国礼物"IP 礼品双七(七夕)购物嘉年华》活动。

(11)5 月 5 日,即孙中山就职非常大总统纪念日(双五节),毛泽东又如约偕柳亚子去香山谒孙中山衣冠冢,并合影留念。

（12）全校被<u>双一</u>流、211、985 高校录取的学生占录取学生总数的 41%。

上述例句中，"双七"指"七月初七"，可以说成"七七"，如"七夕是七七双吉，吉上加吉，吉之又吉。"同理，"双五"指"5 月 5 日"，也可说成"五五"，如前文例（1）。但"双一"不能用"一一"，如前文所述，其已有去范畴化的形式。

十或以上的数词要复叠，无法采用"数数"式，不能说"十一十一""十二十二"，而必须用"双+数词"，如"双十""双十一""双十二""双二十"。例如：

（13）当年的<u>双十一</u>期间，百度也将小度音箱由 99 元降价至 69 元，将性价比做到了极致。

（14）早在去年<u>双十二</u>前夕，聚划算上线"百亿补贴"活动，不仅登上淘宝 App 核心展示区的"六宫格"区域，还在春节期间开启了声势浩大的补贴活动，总规模达 20 亿元。

（15）因为毛泽东赴重庆谈判时，<u>双十</u>协定尚未签署，美国驻华大使赫尔利便准备奉命回国。

（16）这座建在我国北黄海海域的海上风电场，由中国三峡集团新能源公司投资建设，总装机容量 30 万千瓦，用海面积约 47.7 平方公里，总投资超 50 亿元，场址中心距离岸线约 22 公里，平均水深超过 20 米，是国内首个建成投产满足"<u>双二十</u>"标准的海上风电项目。

上述例句中，"双十一"指"11 月 11 日"，"双十二"指"12 月 12 日"，"双十"指"10 月 10 日"，"双二十"指"22 公里、20 米"。

此外，"千、百、万"的复叠式"千千、百百、万万"已泛指"多"，或演变为副词，如"万万"。但为了表达实在的数量意义，必须采用"双百、双千、双万"等复叠式。例如：

（17）国企改革"<u>双百行动</u>"，是国务院国有企业改革领导小组组织开展的国企改革专项行动之一，共选取百余户中央企业子企业和百余户地方国有骨干企业，在 2018—2020 年期间，全面落实"1+N"系列文件要求……

（18）学校还开展了"双百双千"大走访行动，聚焦人才培养质量、关注服务经济社会的精准度——即走访一百个用人单位，一百个技术合作单位，一千个校友，一千个在校生，全方位、多角度展开调研工作。

（19）近年来，我国高等教育领域采取了一系列行动计划，如人工智能+教师队伍建设行动计划、双万计划、国家精品在线开放课程认定、批准建设国家级虚拟仿真实验教学中心等。（"双万"指建设一万个国家级一流本科专业点和一万个省级一流本科专业点）

上述例句中，"双百""双千""双万"不能用"百百""千千""万万"，因为后者已为泛指形式。

二、数词的缩略与连缀

（一）序数词连缀

序数词连缀也是数量范畴常见表达形式。序数单独使用，一般要加上词缀"第""初"等，而连缀则不需要，例如：

（20）第三，正确处理经济建设和人民生活的关系，坚持"一要吃饭、二要建设"的原则。

（21）盈余公积按其提取方法可分为三种：一是法定盈余公积；二是任意盈余公积；三是法定公益金。

（22）《证券法》的制定过程颇有特点，主要表现在三个方面：一为审议过程长；二为争论的问题多；三为审议过程中集思广益，尊重实践。

（23）一纽约、二伦敦、三巴黎、四柏林、五上海、六东京……我在见到你之前，从来还没有听说过中国有太谷这么个地方，现在我也不知道它在哪里，它怎么能胜过纽约呢？

（24）十二个韵母是：一天、二人、三龙、四羊、五牛、六獒、七虎、八驼、九蛇、十马、十一豹、十二地。

（25）运动方法有十二要诀：一伸、二探、三毒、四顺、五顶、六合、七

<u>舒、八挺、九扣、十曲、十一随、十二摧</u>。

上述例句中,数词"一"至"十二"实际表"第一"至"第十二"。

汉语序数连缀表达形式多为简约式,例如:

（26）新余市的做法是:<u>一支持,二依托,三合唱</u>。

（27）近年来,泰安市泰山区在基层党风廉政建设中,积极探索实行"<u>一选、二看、三抓</u>"工作机制,推进基层党风廉政建设扎实开展。

（28）调整工商业涉及三个方面的问题,<u>一资、二劳、三公</u>,一切都要引导到发展生产力。

汉语序数词连缀具有不同类型,其连缀的形成也有一定的认知规律。

1. 序数词连缀的类型

汉语序数连缀表达形式更常见紧缩式,简洁轻快,其形式是"数 1+A+数 2+B+数 3+C……",中间没有停顿(包括标点符号)。需指出的是,为了避免表达冗长或啰唆,该类紧缩式的序列项数通常为二至四项,以两项为主,较少见五项以上的,另,变项 A、B、C 等通常是单音节的。

两项序数表达连缀,例如:

（29）对待这种情况,正确的态度是"<u>一爱二帮</u>"。爱,就是满腔热忱地予以爱护、保护;帮,就是进一步扶持、鼓励,保其提高。

（30）随着改革开放的深化,垦区的周边经济环境发生了很大变化,该市南沙已被列为广东省经济技术开发区,直通香港的客运码头已开通,去年在垦区建设的"<u>一桥二路</u>",即横跨南沙至鸡抱沙的凫洲大桥、鸡抱沙公路,约投资 1.4 亿元,使南沙和鸡抱沙开发联成一体,水电、通讯网络基本形成。

三项序数表达连缀,例如:

（31）"领带大王"曾宪梓曾经过<u>一冒二仿三创</u>的阶段,自己创出了"金利来"这个国际名牌和银利来这个中国名牌。

（32）复苏措施能否在前 1 分钟左右实施,关键又在于如何判断病人是否发生了猝死。简单的办法是"<u>一看二喊三摸</u>"。

四项序数表达连缀,例如:

(33)观此报道,笔者是<u>一惊二喜三叹四谏</u>。

(34)<u>一报二审三批四查</u>,对会议费用实行源头控制。

五项序数表达连缀极为少见,例如:

(35)青年姑娘和小伙子们变成了推广使用插秧机的主力军,有的月下练武,有的梦里还在背诵着"<u>一开二夹三插四洗五推</u>"的插秧机操作口诀。

三项数序连缀表达形式的末项有时也可以是双音节的,但在"三"前有轻微停顿,使整个表达节奏感增强,例如:

(36)……要转变以往重微观、就事论事的审计观念,树立立足微观、着眼宏观、为宏观决策服务的思想;要转变审计只是查处问题的观念,树立"<u>一审二帮三促进</u>"相结合的思想;要转变仅以条文、规章判断是非的观念,树立以"三个有利于"为标准论曲直的思想。

(37)早日建成"<u>一横二纵三连线</u>"的高等级公路网,已成为贵州人民奋斗的目标。

(38)作为基层党建的第一责任人,程长祝亲自组织实施了基层党建系列工程活动,在农村开展"四学四比五做奔小康"活动,在企业开展"三好三先一建"活动,在机关开展"<u>一讲二树三服务</u>"活动,收到了良好效果,得到省市领导的充分肯定,伊通县被省委组织部评为全省农村基层组织建设先进县。

(39)从目前的情况看,蒲圻市的基础条件比较好,市委提出的"<u>一稳二增三突破、三大开发</u>"的思路也很好。

序数连缀表达形式有时过于冗长,为了表达流畅、韵律节奏感鲜明或前后结构对称,该类形式也常见"拆序",将表达形式拆成"两+两"连缀,即两个两个数量一连缀,例如:

(40)"十问"的基本内容是:<u>一问寒热二问汗,三问头身四问便,五问饮食六胸腹,七聋八渴俱当辨,九问旧病十问因</u>,再兼服药参机变,妇女必须问经带,小儿当问麻疹斑。

(41)外商考察投资环境时,"<u>一问电话二问路,三问水电四问住</u>",这些都是投资的"硬件"。

也有拆成"两+一"连缀的,即三项数序连缀断裂为两项数序和一项数序,例如:

(42)如我到一个叫作翟村的地方采访文化大院,那里的村党支部就提出"<u>一不等二不靠,三不伸手向上要</u>"。

(43)三道茶是最讲究的茶礼,具有<u>一苦二甜</u>、<u>三回味</u>的特点。

2.序数词连缀的认知顺序

汉语序数连缀表达的序列项之间的排序实际有一定规则,通过进一步考察语料库发现,主要遵循平列、动作及时间先后、构词、因果、语境等顺序。

序数连缀遵循平列顺序,即变项之间实际可前可后,例如:

(44)特别要注意的是,我们生活中的鞭炮也是一种含能器件,许多人知道其内含火药的成分为<u>一硫二硝三木炭</u>,其中硝石为强氧化剂,硫黄与木炭为还原剂,当外界给出一个超过120度的刺激后,鞭炮内氧化还原反应剧烈发生,释放大量气体与热量,火药燃烧、鞭炮爆炸。

(45)要使领导班子<u>一不软,二不懒,三不散</u>,说了话大家都能听,都能指挥得动,都能领导起来。

上述例句中,"硫""硝""木炭""不软""不懒""不散"是平列关系,可互相调换顺序,而不改变意义,如"一硫二硝三木炭"也可表述为"一硝二硫三木炭"等,"一不软,二不懒,三不散"也可表述为"一不懒,二不软,三不散"等。

序数连缀遵循动作及时间先后顺序,例如:

(46)老范打拐有很多招数,常用的是<u>一听二看三排查</u>。一听就是听口音,听谎话、黑话;二看就是看可疑人的眼神、动作、表情和他接触的人;三排查就是排查来源地,太原的人贩子主要来自云、贵、川等省。

(47)首先,仿照陆地农业一种二养三加工的模式发展海上第一产业,实行<u>一养二捕三加工</u>,构筑"两高一优"海洋渔业格局。

（48）选购护手霜时，要记得一闻、二看、三试的原则。

（49）记者采写会议消息，一会场、二人名、三讲话，轻车熟路的程序化，把现成的会议材料一抄就一大篇，既省劲，还可上头版显要位置。

上述例句中，"听""看""排查""养""捕""加工""闻""看""试"等动作的发生有先后顺序；"会场、人名、讲话"实际也暗含时间先后顺序，即先采写什么后采写什么。

序数连缀也遵循"构词"顺序，序列项是双音词的词素，其排序自然遵循双音词的内部构词顺序，例如：

（50）一吵二闹，两人干脆分居。

（51）有人说，看守所工作就是"一看二守三送走"，年复一年，简单循环。

上述例句中，"吵""闹"来源于词"吵闹"；"一看二守三送走"，先按构词顺序排列，即"看""守"来源于词"看守"，再按照动作先后排列，先"看守"再"送走"。

序数连缀还遵循因果、语境顺序等，例如：

（52）这年头书籍太多，一忙二懒，看得不多。

（53）1990年，地委书记张世德提出要在发展粮食生产的同时，加大烤烟种植面积和大搞非耕地资源开发的思路。地委领导先带领有关人员多方征求意见，回来后又反复讨论，并组织一些同志先办试点，在班子内部统一了认识，集体讨论并通过了地委领导提出的"一粮二烟三开发"的总体规划，大家同心协力投入到这项规划的推广实施中，在全区取得了突出的经济效益。

上述例句中，因"忙"所以"懒"；"粮（食）、（烤）烟"在前文中已出现，有固定顺序，因而有"一粮二烟"。

汉语序数连缀表达实际较为灵活，也常见序数词位于变项之后的连缀表达形式"A+数1+B+数2+C+数3……"，例如：

（54）近年来，湟源县以邓小平同志建设有中国特色社会主义理论和党的十四大精神为指针,把党的方针政策与湟源的实际结合起来,把解放思想同实事求是统一起来,在不断深化对县情再认识的基础上,合理确定、认真实施"稳一抓二兴三"(即稳定农业、狠抓工业、大力兴办第三产业)的富民兴县经济发展战略,全县上下齐心协力,同唱经济工作一台戏,万众一心奔小康,使湟源经济跃上了一个新台阶。

(二) 基数词的缩略及其连缀

基数词表示数量多少,具有对客观事物进行概括及计量的功能,因此其缩略计量在汉语中十分常见。基数词缩略除了单一的使用,也有不少连缀形式。

1. 基数词缩略

基数词缩略式,指为了表达简便,用基数词提取多个语言形式共有要素的简短结构,其形式为"数词+缩略要素",也是汉语中一种较为特殊的计数方法。汉语基数词"缩略计量"具体有以下几种方法:

第一,从一组并列的表达形式中截取关键词素或词,截取时不分词性,也不分前后。例如:

(55)公共资源配置、公共资产交易、公共产品生产领域(简称"三公"领域)是当前我国公共权力比较集中、利益冲突易发多发的重点领域。

(56)为有效解决换届前村(社区)干部队伍年龄老化、结构不合理等问题,大邑立足于把解决"一村一大"期满后的出路问题与大邑"国际旅游目的地,现代山水田园城镇示范区"建设对优秀人才的现实需求相结合,在成都率先提出:突出年轻化、知识化、职业化"三化"。

(57)被选为市妇联副主席的 2008 年大学生村官朱琳,曾采取组织推荐、群众推荐、个人自荐"三荐"办法,组织居委会妇代会换届选举,依托农家书屋建成"留守儿童成长关爱中心"。

(58)在干部作风上,积极倡导激情工作、务实工作、高效工作、清正工作等"四个工作"和勇于担当、善于作为、甘于奉献等"三于"作风,有效激发了全市上下干事创业的积极性和主动性,营造了心齐、气顺、劲足的良好氛围,推动了全市经济社会的发展。

（59）常怀"<u>三常</u>"（常怀感激之情、常葆进取之心、常存敬畏之念）之心,以"只争朝夕、时不我待"的作风赢得了湖南人民的爱戴。

（60）这具体表现在当前中国经济增长依然存在过度依赖固定资产投资而居民消费不足,第一、二产业总量过大而服务业等第三产业发展相对缓慢,劳动密集型产业与企业比重大而高新产业与企业总量小,以及高排放、高能耗、高污染等"<u>三高</u>"企业依然占据企业总数的相当部分等方面。

例（55）至（57）中"三公""三化""三荐",截取的是词素,通常不能单独使用,其中"化"是词缀,"荐"是动词词素。例（58）至（60）缩略时,分别截取了介词"于"、副词"常"、形容词"高"。截取不分前后,如,例（55）中"三公"是从表达形式的前面部分截取,例（56）中"三化"是从表达形式的后面部分截取。也有从中间截取的,如例（58）的"三于"。

第二,从一组并列的表达形式中所提取的并非字面的词素或词,而是隐含的共同要素。例如:

（61）因其人生历经康熙、雍正、乾隆<u>三朝</u>,又自封"三朝老民"的闲号。

（62）潘瑛老人告诉笔者,村子境内山清水秀,人杰地灵。有"响岩樵壁""篁渡停舟""盘洲春耕""竹窗诵月""盘溪赛社""唐岭参禅""独石渔矶""石狮喷水"等<u>八景</u>。

（63）本月 31 日,湖南卫视举办的 2008 年跨年演唱会将在深圳、北京、南京、成都<u>四地</u>同时开唱。

因字面上并没有共同的词素或词,因此,缩略计量时,所提取的是彼此之间隐含的共同要素。例（61）"康熙、雍正、乾隆"隐含了"朝",因此,可说"三朝";例（62）"响岩樵壁、篁渡停舟、盘洲春耕、竹窗诵月、盘溪赛社、唐岭参禅、独石渔矶、石狮喷水"等隐含了共同要素"（风）景",因此,可缩略为"八景";例（63）"深圳、北京、南京、成都"隐含了"地（方）",因而可缩略为"四地"。

第三,一组并列的表达形式实际蒙后省略了共有要素,这与上述第二种有区别,后者是隐含了共同要素。该类序列所共有的词素或词只能从表达形式的后面部分截取。例如:

(64)荒芜已久的湖南、湖北、江西三省广大茶区,在中国茶业公司中南区公司的扶助下,业已开始复苏。

(65)徐耀辉同志在负责全市农村综合改革工作中,使全市平稳分流10035人,做到了人员分流、政策落实、后续工作"三到位",全市培育市级龙头企业118家,省级龙头企业14家……

(66)仅大兴、固安、永清、安次四县的接合地带,就有九十八万亩半荒地。

上述例句中,"三省"实指湖南省、湖北省、江西省;"三到位"实指"人员分流到位、政策落实到位、后续工作到位";"四县"指"大兴县、固安县、永清县、安次县"。

2. 基数词缩略的连缀

汉语基数词缩略常连缀形成更为复杂的数量表达形式,其连缀的方式多种多样,也有一定的认知规律可循。与前文的序数词连缀式不同,基数词缩略式的连缀主要表达数量多少,且有具体所指,而前者主要表达次序。基数词缩略式的连缀通常以两两为主,例如:

(67)甘肃省临夏铁厂变过去的"三高一低"(生铁含硫高、焦比高、成本高、质量低)为"三低一高"(含硫低、焦比低、成本低、质量高),这个小铁厂越办越好。

(68)调查也显示,企业在招募打工族时最重视"三要二有"的人格特质,分别是"要稳定""要配合""要耐心",以及"有礼貌""有责任感"。

少数也是三项或以上的连缀形式,例如:

(69)在与干部个人"一对一"谈心谈话了解情况的基础上,调研组还坚持多管齐下,采取"一听一卷两查看"(听工作汇报,发放调查问卷,查看文书资料、查看工作现场)等多种方式,确保调研成果的真实全面准确。

这些缩略形式中,数词具有直接计量的功能。关于这些缩略形式产生的原因,我们认为主要有:一是言语交际的经济性①,也就是"长话短说",而数词在这一过程中发挥了重要作用。二是凸显言语交际过程中的焦点信息。从信息传递的角度来说,表达过程中共有的信息最容易成为认知的焦点,也最易识记。三是双音化及韵律节奏的推动。缩略式主要是双音节的,符合汉语双音化趋势,另外,节奏明确,也可增强语言表达的节奏感,如,两两连缀就符合汉语标准的节奏模式"2+2"。

汉语基数词缩略连缀式十分丰富,我们认为,主要表现为以下几种情况:

一是低数与高数连缀。我们将一至五称为"低数",六至十称为"高数",二者连缀,通常低数在前,高数在后,例如:

(70)农用生产资料涨价过快过猛,突出表现为"一低八高":粮价低,化肥、农药、农膜、种子、农用柴油、水费、电费、教育费高。

(71)第三,建立"三户六包"责任制是个好办法,可以让每个党员联系三个户:即普法户、科技户、贫困户,同时对所联系的三户实行六包,即包计划生育措施落实,包法律法规宣传,包群众纠纷问题调处,包各项上交任务的完成,包科技示范和推广,包给贫困户传递信息、传授技术。

也有高数在前,低数在后的,例如:

(72)所建立的再就业服务中心都做到了"六有一发":有组织机构、有专职工作人员、有固定场所、有健全的规章制度、有下岗职工进入中心的登记及管理手续、有学习培训活动;按月发放基本生活费。

(73)他们对此进行了集中整治,抓"宅基乱占、建材乱摆、柴草乱堆、垃圾乱倒、畜禽乱跑、小庙乱建、广告乱贴、交通条件差"等"十乱一差"村的治理,改善农村整体外在形象。

二是邻数连缀。相邻数词之间也常连缀,例如:

① 刘红妮:《结构省缩与词汇化》,《语文研究》2013年第1期。

(74)为防止个别村在公开村务时避重就轻、不按程序,该县建立了村务公开、民主管理的"二会三组"(村民会议、村民代表会议,党员议事组、村民议事组、财务监督组),并积极发挥他们在公开工作中的监督作用。

(75)日前,深圳提出了一套新目标,并且按照经济体制改革的规章公布进行实施,要使企业向无经营范围限制,无固定地域界限,无行政主管部门及跨行业、跨所有制、跨地区、跨国营的"三无四跨"方向发展。

三是隔数连缀。数词之间有间隔地连缀。例如:

(76)规模大、档次高、水平高、效益高的"一大三高"是乡镇企业发展的必然趋势。

(77)有健全的管理制度,并建立了"四表一册",即基本情况表、残疾职工工种安排表、企业职工工资表、利税使用分配表,残疾职工名册。

四是重叠连缀。某一数词在缩略过程中重复使用,具体有:

加合式的,即"数 A+数 B",例如:

(78)过去每到化肥需求旺季,农民就有"一怕一愁":怕的是花钱买不到真化肥,愁的是手头资金短缺。

(79)1992 年总公司将二连油田列为全国石油系统五大综合改革试点单位之一,并提出了在二连油田实现"两精两高"(机关精干、基层精干,劳动效率高、整体效益高)的新要求。

上述例句中的"数 A 数 B"实际是"一怕+一愁""两精+两高"。

基数词缩略连缀通常以加合式为主,但也有一些实际由多对"A、B"提取缩略,形成搭配式的"数 A+数 B",例如:

(80)概括起来是"三破三立",即破封闭观念,树立适应新形势的大开放意识;破小富即安观念,树立大城市规模发展意识;破急功近利观念,树立面向未来建设现代化城市的意识。

上述例句中,"三破三立"来源于三个"破……树立……",属于搭配式连缀。

有关基数词缩略式连缀的使用情况,我们对北京大学 CCL 现代汉语语料库进行了统计,见表 3-2。

表 3-2　北京大学 CCL 现代汉语语料库中基数词缩略式连缀使用情况(例)

	一	二(两)	三	四	五	六	七	八	九	十
一	1522	5352	190	81	50	16	6	5	14	9
二(两)	1211	169	64	66	7	4	1	3	0	0
三	1352	69	311	144	151	23	21	4	0	3
四	263	42	14	91	40	9	1	3	0	1
五	185	5	8	26	54	2	94	3	0	25
六	49	3	2	1	3	27	4	0	2	1
七	79	1	1	0	2	0	21	31	0	0
八	12	3	0	0	4	0	0	75	1	0
九	19	0	5	0	2	0	0	1	1	2
十	2	1	0	2	0	0	0	0	0	11

表 3-2 显示,低数间的缩略连缀较常见,使用频率也较高,如"一""二""三""四""五"之间的连缀,而高数"六""七""八""九""十"之间,以及与低数的连缀频率相对较低。另,两个连缀项的数越高,连缀的频率也越低,如"八""九""十"之间的连缀用例较少。出现上述情况,我们认为,可能与语言表达的繁简问题有关。尽管数词缩略连缀式是简约的,但被缩略的项通常需在上下文语境中逐一还原,以供参照,否则缩略连缀式难以理解,如例(79)。但这样一来,缩略项的还原可能形成了另一个问题:连缀加合的项数越多,被还原的项越多,语言表达越发冗长,不利于言语交际,反之,而低数间的缩略连缀表明列举项数少,低数与高数以及高数之间的连缀表明列举项数多,这就导致前者的使用频率高,后者的使用频率低。

为表达简洁,便于交际,一些列举项多的数词缩略连缀式通常也需要进行

一定的省略,例如:

(81)1992 年,邢春和担任市委书记不久,与"一班人"经过集思广益,制定了加速建设西柳、南台等"九区一带",增强海城经济发展后劲的决策。

(82)目前全市 13 所农村初级中学全部配备了<u>电化教学室、标准试验室等"十室一部"</u>,其中 3 所还设置了语音室。

(83)他积极与上海复旦大学、控江中学、上海乐团等"<u>七校二团</u>"紧密合作,借助社会力量为职工排忧解难,发展企业,培育企业文化。

上述例句中,"九区""十室""七校"实际都有具体所指,但上下文中只罗列了部分,如"西柳、南台""电化教学室、标准试验室""上海复旦大学、控江中学、上海乐团",若全部列出,表达会变得冗长,因而需进行省略。

基数词缩略的连缀项之间也有一定的认知顺序,具体如下:

第一,平列顺序。连缀项之间为并列关系,可前可后,例如:

(84)注意午餐中的"<u>三低一高</u>",即低油、低盐、低糖及高纤维。

(85)他们采取多种方法,努力改变环卫工人的"<u>二低一差</u>"(社会地位低、福利待遇低、劳动条件差)的状况。

(86)对于健身的标准,世界卫生组织提出过一个标准,即"<u>五好三良</u>"。"五好"即胃口好、便能好、睡眠好、口才好、腿脚好;"三良"即良好的个性、良好的处世能力、良好的人际关系。

上述例句中,也可以说成"一高三低""一差二低""三良五好"。

第二,动作或时间先后顺序,例如:

(87)吴江市在严密防范方面另有新招,叫作"<u>一管四防</u>":即全面加强对外来人口的管理,建立镇防、厂防、村防、户防网络。

(88)目前全市良种普及率达到 98%,玉米使用杂交种达 100%,全市"三围"面积达 3 万余亩,原种使用面积在 30%以上,该市机耕、机播面积均达 80%,推行"<u>一喷三防</u>"(喷药或肥、防病、防虫、防干热风)是全省面积最大的地市之一。

（89）他担任营业所主任 18 年,发放贷款 300 多笔,累计资金 2.2 亿元,每一笔贷款本息都没有发生损失,分分见效益;同时他收回历史遗留不良贷款 129 万元,实现了贷款无呆账、无坏账、利息全部收回的"两无一全"目标。

上述例句中,"管、防""喷、防""无、全"实际有动作或时间先后顺序。

第三,语境顺序。某个缩略式的要素在前文中先出现,为前后表述一致,该缩略式优先排列在前,例如:

（90）法国强调外籍劳工就业的合法性,即用护照、签证、居留证和工作许可证等"一照三证"进行约束。

（91）而以文化创意产业孵化园为引领,泸州影视创作区、张坝艺术区等"一园四区",不仅吸引文化创意企业和文化名人,产业园区的集聚效应也正得以释放。

上述例句中,"照""园"均已先出现于前文中,连缀时应排列在前,因此出现"一照三证""一园四区"。

第四,主次顺序。某一缩略式是主要的,另一个是次要的。例如:

（92）基本构想是:逐步形成一个"一轴二轮"(以云城、罗定为主轴,新兴、郁南为飞轮)、各具特色、优势互补、联动发展的经济格局。

（93）为解决生产任务不足的困难,厂领导明确提出了以造船为主体,以修船和生产非船舶产品为两翼的"一主二翼"的经营方针。

（94）这 8 座梯级电站以小湾、糯扎渡两大水库为核心组成"二库八级"进行开发,从上到下依次为功果桥、小湾、漫湾、大朝山、糯扎渡、景洪、橄榄坝和勐松,年发电量合计达 741 亿千瓦时。

（95）与此同时,积极发展适度规模经营,大力扶持"一场三户"(家庭牧场、畜牧专业户、农牧结合户和科技示范户)。

上述例句中,"一轴""一主""二库""一场"是主要或核心的,而"二轮""二翼""八级""三户"是次要或附属的。

第五,少数连缀也遵循"部分—整体""谐数"等顺序,例如:

（96）南岗区坚持强化"四项措施"即组织一个系列行动、整合一批资源、构建一个网络、健全一套机制,初步形成了学校、家庭、社会"三位一体"的未成年人思想道德建设工作的大格局。

（97）据了解,交口县领导搞的"补风水"是个"系列行动",在马明生的指点下,除在机关大院内"安点"外,还计划在大院正对的南山公园内修9个亭,在县城内外建8个门(牌楼),谓之"八门九亭"。

例（96）中"三位"与"一体"是部分与整体关系。例（97）按前文"9个亭、8个门"的出现顺序,本应为"九亭八门",但选择了"八门九亭",这实际是郭攀所提出的一种"谐数"①修辞,即为了追求表达连贯、流畅,有意模拟自然数序,因而先"八"后"九"。

第二节　量词单用及复叠

汉语量词也可以单用,这些单用的量词不需要数词的配合仍可计量,主要有以下两种:

第一,宾语位置上的"一+量+名",一般情况下可隐省"一",这个宾语主要是指动词后的"宾语"。例如:

（1）我还有个朋友,在一家公司做前台文员,每个月领着1800元的工资,每个月都是月光光。

（2）正在热火朝天地拍摄中,突然来了群小羊也想出镜。

上述例句中,"有个朋友"即"有一个朋友";"来了群小羊"即"来了一群小羊"。

而介词后的宾语"一+量+名"是否可以省略"一"? 我们认为有的可省,有的则不可。例如:

（3）这个钉子碰得多么大,一位新从美国回来的博士会被个小商人

---

① 郭攀:《汉语涉数问题研究》,中华书局2004年版,第207页。

问得直瞪直瞪的!

(4)还是那句话,掐频了配频了,调养不好把只土狗糟践了。

(5)a. 他站在一群人中。

＊ b. 他站在群人中。

介词"把""被"后的宾语"一+量+名"一般可省略"一",而其他介词诸如"在、于、以、为"等一般难以省略"一",否则较为别扭,如例(5)b。

第二,量词也可以直接与代词"这""那""哪""每"组合形成指量短语,表达数量,例如:

(6)这个房子会有个游泳池。

(7)那只灰雁就具有这种灵性。

(8)基础研究尤其是科研前沿,做的是引领而不是跟踪的事,具体走哪条路都不清楚,更不用说5年以后的突破点了。

(9)杂剧在结构上一般每本分为四折。

上述例句中,"这个""那只""哪条""每本",实际表示"这一个""那一只""哪一条""每一本"。

总体而言,汉语量词独用情况较为少见,这不像数词,因为数词的计量功能要比量词强,而量词要参与计量,通常情况下必须与数词搭配使用,形成数量短语。

量词复叠式"量量"可表"每一",或隐含数量"多",也是数量范畴重要的表达形式。例如:

(10)在做好常态化疫情防控前提下,各地举办多彩庆祝活动,"金秋消费季"推广优质农产品,"田园运动会"吸引游客目光,田野间的层层稻浪、张张笑脸,展示"三农"发展巨大成就、展现农民群众时代风采,不断释放着农村经济社会发展的新动能。

(11)盛夏后,荷花花瓣渐渐脱落,变成只只碧绿的莲蓬。

(12)6月7日,在安徽郎溪县飞鲤镇塘埂村幸福农庄,翠绿色的芡实片片相连,几位农民撑着小船查看芡实长势。

上述例句中,量词的重叠形式"层层""张张""只只""片片"分别表示"每一层""每一张""每一只""每一片",又含有"多层""多张""多只""多片"的意思。

汉语中"架次""车次""批次"等复合量词通常不能复叠。

第三节 数量短语单用、缩略、复叠及连缀

一、数量短语单用

数量短语是数量范畴最常见的表达形式,数量短语指"数词+量词"结构。例如:

(1)他兴奋地把几个字都写在了<u>一张</u>纸上,说要回去好好温习。

(2)两人在吃饭,只有<u>一碟</u>菜:<u>两条</u>鱼,一大一小。

(3)七斤嫂吃完<u>三碗</u>饭,偶然抬起头,心坎里便禁不住突突地发跳。

上述例句中,"一张、一碟、两条、三碗"都是纯粹的数量。

但在具体运用过程中,数量短语的使用实际还存在以下复杂形式:

第一,数词与量词之间插入形容词"大、小、长、厚、薄、满"等,用于表达数量之多或少,形成"数+形+量"结构,这类形式可看作数量短语的变体形式。例如:

(4)歌厅里突然来了<u>一大群</u>人,听服务生说为首的是一个很有钱的大款,已经好长时间没有来了。

(5)如第一次用1千克水煎<u>一小碗</u>,第二次用0.5千克水煎一小碗,一共用去1.5千克水。

(6)牛头人打开一个小布袋,拿出<u>一长条</u>黑布。

(7)在太原矿山机器厂技术检查科的桌子上,有<u>一厚叠</u>来自车间工人赞扬检验人员的信件。

上述例句中,"一大群"为人数多,"一小碗"为容量小,"一长条"为长度

长,"一厚叠"为叠数多。数量短语中间插入形容词以后,被赋予了主观色彩和主观情感,使其具有了夸张性,也具有一定的描绘性和形象性①。

第二,"数词+数词+量词"形式。两个"数词"所指数量不同,形成约量,这类形式也可看作数量短语的变体形式。例如:

(8)第二天又去,他只取出了两三本书给我看,说是纸铺怕麻烦,只打开了两三包,就不许再动了,只拣得了这两三本破书。

(9)一群少则三五头,多则三四十头。

上述例句中,"两三本""三五头""三四十头"实际是约量型数量短语。

有时,量词前的"数量"实际为一个数量范围,形成"数量范围+量词",这类形式也可看作数量短语的变体形式。例如:

(10)击沉一艘重型舰船只需三至四个磁雷。

(11)高速公路通常有四至八条行车道,往返各一半。

上述例句中,"三至四""四至八"表示数量范围,它们与量词搭配后仍属于数量短语。

第三,是对复合量词的使用,组合成"数词+复合量词",该类形式也是数量短语。例如:

(12)受货运量强劲增长的带动,8月份香港机场的飞机起降量也上升了21.5%,超过2万架次。

(13)截至目前,全国交通运输部门共出动运力近392车次,已运送疫苗、消毒用品、医疗器械等防疫紧急物资1329吨。

(14)铁路旅客周转量完成三千三百零四亿人公里,为年计划的百分之一百零二点三,已提前三十天完成全年任务。

上述例句中,"2万架次、392车次、三千三百零四亿人公里"等都是数量短语。

---

① 周希全:《"数+形+量"格式中量词的语义特征分析》,《连云港师范高等专科学校学报》2007年第4期。

第四，是"数词+大/小"形式。这类形式中的"大""小"既难以附着于数词后，又难以附着于名词前，它们实际已范畴化为量词，并与数词形成了新型的数量短语。例如：

（15）2013 年他作词、作曲的歌曲《千纸鹤》获得第 35 届<u>十大中文金曲</u>颁奖典礼优秀流行国语歌曲奖银奖。

（16）现年 34 岁的张璇原籍福建，也是当年国家女队"<u>四小花旦</u>"之一。

"大中文金曲"说法难以成立，显然"大"不修饰"中文金曲"，所以，例（15）中的"十大中文金曲"应是"数+量+名"形式。同理，例（16）中的"四小花旦"也属于"数+量+名"。

二、数量短语的缩略及其连缀

数量短语也具有缩略计量功能，即，将几项表达形式的共有要素或相似要素概括出来，再用数量短语进行计量，其中的"数"主要是对项数的归纳。数量短语缩略式在汉语中十分常见，例如：

（17）在这样的国际、国内环境下，"<u>三个代表</u>"重要思想应运而生。

（18）禄丰县的"<u>四个到底</u>"是：干部深入到底；政策执行到底；措施落实到底；生活安排到底。

（19）对中央去年作出的领导干部廉洁自律的"<u>五条规定</u>"，要继续抓好落实，同时要切实抓好今年中央对领导干部廉洁自律提出和重申的五条规定的落实。

数量短语缩略式在实际应用中多与政策、规章制度等有关，在政论语体中使用频率较高，其中"数词+个/条"用例多见。数量短语缩略式通常以"四字格式"为主，也符合汉语标准的"2+2"节奏模式，因而韵律节奏感强，如上述例句中的"三个/代表""四个/到底""五条/规定"。这里需指出的是，因数词缩略并非适合汉语所有表达的省缩，因而数量短语缩略表达显得尤为重要，比如"三个代表"，如果数词缩略为"三代""三表"，会有歧义，表达也不够具体。

少数数量短语缩略式是非四音节的,例如:

(20)坚持用邓小平同志提出的"<u>三个有利于</u>"标准,判断国有企业改革和发展的成效。

(21)他希望这项工作实现"<u>五个一</u>":一流的设计,一流的质量,一流的速度,一流的管理,一流的效益。

数量短语缩略式中的量词主要是名量词,少数也可以是动量词,如"次""场",但极少用"遍、回、趟、遭"等。例如:

(22)获得牌照意味着雅芳面临着在中国市场的"<u>二次转型</u>"(第一次,从"雅芳小姐"到专卖店;第二次,从专卖店到专卖店+直销)。

(23)他们组织了整治市容环境,整治治安秩序,整治交通秩序,整治违法建筑"<u>四场硬仗</u>"。

关于缩略式中量词的来源,我们认为,与提取的共有要素有密切关系,具体有以下几种情况:

第一,量词直接来源于上下文各表达项中,例如:

(24)关于"<u>三个高峰</u>",<u>第一个</u>是以《在延安文艺座谈会上的讲话》为代表的高峰,<u>第二个</u>是以"百花齐放、百家争鸣"的提出和《同音乐工作者的谈话》为代表的高峰,<u>第三个</u>是以邓小平《在中国文学艺术工作者第四次代表大会上的祝词》为代表的高峰。

(25)从加强岗位职责入手,建立"<u>两项制度</u>"。<u>一项</u>是建立结算中心内部的管理制度,主要有:报账员规则、经费报销程序、财产核算管理办法、内部会计核算办法、会计电算化管理制度、工作人员纪律及服务规范、工作人员岗位职责、票据和资金管理规定等16项制度和规定。另<u>一项</u>是建立结算中心与外部的工作制度。

上述例句中,"三个高峰"中的"个"实际来源于"第一个""第二个""第三个";"两项制度"的"项"来源于两个"一项"。

第二,来源于各表达式隐含的量词,例如:

(26)试想,如果没有外汇与人民币"<u>两张票子</u>"的顺利转换,没有出口退税的顺利进行,没有银行资金的及时支持,没有口岸联检的便利快捷,外贸企业能够及时适应风云变幻的海内外市场吗?

(27)不过,令人十分欣慰的是,在史玉柱最为落魄之时,在他身边,仍有"四个火枪手"一直追随着:他们是陈国、费拥军、刘伟和程晨。

上述例句中,"外汇""人民币"实际隐含"张",因为纸币的计量单位可以用"张","陈国、费拥军、刘伟、程晨"隐含"个",因为可以说"四个人"。

第三,各表达式并非直接提取共有要素,而是通过比喻等手段概括出相似要素,然后缩略,最后配以量词,例如:

(28)我省的成片开发适应本省先后采取的市场经济为主要成分和社会主义市场经济的取向,采取多种灵活方式,建立多元化的投资结构、体制和多种开发模式,鼓励国家、集体、个人、社会、外商、内商一起上,推动"六只轮子"一齐转,加大投资规模和合力,有效地推进了成片开发。

(29)对待这种情况,正确的态度是"一爱二帮"。爱,就是满腔热忱地予以爱护、保护;帮,就是进一步扶持、鼓励,促其提高。

(30)车祸、洪水、雪崩、泥石流、高原猝死,这就是人们常说的昆仑天路上的"五把钢刀"。

上述例句中,"国家、集体、个人、社会、外商、内商"比喻为"轮子",而"轮子"匹配的量词是"只",显然,"只"不能直接修饰"国家、集体、个人"等,这说明"只"并不来源于各表达项。同理,"稽查、政法、纪检""车祸、洪水、雪崩、泥石流、高原猝死"分别比喻为"尖刀""钢刀",因而匹配的量词为"把"。这里需指出的是,这些比喻型的数量短语缩略式是较形象、具体的,进而丰富了汉语数量范畴的表现形式。

数量短语缩略式也常连缀,但不如数词缩略连缀式紧密,例如:

(31)要继续广泛深入地开展"转机制、抓管理、练内功、增效益"活动,努力实现提高产销率、提高资金运营效率、提高产品质量,努力降低产品成本,紧紧围绕这"三个提高、一个降低"来加强企业管理工作。

三、数量短语的复叠及连缀

汉语数量短语的表现形式较为灵活,既可以通过重叠表达数量意义,也可以通过数量短语及其重叠式的连缀来表达数量意义。这些形式均可以表示数量的多或少。

(一) 数量短语复叠

"一量量"是数量短语使用频率较高的复叠式,例如:

(32)表面上分布着一条条平行于赤道的明暗相间的带状斑纹,颜色呈淡绿色。

(33)我望着山坡上还没有起完的人参,望着鹿场里那一只只梅花鹿,情不自禁地赞叹:好啊,爱林参场!

上述例句中的"一条条、一只只"表示数量"多"。

但"一量量"并非数量短语最典型的复叠形式,因为该形式中的数词只限于"一",比如"一个个人",不能说"四个个人"。所以,我们认为,数量短语复叠更常见形式应是"数+量+数+量"。例如:

(34)为了打造一个一个涉及证券、保险、基金、信托和租赁等多类非银行金融业的平台,收购其他金融类公司势在必行。

(35)它们不是一个个挂在枝上,而是四个四个地挤在一起,探头探脑地从树叶的缝隙向外窥视。

上述例句中,"一个一个""四个四个"实际分别表示"每一个""每四个"。

通常在"数+量+数+量"形式中间插入"又""复""接(着)""跟着"等词,复叠更明显,但数词多限于"一"。例如:

(36)又是一个月过去了,我仍奔波在一个又一个模特、广告公司之间,被人踢皮球似的滚来滚去。

(37)作者一次复一次被吸引到某种特有的场景中去,而且毫不迟疑于重写以前已经写过的故事的基本情况,以便回过来再围绕这个问题加以进一步的阐释。

（38）好政策<u>一条接一条</u>，条条都为农民着想，给农民实惠。

（39）意想不到的困难、挫折，<u>一个跟着一个</u>紧逼而来。

上述例句中，"一个又一个""一次复一次""一条接一条""一个跟着一个"实际分别表示"多个""多次""多条""多个"。

数量短语的复叠式还可以重复，形成多重复叠，表示数量多之又多，例如：

（40）这是一个大家族的起点，愿双方白了头发以后，仍常回忆美好的<u>一段又一段，一段又一段</u>……

（41）<u>一批又一批，一批又一批</u>，一万来人的队伍让思念变得更加绵长，风吹落许多人眼中噙着的泪水，掉落在这片温世仁魂牵梦萦的黄土高原上。

上述例句中，"一段又一段，一段又一段""一批又一批，一批又一批"实际分别表示"很多段""很多批"。

也有少数"数+量+数+量"中的数词大于"一"，例如：

（42）汇嘉时代三楼返礼处会员积分返礼我都说了<u>三遍又三遍</u>了，这么好的礼品，你不换的话，你说说都对不起会员卡的积分了，这礼物换得真心肉疼啊！

上述例句中，"三遍又三遍"表示次数多。

一些复杂的数量短语也可以重叠，例如：

（43）又从大橱子上端下花箱子，解开包囊，包囊里盛着零零碎碎、<u>一小块一小块</u>的各色绸缎。

（44）这不是星期天也不是任何假日，天气也不好，一早就阴沉沉的，天空是<u>一大片一大片</u>的灰蒙蒙。

（45）街的两边<u>一长串一长串</u>的房间，都有门，门也是用铁条子钉起来的，中间有个方洞，可以伸出头来。

（46）哈！敌人看着他厉害，所以老是<u>两三个两三个</u>的跟他对峙着，"呀呀"地惊叫。

上述例句中,"一小段一小段、一大片一大片、一长串一长串"实际分别表多个"小段、大片、长串"。约量型数量短语也可以重叠,表示"每"或"多"的意思,"两三个两三个"表示"每两三个"。

(二) 数量短语的连缀

数量短语的连缀指,两个或以上的"数+量"连缀,通常共同修饰一个中心语,这类现象在以往研究中并未得到关注。数量短语连缀较常见,可用于对事物数量及形状多角度的描述,例如:

(47)在这种情况下,指战员一锹一镐,清出路基,削岗填洼,架桥打洞,衣服被挂得<u>一条一块</u>,手上的血泡连成一片。

(48)他目光呆滞,浑身衣服都撕成<u>一条一片</u>,脑后的辫子已经松散,还沾上了干草。

(49)通常的三开间正房,左右各一条夹弄,两边厢房,合抱一个小小的天井,本来就嫌吝啬的阳光,更被撕成<u>一条一缕</u>。

(50)既推荐新书也鼓吹旧书再版和重印,为<u>一本、一套</u>好书鼓气,也介绍一个时期有突出成绩的方面,介绍本国书也介绍国外书。

上述例句中,"一条一块""一条一片""一条一缕"实际是衣服被挂或撕成碎片的形状(条状、块状、片状、丝状)的多角度描述,兼表数量之多。通常形状量词如"块""条""片"等才具有描形作用,而非形状量词主要表示数量多,如"一本""一套"表示"好书"的数量之多。

当数量短语表义相同或相近时,数量短语连缀实际相当于数量短语的复叠,也表"多",例如:

(51)近年来,职务犯罪案件中群体作案现象非常突出,查处一个案件带出<u>一串、一窝</u>的现象越来越普遍。

(52)市民们<u>一群一伙</u>的在门前、当街或路口,与工作人员、解放军战士在一起谈笑;有的老太太亲热地拉着干部、战士的手说:"走,到家来吃饭吧!"

（53）粗犷中不失商业规律之精明，搏险中不乏愿赌服输之豪气，重商中不屑苟于小利之磊落，感谢这个重启的开放时代，晋江人不是几个、零星、孤单地，而是<u>一伙、一群、一批</u>地闯入了这个注定属于他们的舞台。

上述例句中，"串、窝""群、伙、批"都是复数量词，表义相同或相近，"一串""一窝"实际相当于"一串串"或"一窝窝"，"一群""一伙"实际相当于"一群群"或"一伙伙"，均表数量多，而"一伙""一群""一批"则表示数量更多。

数量短语连缀也可形成数量的递增或递减式，即由少至多或由多至少，表现了数量的动态变化，表示数量多或少，有时具有夸张的意味，例如：

（54）艾是绿的，茶是绿的，树是绿的……正是这<u>一棵、一丛、一片</u>的自然之绿，凝成了生命的绿色。

（55）这是一个典型的"靠天吃饭"的村子，千儿八百口人种着<u>一块一片</u>的梁地，有的庄稼就种在住家窑洞的房顶上。

（56）我悬赏了 600 天，任何人能够指出我用"石一歌"的名义写过<u>一篇、一段、一行、一句</u>他们指控的文字，我就奖给他我全年的薪水，这事由上海的律师协会的监事长来执行。

上述例句中，"一丛"比"一棵"数量多，而"一片"比"一块""一丛"数量多，"一棵""一丛""一片""一块一片"是递增式的数量变化，表数量多；而"一篇、一段、一行、一句"是递减式的数量变化，表数量少，往往最后一个数量短语前可添加一些语气词"哪怕、甚至"等，具有夸张效果，如"一篇""一段""一行""哪怕一句"，递增式通常不能添加这些语气词。

（三）数量短语复叠式的连缀

汉语数量短语的复叠式也可以通过连缀来表达数量，其表达类型丰富，连缀项之间的语义关系也多种多样。

1. 复叠式连缀的类型

数量短语复叠式两项或以上的连缀也较常见，其类型主要有以下几种：

"一量$_1$量$_1$+一量$_2$量$_2$"，例如：

(57)平时走过老大房,起士林,玻璃橱窗里那些糕饼从来也没有注意过,可是那天,那<u>一叠叠一堆堆</u>的红豆糕芝麻饼,看得人直咽口水,腹中咕噜咕噜响个不停,胃里空得直发慌。

"一量$_1$一量$_1$+一量$_2$一量$_2$",例如:

(58)对这近两千万字的图书资料,他都<u>一本一本、一件一件</u>地反复进行研读,随时摘录在卡片上,或者写成短文,或者绘成图表,然后分门别类装入档案,交给技术人员。

"一量$_1$+又/接+一量$_1$一量$_2$+又/接+一量$_2$",例如:

(59)事实上,对外国现代的学术规范知之甚少,对本国以考据学为代表的传统学术规范也抛弃殆尽,在这种基础上,的确产生了<u>一本又一本、一批又一批</u>毫无内容的"学术巨著"。

(60)还有一次在图书馆,我看到有一个妈妈一直在给四五岁的孩子读书讲故事,<u>一本接一本,一个接一个</u>都不停息,嗓子都快说不出话来了。

少数也有两项以上的连缀情况,例如:

(61)这些常说的体系、制度、关系,无一不是在大地上<u>一块一块、一条一条、一片一片</u>,或者几块几块、几条几条、几片几片地形成、沟通、对峙、发展、存在着的。

(62)在北京市朝阳区,一群群打着雨伞的中学生,每人手拎一个提兜,在片片宿舍区内上楼下楼,走家串户。<u>一户又一户,一门又一门,一栋又一栋</u>。

数量短语复叠式连缀整体上表数量"多",但具体有以下几种情况:

第一,连缀项的数量分别指向各自的中心语,通常表示中心语的数量多,例如:

(63)凭着沉着机智和高超的技术,他们硬是<u>一步步、一辆辆</u>地把汽车、坦克和一门门大炮送到了彼岸。

(64)这不仅仅源于现代汉语词典说它怎么怎么,主要是因为熄灯的睡屋里哪怕有一只蚊子,在耳畔只掠过一回,不逮住它直至见了尸首,我就无法入睡;再就是被它叮了什么地方,立即便奇痒不止,挠出<u>一个个、一片片</u>图钉或地图式的疙瘩都不行,非挠出血丝来,渐渐才能平静下来。

（65）张广才岭脚下杂草丛生,沼泽遍地,<u>粮食和树苗</u>无法用车运,只能<u>一袋袋、一捆捆</u>地背上山。

上述例句中,"一步步、一辆辆"实际分别指向"他们""汽车";"一个个""一片片"分别指向"图钉的疙瘩""地图式的疙瘩";"一袋袋""一捆捆"分别指向"粮食""树苗"。数量短语复叠连缀实际分别表示中心语的数量多(包括动作频次)。这里需指出的是,这些数量短语本可紧邻所修饰的中心语,但为了提高语言结构的整齐匀称感或节约文字,形成了连缀式。如"一个个、一片片图钉或地图式的疙瘩"本应表述为"一个个图钉或一片片地图式的疙瘩",但后者不如前者整齐匀称,因为前者的"一个个、一片片"可形成局部对称。又如,例(65)本应表达为"粮食……只能一袋袋地背上山,树苗……只能一捆捆地背上山",但表达显得啰唆冗余。

第二,连缀项的数量共同指向一个中心语,数量由少至多,是累量型的,表示数量多。例如:

（66）只见,东起工农兵桥头,西至漳州大桥下数百米长的汀观道上,摆满<u>一筐筐、一车车、一堆堆</u>的高丽菜、卷心菜、空心菜、油菜、芥菜、白菜、萝卜、冬瓜、豆芽等,摊前挤满了购菜的人群。

（67）蓝天白云下,鸟飞鱼潜,碧波荡漾;水面上,<u>一蓬蓬、一片片</u>的芦苇荡随风摇曳,时常可见满载海内外游客的快艇和画舫出没其间,水声、笑声不绝于耳;更有勇敢者,驾乘着滑翔伞像飞鸟一样从你头顶掠过……好一幅奇妙绝伦的写意水彩画。

（68）在这种思想哺育下,我们共和国涌现出<u>一个又一个,一批又一批</u>英雄:雷锋、王杰、焦裕禄……

（69）作品真实、真切地写透了这一点,"人民"的形象在她饱含深情的笔下丰满丰富起来,<u>一个个一群群</u>普通老百姓与红军、与中国革命的血肉关联,深刻揭示20世纪中国革命的原动力——革命之所以发生又之所以取得胜利,其根基与动力就在人民、在人心。

上述例句中,前一量词表示的数量要小于后一量词的,如"框<车<堆""蓬<片""个<批/群",因而数量短语复叠连缀式是累量型的。

第三,连缀的数量共同指向一个中心语,数量由多至少,是消量型,也表数量多。例如:

(70)最后,人们纷纷把带来的鲜花<u>一束束、一瓣瓣</u>地撒落在安葬着刘绍棠骨灰的土地上……

(71)<u>一堆堆、一捆捆</u>的嫩绿藜蒿草如小山般堆积在草洲上、河堤边,就地交易。

(72)一辆辆小货车运来<u>一箱箱、一包包</u>的成衣,店主忙着卸货点货,挑选衣服的顾客穿梭其中。

(73)据马来西亚《星洲日报》报道,该国一名青年最近将家中积存的6000多马元的硬币一次存入波德申一家银行,银行职员花了5个多小时才把那<u>一篮又一篮、一包又一包</u>、总重数十斤的银角点清,而且是请分隔机和计算器帮的忙。

上述例句中,前一量词表示的数量要大于后一量词的,如"束>瓣""堆>捆""箱>包""篮>包",因而数量短语复叠连缀式是消量型的。

第四,连缀项之间无明显的数量多少差别,二者共同指向一个中心语,表数量多,同时多角度、多方位对数量进行描形。例如:

(74)长大了的对虾<u>一簇簇、一团团</u>地在浮沉、遨游、跳跃。

(75)它们慢慢去远了,把广州的光明和温暖都带走了,但从白云山后面,另外又有些更沉重、更可怕的,<u>一卷卷、一团团</u>的黑云追赶上来。

(76)那<u>一条条、一方方</u>的冰柱或冰块,由于受暖气候的影响在缓慢溶化,形态变得千奇百怪,有的像人物浮雕,有的如飞禽走兽,有的形同出征远航的兵舰,有的似利剑直刺蓝天,又有的好比晶莹璀璨的珊瑚。

上述例句中,两两连缀表示事物的数量"多之又多",同时其中所含量词基本都是形状量词"簇""团""卷""条""方"等,因而整个复叠连缀式实际又是对"数量"多视角、多形象的阐释。

第五,连缀的数量实际相同,表示数量短语复叠之后再复叠,也表数量之多,例如:

(77)周炳坐在驾驶台旁边,一边剥着荔枝,一边把震南村的无穷灾难,一桩桩、一件件地仔细诉说,好像他在山穷水尽之中,遇着了神仙搭救似的。

(78)这一件件、一桩桩的感人事迹,都体现了巴基斯坦人民对中国人民的友好情谊,它像雨露一样滋润着中巴友好的参天大树,使之更加郁郁葱葱。

上述例句中,"件""桩"是同义量词,"一桩桩、一件件"连缀实际表示"一桩桩又一桩桩"或"一件件又一件件",显然,也表示多之又多。

这里需指出的是,从数量的类型来看,数量短语复叠连缀实际也很丰富,如"空间数量—物体数量""物体数量—空间数量""空间数量—空间数量""动作数量—时间数量"等的配置。具体如下:

"空间数量—物体数量",例如:

(79)记者在石材重点产地柞村镇的村村屯屯、山山岭岭间穿行,只见汽车载的,驴车拉的,路旁堆的,院里码的,全是一方方、一片片的大理石、花岗石。

"物体数量—空间数量",例如:

(80)一股从内到外的透心凉,使她迅速冷静下来,不作任何反抗地咬紧牙关,似乎麻木地任凭那几个好像是女人的人,搜遍了她的全身,又把从她身上剥下的衣服裤子等等,一件又一件,一寸又一寸地摸捏探寻着,连穿来的布鞋底子也撕开作了全面深入和广泛持久的彻底搜索。

"空间数量—空间数量",例如:

(81)大家按次序,把一盆盆肉、一盆盆饭,一行行、一排排地摆在地上,每盆肉、饭为一组,有3个"马石子"(瓢),供3个人吃用。

"动作数量—时间数量",例如:

（82）就这样，<u>一趟又一趟，一年又一年</u>，蔡许荣坚持不厌其烦地向旅客群众进行防盗安全知识宣传。

"物体数量—空间数量—物体数量"，例如：

（83）窦镇长指了指田间<u>一堆堆、一行行、一片片</u>的土肥说，今春全镇五万亩玉米、花生、大豆等春季作物平均亩施土肥二十车以上，为力争今年农业丰收打好了基础。

2.复叠式连缀项间的语义关系

数量短语复叠式之间为什么能够连缀？我们认为，连缀项之间实际存在丰富的语义关系，具体如下：

第一，同义或近义关系。二者表义基本相同，如前文所述，这类连缀式表"多之又多"，例如：

（84）这<u>一桩桩一件件</u>的法西斯暴行，中国人民记忆犹新，永世难忘。

（85）记者看到以往各种工作宴请满座的情景，已经被<u>一家家、一户户</u>的普通老百姓所替代。

上述例句中，"桩、件""家、户"均为同义量词。

二者表义相近，例如：

（86）我们要"只争朝夕"，<u>一件件、一项项</u>地落到实处，以增创结构优势。

（87）查果拉官兵最令人敬佩的，就是明知上山就会有牺牲，<u>一茬茬一批批</u>的热血男儿依然争着上山，争着到最前哨去奉献。

（88）楼就在山下，山就在楼上，山与楼之间几乎没有"空当"，若有一点就被绿树"填"满，山和树、楼和山都紧紧地贴在一体，全变成了<u>一簇簇一团团一片片</u>的绿云！

上述例句中，"件、项""茬、批""簇、团、片"均为近义量词。

二者也可以含有近义义素，构成近义关系，例如：

（89）学校体育场地面积八千八百平方米，是用<u>一筐筐、一担担</u>的土垫起来的。

（90）欢歌，笑语，缠绕在<u>一垄垄一架架</u>的葡萄串上，香甜了山乡的空气，闹醒了寂静的山林……

上述例句中，"筐、担""垄、架"不属于近义量词，但"担"含有"用筐装成的"意思，"垄"可能由"架"构成，因而这些量词表现为近义关系。

第二，配置关系。数量短语复叠连缀项之间通常也表现为配置关系，例如：

（91）翻开看，一栏栏，记录着<u>一家家、一项项</u>的支出，购兔款、公证费、误工费、饲料费还有上访中的支出。

（92）那些普通人家的孩子早已熟悉不过的鸡鸭鱼肉，孤儿们却几乎未曾见过，多数孩子甚至根本不会吃鱼，蒋阿姨愣是强忍泪水，<u>一个又一个、一次又一次</u>地教会了他们。

（93）<u>一船又一船，一次又一次</u>……先后救起了97名遇险群众。

（94）赵忠祥在<u>一段段、一遍遍</u>地录音节目，看得出他非常喜爱这个栏目。

上述例句中，"一家家、一项项"是"物体数量—物体数量"的配置关系；"一个又一个、一次又一次""一船又一船，一次又一次"是"物体数量—动作数量"的配置关系；"一段段、一遍遍"是"空间数量—动作数量"的配置关系。

第三，包含关系，即某一数量实际包含另一数量，这在数量短语复叠连缀的累量或消量表达式中十分常见，例如：

数量连缀累量式中，通常排序靠后的包含排序靠前的，例如：

（95）于是，只有初中水平的但国均背回几十本书，<u>一页页、一本本</u>地啃，一啃便是八年！

（96）此时，我环视书屋，才发现书架的这头和那头都用细铁丝连着，上面用书夹子夹着<u>一张张、一叠叠</u>的稿纸……

（97）佛在僧团中，所制定的清规戒律，<u>一条条、一篇篇</u>都能记忆在心，不会忘记。

（98）这一招果然有效，金凤凰<u>一只只、一批批</u>飞向西北，飞向山海丹。

上述例句中,"本"包含"页","叠"包含"张","篇"包含"条","批"包含"只"。

数量连缀消量式中,通常排序靠前的包含排序靠后的,例如:

（99）那<u>一页页一行行</u>的小方格里,爬满了密密麻麻的蝇头小字,那是她 10 多年来呕心沥血的结晶,是她生活经历的忠实记录。

（100）我就曾无数次从图书馆借出灵掌大的一本本小册子《喧腾的高原》《云南的云》《开花的国土》《山泉集》,<u>一本本、一首首</u>恭楷抄录,然后同一个女孩子交流换阅……

上述例句中,"页"包含"行","本"包含"首"。

第四,类义关系,即二者属于同一范畴或类别。例如:

（101）住在高层楼的人为解决"水荒",有的自己动手安装水泵,从楼下往楼上抽水;有的则打开水龙头,等到夜深人静、水压升高时,再<u>一盆盆、一桶桶</u>地接水。

（102）在杭州,<u>一箱箱、一袋袋</u>防控物资从杭州胡庆余堂集团有限公司(下称胡庆余堂)发出,火速送往抗疫前线。

上述例句中,"盆""桶"属于"盛东西或洗东西的器具","箱""袋"都属于"装东西的器具"。

第四节　双数量结构表达式

双数量结构是汉语数量范畴特殊的表现形式,如前文所述,其研究较早见于李临定、范方莲《试论表"每"的数量结构对应式》①,之后代表性的研究可见邢福义的《数量名结构的叠用解注格式》②、陈月明的《表钱和物的"数

---

① 参见李临定、范方莲:《试论表"每"的数量结构对应式》,《中国语文》1960 年第 11 期。
② 参见邢福义:《数量名结构的叠用解注格式》,《语法研究和探索(二)》,北京大学出版社 1984 年版,第 149—164 页。

量+数量"结构》①、张旺熹的《汉语特殊句法的语义研究》②等,其中讨论较多的是各种"配比关系"的双数量结构,无疑,这些双数量结构一定程度上反映了数量之间的关系,但我们认为,现有研究实际并未涵盖汉语中所有的双数量关系,比如,汉语双数量的"相等或不等""整体与部分"关系就没有被涵盖进去。"相等或不等""整体与部分"都是最原始的双数量关系,但很少引起学界的注意。下面,我们将结合汉语实际语料,以最典型的表达式为例,对这些双数量结构进行详细分析。

一、"相等或不等"双数量结构

(一)"相等""不等"的内涵

亚里士多德指出,数量最显著的标志就是它可以被称为相等或不相等。③这说明数量之间最为显著的关系是"相等""不等",这种关系属于最原始的双数量关系。何谓"相等"? 我们认为,"相等"指两个数量元素在表层结构或深层结构中所显示出的"数量"按照一定的标准具有等值性。比如,"一天等于24 小时","一天"按照国际标准时间等于"24 小时",而不是"25 小时",这是较为直接的相等关系,也是双数量在表层结构中体现出的相等关系。而"一斤油等于十个鸡蛋",并不是说表层结构中数量"一斤"与"十个"相等,而是"一斤油"的价钱与"十个鸡蛋"的价钱相等,这是双数量在深层结构中体现出的相等关系。反之,"不等"则指两个数量元素无论在表层结构或是在深层结构中所显示出的"数量"按照一定的标准都不具有等值性,如"一天不等于25 小时"。

---

① 参见陈月明:《表钱和物的"数量+数量"结构》,《世界汉语教学》1995 年第 3 期。
② 参见张旺熹:《汉语特殊句法的语义研究》,北京语言文化大学出版社 1999 年版,第 57 页。
③ 参见[古希腊]亚里士多德:《范畴篇·解释篇》,方书春译,商务印书馆 2008 年版,第 23 页。

（二）典型对应式

在现代汉语中，表"相等""不等"关系的双数量共享句法形式。表"相等"关系的典型对应式主要有："X 等于 Y""X 相当于 Y""X 值 Y""X 顶 Y""X 抵(上/得上)Y""X 折合 Y"。而表"不等"关系只需在这些对应式中添加相应的否定词，如"X 不等于 Y""X 不相当于 Y""X 不值 Y""X 不顶 Y""X 抵不上 Y、X 不能/不可折合 Y"。由于两种关系对立统一，共享相同的表达形式，为讨论方便，以下主要探讨汉语双数量"相等"关系的典型对应式，在这些对应式中，X、Y 都是数量或隐含有数量的结构。

1．"X 等于 Y"

"X 等于 Y"表示 X 与 Y 在数量上相等，常见的用法是"换算"，即 X 被换算成 Y 或 Y 被换算成 X。因此，X、Y 在句法位置上一般可互换且不影响句义表达。具体情况如下：

X、Y 之间是较为直接的"加、减、乘、除"等关系，二者在句法位置上可互换。例如：

(1)他还可以，不过我不能相信他，开始他说三加三等于六，可过一会儿他又说二加四等于六。

(2)人的生长期是二十到二十五岁，五乘二十就等于一百岁；六乘二十五一百五十岁。

(3)1993 年，我国仅织物制服装就出口了 67.3 亿件套，等于为全世界每个人提供了 1.5 件服装。

例(1)(2)为较直接的"加、减、乘、除"换算关系，也可以说成"六等于三加三""一百就等于五乘二十"。例(3)中"1.5 件"乘以"全世界人口数量"等于"67.3 亿件"的形式也体现了双数量之间的"乘除"换算关系。

当 X、Y 是"上下位"关系时，二者在数量上也可以相互换算。例如：

(4)所说的 1 日等于 24 小时，就是太阳周日视运动的平均周期。

(5)人民币以元为单位，一元等于 10 角，一角等于 10 分。

(6)后人嫌 2.4 铢这个数目麻烦,就将"钱"引申为一个新的衡制单位,每一枚钱币的重量为一钱,<u>十钱等于一两</u>。

(7)安排以工代赈资金 64 亿元,用于建设基本农田 185 万亩(<u>15 亩等于 1 公顷</u>),新增和改善灌溉面积 970 万亩,新建和改扩建公路 4 万公里,防治水土流失面积 15.5 万平方公里。

上述例句中,"日、小时""元、角""角、分""两、钱""公顷、亩"等单位是"上下位"关系,因此,X、Y 在数量上可相互换算,其句法位置也较自由。

X、Y 之间除了较直接的换算关系外,还可以是一种间接的换算关系,主要表现为:X、Y 在表层结构上所显示的数量并不相等,但在深层结构中所隐含的数量实际相等。例如:

(8)据了解,一尾亲虾可产上万只虾卵,休渔期捕<u>一只亲虾</u>,<u>等于</u>秋后少捕<u>万只虾</u>。

(9)据人们估算自樊连珍到三交法庭工作以来,她下乡办案步行达 <u>6 万多公里</u>,<u>等于</u>绕地球转了 <u>一圈半</u>。

(10)在河南,<u>一支"红塔山"</u>等于<u>十块蜂窝煤</u>。

(11)如今,渔民一天出海捕鳗只需捕到 <u>10 尾</u>,就<u>等于</u>淘了 <u>一克黄金</u>。

例(8)中,由于"一只亲虾可产一万只虾卵",所以"一只亲虾"可间接换算为"一万只虾"。例(9)中,因为地球的一圈是 4 万公里左右,所以"6 万多公里"可以间接换算为"地球的一圈半"。例(10)(11)分别表示"一支'红塔山'"与"十块蜂窝煤"的价钱相等,"10 尾鳗"与"一克黄金"的价钱相等。这些形式中 X、Y 所隐含的深层数量具有相等关系。

X、Y 之间的相等关系也可以表现为"倍"关系,即"X 是 Y 的几倍"或"Y 的几倍是 X"。这种相等关系一般也需要通过间接换算来实现,二者在句法位置上可互换。例如:

(12)天王星距离太阳的平均距离约为 <u>2.864 太米</u>,等于地球与太阳距离的 <u>19 倍</u>。

（13）名优茶的产值占茶场总产值 330 万元的 57.5%，等于大路茶的 1.35 倍。

例（12）也可说成"地球与太阳距离的 19 倍等于……2.864 太米"，地球与太阳之间的距离含有一定的空间数量，因此"2.864 太米"实际等于"这一定的空间数量"乘以"19"。同理，例（13）中，"总产值 330 万元的 57.5%"实际等于"大路茶的产值（含有数量）"乘以"1.35"。

2."X 相当于 Y"

"X 相当于 Y"也是双数量"相等"关系的常见形式，但这种形式通常表示一种间接的相等关系，即 X、Y 在深层结构中所隐含的数量相等，具体可分为以下两种情况：

第一，X、Y 中有一项是表层结构的数量，另一项则为深层结构的数量。例如：

（14）马尔马拉海东西长 270 千米，南北宽约 70 千米，面积为 11000 平方千米，只相当于我国的 4.5 个太湖那么大，是世界上最小的海。

（15）园林总面积广达 1500 公顷，相当于当时巴黎市区面积的四分之一。

上述例句中，"11000 平方千米"是表层结构的数量，而"4.5 个太湖"隐含着深层数量，即"太湖面积（深层数量）"乘以"4.5"，也可用平方千米计算，因此，二者可间接表示数量相等。同理，"1500 公顷"是表层结构的数量，"巴黎市区面积的四分之一"隐含着深层结构的数量，即"巴黎市区面积（深层数量）乘以四分之一"，与"1500 公顷"相等。

第二，X、Y 都隐含着深层结构的数量，"X 相当于 Y"实际表示二者所隐含的深层数量相等。例如：

（16）5 万亩森林的贮水量，相当于一个小型水库。

（17）在国际市场上，1 克拉金刚石相当于两吨大米。

上述例句中，表层结构的数量"5 万亩"与"一个"不相等，但"5 万亩森林"所隐含的深层数量（贮水量）与"一个小型水库"所隐含的深层数量（贮水量)相等。同理,表层结构的数量"1 克拉"与"两吨"也不相等,但"1 克拉金刚石"所隐含的深层数量(价钱)与"两吨大米"所隐含的深层数量(价钱)相等。

3."X 值 Y"

"X 值 Y"这一形式也可表示双数量的"相等"关系,但通常表示 X、Y 在深层结构中所隐含的数量相等。例如:

(18)唐代贞观初年,<u>一匹绢约值一斗米</u>。

(19)但为了要还债,迫于无奈,夹平夹贱卖给他,<u>一担烟只值得一百三十斤谷</u>,谁个像你换得十多担谷那样好财气。

上述例句中,表层结构的数量"一匹"与"一斗"不相等,"一担"与"一百三十斤"也不相等,但二者在深层结构中所隐含的数量(卖的价钱)相等。

X 与 Y 之间也可直接表示一种价钱关系,X 是数量或含有数量的事物,而 Y 是 X 的价格。例如:

(20)东新庄村民李自林去世时没有给后人留下什么钱款,只是留下了些栽种的杨树,没想到现在成了一年年都在涨价的活财富,仅在池塘边的那<u>两棵杨树少说也值 1500 元</u>。

(21)春秋末,越国粟价,在平常年景大约为<u>一石值三十钱</u>,价格低落时二十钱,价格高涨时可达八九十钱。

4."X 顶 Y"

"X 顶 Y"在汉语中并非是一种新兴形式,但很少受到关注。在这种形式中,X、Y 都是数量或含有数量的结构,"顶"实际表示"相当"或"抵"的意思。在现代汉语中,"X 顶 Y"是表现双数量关系的常见形式之一,它通常也表示 X 和 Y 所隐含的深层数量相等。具体情况是:X、Y 在表层结构中所显示的数量不等,但在深层结构中所隐含的数量实际相等,"X 顶 Y"表示 X 能够换算为 Y,或者"X 等于/抵 Y"。例如:

(22)<u>放一个牛一年顶二十个工</u>,我放了二十一个,一共四百二十个工。

（23）有条"白京巴"，一个大亨最后出价<u>30 万,顶一辆"奥迪"轿车</u>。

（24）桂玲说："人家小王还让小兰到他小舅子的公司上班去,<u>月薪五百,顶我俩月</u>。"

例（22）表示"放一个牛一年"所得的报酬等于"二十个工"的价钱。例（23）中,"一辆（车）"和"30 万"不等,但"一辆车的价钱"与"一条白京巴的价钱（30 万）"是相等的。同理,例（24）实际表示"俩月"的工资等于"五百"。

5."X 抵（上/得上）Y"

"X 抵（上/得上）Y"也是汉语表现双数量"相等"关系的常见形式之一,它通常表示价钱、长度、重量等在深层结构中所隐含的数量相等。例如：

（25）我们一问价钱,不免吃了一惊,一斤仅卖六分钱,<u>一板车葱也就抵个两三元钱</u>;大白菜价钱稍微好一点,也只卖到一斤一角钱。

（26）从出土的实物看,<u>重的一枚可抵轻的三枚以上</u>。

（27）汉代曾定有规格,即:阔二尺二寸为幅,长四丈为匹,六十尺为端。<u>二匹布抵一匹绢</u>。

（28）不料过了年,公事下来了,<u>山西票子二十元抵一元</u>,王安福自然是大晦气,铁锁更是哭笑不得,半年的气力白费了。

例（25）表示"一板车葱"可卖的价钱为"两三元钱"。例（26）表示在重量上"重的一枚"相当于"轻的三枚以上"。例（27）表示"二匹布"与"一匹绢"的价钱相等。例（28）则体现了一种兑换关系,"山西票子二十元"的实际价值仅相当于通用货币的"一元"。

6."X 折合 Y"

"X 折合 Y"也是表现双数量"相等"关系的形式之一。它表示 X、Y 在表层或深层结构中所隐含的数量相等或大约相等。根据数量的种类也可把这种相等关系分为以下两种不同性质的相等关系：

第一,X、Y 为同质性的相等关系,即"数量"所计算对象的种类相同,主要表现为货币、时间单位或度量衡单位等按一定标准进行的换算。例如：

（29）2003 年平均汇价 <u>1 美元折合 8.2770 元人民币</u>。

(30) 全省土地总面积为 3.39 万平方公里(折合 5068 万亩),宜种多种热带作物土地面积 1186 万亩。

(31) 而一年 54 个星期中,西藏职工比其他省市职工多休息 270 个小时,折合天数 11 天。

例(29)实际表示"1 美元等于 8.2770 元人民币",因为按照一定的汇率来说,前后两个数量是具有相等关系的。有时在"折合"过程中会存在一定磨损,因此,X、Y 之间表现为大约相等,如例(30)中,尽管"一平方公里 = 1500亩","3.39 万平方公里"实为"5085 万亩",但"3.39 万平方公里"的土地并非都适合用作耕地,因此折合时存有磨损,所以约等于"5068 万亩"。同理,例(31)中,"270 个小时"为"11.25 天",约等于"11 天"。

第二,X、Y 为异质性的相等关系,即 X、Y 所计算对象的种类不相同,但在深层结构中所隐含的数量相等或大约相等。主要表现为一种相关性,即 X、Y 在某一方面表现出数量相等,因此,其中隐含一定的折算"中介",这使得 X 与 Y 之间可进行换算。例如:

(32) 经商务部正式批准,2004 年 4 月 15 日至 30 日在广州举行的第 95 届中国出口商品交易会(广交会)将大幅拓展展馆面积和展位,使得展览面积达到 24 万平方米,折合国标准展位 27000 个,比 94 届增长 9000 个。

(33) 一个地下热水资源储量为 48 亿立方米,可开采热水资源量 20亿立方米,折合标准煤 4.77 亿吨的大型地下热水存储区,6 日在山东省商河县被成功探明。

例(32)中,"24 万平方米"与"展位 27000 个"在深层结构中所隐含的数量是相等的,因为"每个展位"占据一定的空间数量,那么,根据折算的"中介"(句中所说的"国际标准"),"27000 个展位"占据的空间总数量与"24 万平方米"相等。同理,例(33)中,"热水资源量 20 亿立方米"与"标准煤 4.77 亿吨"在深层结构中所隐含的"热能"总量相等。

二、"整体与部分"双数量结构

"整体与部分"也是汉语双数量重要的语义关系,其表达形式十分丰富,而在具体使用过程中这种关系还具有强弱之分以及动态性。

(一) 典型对应式

"整体与部分"是客观事物之间以及事物内部存在的最根本的关系,那么,蕴藏于客观事物中的数量实际也有整体与部分之别。因此,我们认为,双数量另一最重要的关系就是"整体与部分"。汉语中表现双数量"整体与部分"关系较典型的对应式主要有"X 之一""X 之中+Y""X 中的 Y""(包括)X 之内的 Y""包括 X 在内的 Y"。其中,X、Y 均为数量或含有数量的表达式。以下逐一论述。

1."X 之一"

"X 之一"在汉语中较为常见,是双数量"整体与部分"关系最为直接的表现形式。其中,X 是含有数量(一般为复数量)的结构,表现为整体,"之一"则表示这些数量成员中的一个或一种情况等,表现为部分。其用法具体如下:

一是 X 中的名词有数量修饰,"之一"表示这些数量中的一个或一种,且"一"有具体所指。例如:

(34)据民俗专家、武汉大学文学院李惠芳教授介绍,"清明"是我国历法中的二十四节气之一,节期在公历每年的 4 月 5 日前后,因"万物生长此时,皆清洁而明净"而被称为"清明"。

(35)洛庄汉墓被列为 2000 年度十大考古发现之一。

例(34)(35)中"二十四""十大"这些都是具体的数量,而"之一"表示这些数量中的一个或一种,"一"在句中具体有所指,前一例中的"一"实指"清明",后一例中的"一"实指"洛庄汉墓"。

二是 X 中的名词无数量修饰,但可表示"类",隐含数量,"之一"表示这一类中的某一个或一种。例如:

（36）影片编剧为新锐导演应亮,他的《背鸭子的男孩》《另一半》等曾多次参加戛纳、东京、旧金山电影节等,是国际影展的宠儿,他与<u>导演之一</u>的陈富是重庆大学美视电影学院的同学,合作起来更为顺畅。

（37）听说智民海参馆的<u>招牌之一</u>就是昆布海参汤,今天尝了一下,果然名不虚传。

上述例句中,"导演、招牌"等名词都是"类"概念,而"之一"表示这些类中的一个或一种,"一"在句中有具体所指,如"陈富""昆布海参汤"。

当 X 中的名词被"最+形容词"修饰时,"最+形容词+的+NP"也可表示"类",整个结构仍表现为"整体与部分"的关系。例如：

（38）福建文化底蕴深厚,同时也是风景秀丽的地方,特点、特色、特征非常鲜明,经济社会发展得很好,是我国改革开放的一个缩影,也是改革开放的一个亮点,是改革开放以来全国发展<u>最快的省份之一</u>。

（39）在库克的执掌下,2015 年成为苹果史上业绩<u>最好的年份之一</u>,而其今年发售的 iPhone 6s 更是销量惊人。

上述例句中,"发展最快的省份"有好几个,可以表"类","之一"表示其中的一个,"一"具体指"福建省"。同理,"最好的年份"不止一个,也可以表"类","一"具体指"2015 年"。

三是 X 有时用"其中"代替,"其"在上下文中也有所指。例如：

（40）莫里斯·泰勒（火箭队队员）：姚明第一个赛季,有<u>两个时刻</u>是我的最爱,对达拉斯的第一次比赛就是<u>其中之一</u>。

（41）浙江湖州的练市镇,獭兔养殖很有规模,<u>当地居民半数以上</u>都养獭兔,杨兴祥也是<u>其中之一</u>。

例（40）中的"其"指"两个时刻","一"实指"对达拉斯的第一次比赛"；例（41）中的"其"指"当地居民半数以上","一"实指"杨兴祥"。

四是"X 之一"有时表现为一种"任指",即结构中的"一"不确指哪一个或哪一种,由于"一"所指不确定,X 中的数量与"一"实际也延伸出了一种选择关系。例如：

（42）有<u>下列情形之一</u>的，业主委员会应当及时组织召开业主大会临时会议：（一）百分之二十以上业主提议的；（二）发生重大事故或者紧急事件需要及时处理的；（三）业主大会议事规则或者业主公约规定的其他情形。

上例中，"下列情形之一"表示所列举的情形中的某一种，"一"不确指，"X 之一"整个结构既体现了"整体与部分"关系，也表现为一种选择关系。

五是"X 之一"表"整体与部分"关系的同时，实际还具有数序义。"X 之一"中的"一"可以表示"第一"的意思。例如：

（43）此前，<u>该系列之一</u>——德国莱茵河中上游河谷摄影展；<u>之二</u>——澳大利亚塔斯马尼亚州的现代舞团，也刚刚结束八闽艺术之旅。

上例中，"该系列之一"可表示"该系列的第一种"，这与句子后面的"之二"对比可以看出，因为"之二"中的"二"并不是表示"二种"，而是"第二种"的意思。

2."X 之中+Y"

汉语中"X 之中+Y"也表达汉语双数量的"整体与部分"关系，但在实际运用过程中，"X 之中+Y"主要体现了"整体与部分"的一种离散性，离散的数量 Y 可分布于上下文中。例如：

（44）拥有 115 年历史的香港置地集团公司，是怡和集团的主要成员<u>之一</u>，<u>两者均位列世界 500 强企业之中</u>。

（45）不计一切后果，毅然关闭了<u>三家之中的两家</u>，剩下的一家则继续经营直到找到可代替的店为止。

（46）箱子里面装的竟是人，一口箱子里装着一个人，<u>三个人之中</u>陆小凤倒得认得<u>两个</u>。

（47）<u>8 人之中 1 人</u>不幸遇难，<u>1 人</u>失踪，<u>1 人</u>受轻伤，其余 5 人安然无恙。

上述例句中，"两者"被包含在"500 强"之中；"两家"被包含在"三家"之中；"两个"被包含在"三个"之中。这些例句中，X 所包含的数量只有一部分出现,如例(46)中"三个"只出现"两个",这表现为数量的局部离散性。而例(47)则与此情况不同,表现为数量的整体离散性,"8 人"被离散为三个"1人"和一个"5 人"。

此外,就"X 之中+Y"这一形式的功能来说,它实际还具有"焦点凸显"功能。例如:

(48)他是兄弟<u>三个之中最年轻的一个</u>,查尔兹爵士是最年长的一个,年轻时就死了的二哥就是亨利这孩子的父亲。

例(48)凸显这"一个"与其他两个不同,即"最年轻"。

3. "X 中的 Y"

"X 中的 Y"这一形式,也可表达双数量的"整体与部分"关系。一般情况下,X 是整体,Y 是部分,X 所含数量必须大于 Y 所含数量。例如:

(49)我们连胜 5 场,在这 5 场比赛中,格兰拿了 <u>27 个三分球中的 14个</u>,这绝不是巧合。

(50)恩格斯把它们归入到形成人的 <u>三个阶段中的第一个阶段</u>中,即"攀树的猿群"。

上述例句中,"27 个、14 个""三个、第一个"都是整体与部分的关系。

有时"X 中"也可以用"其中"来代替,"其"在上下文中有所指,整个结构仍可表示整体和部分的关系。例如:

(51)学会的领导机构是理事会,由 <u>21 名</u>理事组成,每年要改选<u>其中的 10 名</u>,除工作人员(包括主席、司库、秘书)外,理事均不得连任 2 年以上,学会会长及外事秘书任期不得超过 5 年。

(52)这次大会共进行了<u>十个项目</u>的比赛,我国只参加了<u>其中的四个项目</u>,都获得较好的成绩。

例(51)中,"其"指代"21 名",而"21 名"与"10 名"是整体与部分的关系。例(52)中,"其"指代"十个项目","十个"与"四个"也是整体与部分的关系。

4."(包括)X 之内的 Y"

"(包括)X 之内的 Y"在汉语中较为常见,它也可表达双数量的"整体与部分"关系。具体用法有两种:

一是 X 所含的数量是整体,而 Y 所含数量为部分,例如:

(53)在新版《英雄美人》福利版中,不仅仅只有以上福利时间,VIP1 玩家更能享受到免费获得这 3 小时之内的 1 小时挂机时间……

(54)其中,留在中百集团前十大股东之内的 4 家基金均未减持。

上述例句中,"3 个小时""十大"为整体数量,而"1 小时、4 家"则为部分数量。

二是 X 所含的数量是部分,而 Y 所含数量为整体。此类情况下,"X 之内的 Y"前必须有呼应词"包括"。例如:

(55)随着 13 年两款 3.6L 车型的上市,大众途锐全系已涵盖有包括一款柴油发动机之内的 3 个排量车型,入门级 3.0T、3.6LV6 自然吸气以及顶配的 4.2LV8 在内的 17 款车型……

(56)11 月 19 日,包括这 3 个项目之内的 9 个过亿元大项目集中开工,这 9 个大项目总投资 43.5 亿元,今年计划完成投资 4.55 亿元。

上述例句中,"一款、3 个(项目)"表现为部分数量,而"3 个(排量车型)、9 个"则为整体数量。

有时,"之"可省略,整个对应式变为"X 内的 Y",也可以表示"整体与部分"关系,例如:

(57)原来在前 50 名内的几支亚洲球队,其排名则有不同程度的下降。

上例中,"50 名"与"几支"实际是整体与部分的关系。

值得注意的是,当 X 所含的数量是整体,Y 所含数量为部分时,"之"可以省略,但在"包括 X 之内的 Y"对应式中,"之"一般不可省略。

5."包括 X 在内的 Y"

"包括 X 在内的 Y"也是双数量"整体与部分"关系较为直接的表现形式。

其中,X 所含数量为部分,Y 所含数量为整体。例如:

(58)截至 9 月底,全市通过市农村产权交易中心出具《农村产权鉴证书》共实现<u>包括土地经营权、林权、水域养殖权三大类在内的农村产权抵押贷款项目 11 个</u>,累计发放贷款 2655 万元,为农村农业的发展提供了强大的资金支持。

(59)首尝"双馆错期"办展、历时近一个月的中博会共为<u>包括中国在内的 35 个国家和地区</u> 2630 家中小企业提供参展平台,协助中小企业"赚得"合同、意向金额 154.2 亿元。

(60)巡视风暴将重点刮向金融系统,在 31 家被巡视单位中,金融机构占据 21 席,其中包括被称为"一行三会"的央行、银监会、保监会、证监会,还有"内地两大证券交易所"上交所、深交所,以及<u>包括中农工建交五大国有银行在内的 14 家</u>中管金融企业等。

上述例句中,"三大""中国(隐含数量'一')""五大"表现为部分数量,而"11 个""35 个""14 家"则为整体数量。

有时,X 所含数量实际等于 Y 所含数量,但二者之间仍表现"整体与部分"关系。例如:

(61)由于现在土地流转,老人可以领到<u>包括她自己、五弟以及五弟孩子在内的 3 个人</u>的钱,每年 3600 元……

(62)根据规划,袍江开发区将在 4.5 平方公里的三江口区域内,<u>打造包括古三江闸、三江所城、荷湖村、斗门古镇、汤绍恩纪念园在内的五大景区</u>。

上述例句中,"她自己、五弟以及五弟孩子"隐含数量实际等于"3 个","古三江闸、三江所城、荷湖村、斗门古镇、汤绍恩纪念园"隐含数量实际是"五"。我们认为,这类现象中,并不是强调 X 是 Y 的部分,而实际强调的是 X 中的"个体"是 Y 的部分。

（二）"整体与部分"关系的强弱

数量既有具体的一面,也有模糊的一面。具体的数量使双数量之间的关系清晰,而模糊的数量则使双数量之间的关系相对变弱。以上,我们在论述"X 之一""X 之中+Y""X 中的 Y""（包括）X 之内的 Y""包括 X 在内的 Y"等对应式时,主要反映了"整体与部分"关系清晰的一面。但在具体使用过程中,这一关系实际也存在弱化的一面。具体情况如下:

当"X 之一""X 之中+Y"的 X 所含数量是模糊数量时,这种"整体与部分"关系略显模糊,因为 X 作为一个整体,其内部成员不确定。汉语表示模糊数量的词常用"几""少数""多"等。例如:

（63）被称为原子核之父的英国科学家卢瑟福(1871—1939),是开辟科学新时代的<u>少数几个人之一</u>。

（64）制约外资流入的"瓶颈"是中国在西部大开发中遭遇的<u>众多难题之一</u>。

（65）中国共产党的力量来自深深扎根于<u>十几亿人民之中</u>的<u>几千万党员</u>。

上述例句中,"少数几个""众多""十几亿""几千万"等数量是模糊的,尽管"之一""之中"仍表"整体与部分"关系,但我们认为这种关系相对弱化。

"X 中的 Y"有时也表现出模糊的"整体与部分"关系。具体:

一是 X 含具体的数量,Y 含模糊的数量。例如:

（66）造成大货车当场死亡 3 人、大客车当场死亡 4 人、乘坐在客车卧铺上下两层的<u>24 名乘客中</u>的<u>多人</u>受伤,以及两车燃烧报废。

二是 X 含模糊的数量,Y 含具体的数量。例如:

（67）一旦了解到地球只不过是宇宙<u>无数星球中的一个</u>,外星生命存在的观点开始在主流科技界流行起来,其中最知名的拥护者是意大利的哲学家布鲁诺。

三是 X 与 Y 都含有模糊或不确定的数量。例如:

（68）如果 <u>1300 多位经纪人中的多数</u>都反对他，他的计划就可能泡汤。

上述例句中，"多""无数""多位""多数"等数量都是模糊的或不确定的。这些"X 中的 Y"体现出的整体与部分关系实际弱化。

"包括 X 之内的 Y""包括 X 在内的 Y"有时体现出的"整体与部分"关系也较弱。在具体使用过程中，对应式中 X 必须是含有具体数量的形式，但 Y 可以是含有模糊数量的形式，例如：

（69）在价格方面，<u>包括"e 代驾"之内的几款代驾 App 软件</u>，在 7 时—22 时之间收费大多为 10 公里内 39 元左右……

（70）电子商务园与<u>包括天猫（淘宝）、唯品会、京东、1 号店、亚马逊在内的多家电商平台</u>进行接触与合作，促成电商与袜企联姻。

上述例句中，"e 代驾""天猫（淘宝）、唯品会、京东、1 号店、亚马逊"所隐含数量分别为"一""五"，都是具体的，而整体数量"几款""多家"是模糊的，X、Y 之间的整体与部分关系也相对弱化。

（三）"整体与部分"关系的动态性

汉语数量之间的"整体与部分"关系实际还可以表现为两种不同的动态过程：由部分到整体，由整体到部分。

1. 由部分到整体

"X+合并/并/合+成/入+Y"这类表现形式，较为直接体现了数量由"部分"到"整体"的过程，即 X 通过"合并"产生"整体"Y。由 X 到 Y 实际反映了双数量之间的动态关系。具体如下：

通常情况下，多个事物合并成一个整体，因此，X 所含的数量核通常为"二或以上"，而 Y 所含的数量核通常为"一"，表示整体。例如：

（71）曾饱受争议的养老金双轨制将一去不复返，<u>两轨并成一轨</u>。

（72）卖家小陶说，后期制作比较费时，不仅要处理好光线问题、阴影部分，每拍摄一个场景，至少要拍摄 <u>4—5 张才能合成一张</u>最终的效果图。

上述例句中，"两""4—5"与"一"体现了部分与整体的动态关系。

有时 X 并非只合并为一个"整体"，而是两个或以上，因此，X 所含数量核必须超过"三"。例如：

（73）麦金锡提出改组公司机构的设想，把公司的 <u>5 个汽车分部和加拿大子公司合并成两个集团</u>，一个经营小型车，另一个经营大型车。

（74）厂里<u>数十个机构</u>，合并成 5 个综合职能部，党政人员减少 1/3。

（75）目前，主体功能区已初具规模，马桥镇已有 <u>27 个村</u>并入 4 个新型农村社区。

上述例句中，"5 个汽车分部和加拿大子公司""数十个机构""27 个村"都含有三或以上的个体，通过合并后可分别产生多个整体，即"两个集团""5个综合职能部""4 个新型农村社区"。

"X 连成 Y"也可以表现双数量"部分与整体"关系的动态性。X 是含有"二或以上"数量核的形式，而 Y 通常只表现为一个整体。例如：

（76）<u>大沙河度假区将与武隆仙女山、南川金佛山连成一体</u>，相互促进发展。

（77）加之大堤上的汽车畅行无阻，这样，水陆交通运输四通八达，把<u>汉北地区的几个县连成一片</u>，沟通了城乡物资交流，促进了社会主义建设事业的发展。

上述例句中，"连成一体、连成一片"在汉语中较为固化，因此，这类形式中，Y 只含有一个整体，也就是说，Y 的数量核一般为"一"。而从"大沙河度假区、武隆仙女山、南川金佛山（含数量'三'）"到"一体"，"几个"到"一片"都体现了"由部分到整体"的动态关系。

2. 由整体到部分

汉语中，"V+成"实际有较强趋势表现双数量由"整体"到"部分"的动态性，例如：

（78）虽然大家都知道便宜没好货，但很多人不明白为什么这东西可以这么便宜，据一位肉毒素专家透露，目前中国市场上有 50% 的肉毒素制剂,都是"1 支产品拆成 2 支甚至 3 支出售"。

(79)一般情况下,动物的头断了后,生命也就到达了终点,可令扬州头桥的刘大妈没想到的是,她将<u>一条"火赤链"砍成三段</u>,随后从蛇头旁边走过时,已经断了的蛇头竟然跃起,将其咬伤,这令刘大妈很诧异:难道蛇死了还知道报复?

(80)交管专家告诉记者,错开上班时间,就是将原来的<u>一个大高峰削成三个小高峰</u>,即 8:00 以前第一波高峰,8:00—8:30 第二波高峰,8:30 以后第三波高峰。

上述例句中,"拆/砍/削+成"体现了数量由整体到部分的动态性,如"一支→2 支""一条→三段""一个→三个"。

除此之外,"X 掰(成)Y"也是常见形式。Y 是 X 通过"掰"产生的部分数量。由 X 到 Y 实际也体现了从整体到部分的动态过程。

通常情况下,一个整体可被"掰"为两半,因此,X 中所含的数量核一般为"一",而 Y 中所含数量核为"二"。例如:

(81)此话说得欣巧凤心里酸酸的,她奔进车站小店,掏出五毛钱,买了一个月饼,<u>一掰成二</u>,各持一半。

上述例句中,"一""二"为整体与部分关系。这些例句中 X、Y 之间,实际也体现了由整体到部分的过程,即把整体一分为二。

有时一个"整体"并非是一分为二,而是"掰"为多个部分,一分为多。例如:

(82)马英感激地望了望老警察,把<u>一个馍掰成十二块</u>,分给大家吃了,跟着老警察朝后院法庭走去。

三、"配置"双数量结构

汉语双数量的"配置"关系也是最常见的数量关系之一,虽有一定成果,但不同数量之间是如何配置的,以及配置关系的强弱、主次等,这些问题尚需深入探究。以下,我们结合汉语语料库对双数量的"配置"关系进行详细分析。

（一）"配置"关系的分类

汉语双数量的"配置"关系,主要指双数量之间的分配、配备、布置等关系。我们从配置的对象上将这种语义关系分为以下几小类:"物—物"配置关系、"人—人"配置关系、"人—物"的配置关系、"物—人"的配置关系。以下,结合汉语实际语料进行逐一分析。

1."物—物"配置关系

"物—物"配置关系主要指事物之间在数量上的分配或匹配关系。例如:

（83）我现在每天有1000台车出去,1000台车的零配件进来,<u>一台车两万个零配件</u>,现在的工厂确实是没法再增加单位时间的生产量了。

（84）黄建新则表示,张之亮导演为了节省开支,带头住进了平价招待所:"<u>一间房两张床</u>,80块钱一晚。摄制组后来就都住在那里了。"

上述例句中,"车""配件"都是物体,"一台车两万个零配件"实际体现了双数量结构的"物—物"配置关系;"房""床"也是物体,"一间房两张床"也体现了"物—物"配置关系。

"物—物"配置中,事物之间的关系可以是整体与部分关系,如例（83）中,"配件"可以是"车"的组成部分。二者也可以表现为"容纳关系",如例（84）中,"房"可以容纳"床"。以上,两个"物"在语义上是不可重复的。

有时两个物体之间也可能存在一定的语义重复,但仍可以形成配置关系。例如:

（85）为有条件的敬老院、养老院配备4万—6万元的图书及书架,每所敬老院、养老院根据规模大小配置书柜4—6个,每个书柜配备图书300种,800册,图书结构包括医疗保健、生活养生、旅游健身等,<u>每个品种的图书配备2—3本</u>。

上例中,"本"后实际省略了"书",因此"书"和"图书"之间存在一定的语义重复,但是,我们认为,二者之所以仍可构成配置关系,主要在于"图书"是

"类"概念,而此处隐含的"书"是具体成员。

2."人—人"配置关系

人与人之间也存在一定的配置关系,由于工作等需要在数量进行一定的配置,以达到互相协调、合作等,这种关系我们称为"人—人"配置关系。例如:

(86)目前俱乐部已推出初级六天的培训业务,平常游客要体验的话,一般是一条帆艇上6名客人配2名水手。

(87)《规范》中明确,包括服务对象和工作人员总数在300人以下的,至少配备2名专(兼)职安全工作人员,300人以上应至少配备5名专(兼)职安全工作人员。

上述例句中,为了"安全"起见,"6名客人"配备"2名水手","300人以上"配备"5名专(兼)职安全工作人员",这些双数量之间实际表现为"人—人"配置关系。

以上数量结构直接含有"人",但有时一些数量结构只是暗含了"人",整个双数量结构也能体现"人—人"配置关系。例如:

(88)人员方面,全日制幼儿园每班配备2名教师和1名保育员,寄宿制幼儿园每班配备2名教师和2名保育员。

(89)从今年起,每个巡视组配备2名审计人员,由国家审计署统一抽调,一年一轮换。

上述例句中,"班""巡视组"实际暗含"人",因此,"每班配备2名教师和1名保育员""每个巡视组配备2名审计人员"也是"人—人"配置关系。

"物—物"配置关系中,两"物"在句法位置上可以互换,如"一间房两张床",也可以说成"两张床一间房"。而在"人—人"配置关系中,两"人"的位置一般不可以互换,如"6名客人配2名水手",不可以说成"2名水手配6名客人"。

3."人—物"配置关系

"人—物"配置关系主要体现在人对事物的数量进行的分配或配给,这种

"配置"在汉语中较为常见,例如:

（90）如今,<u>一个人一台织机</u>的场景越来越少了,那个为了满足一个人或者一家人穿衣需求的岁月被慢慢淡化,逐渐成为被缅怀的历史。

（91）为确保垃圾分类顺利推进,在为<u>每户村民配备 3 个分类垃圾桶</u>的同时,甘露镇还聘请了保洁员,制定了村规民约,选举产生了理事会,并制定了理事会职责、保洁员工作职责、门前"三包"管理办法、垃圾分类奖励制度、卫生评比办法等一系列规章制度。

上述例句中,"一个人"与"一台织机","每户村民"与"3 个分类垃圾桶"都体现"人—物"配置关系。"人—物"配置的双数量关系通常较为单一,但有时也较为复杂,主要表现为:"物"的数量多样化,即有多个数量结构。例如:

（92）给<u>每个晚宴客人配备的全套餐具包括十几把镀金刀叉,十多件金边的碟碗</u>,还有全手工制作的十几种酒杯,上面标有"诺贝尔"标志。

上述例句中,"每个晚宴客人"与"十几把镀金刀叉、十多件金边的碟碗、十几种酒杯"双数量之间实际反映了复杂的"人—物"配置关系。

此外,需要指出的是,与"人—人"配置关系一样,"人—物"配置关系一般在句法结构上也较难逆序,如"每户村民配备 3 个分类垃圾桶",一般不可以表述为"3 个分类垃圾桶配备每户村民"。

4."物—人"配置关系

"人—物"配置关系主要表现"人"对"物"在数量进行的分配或配给。而"物—人"配置关系则表现为对"物"关涉的人员进行的布置或安排。例如:

（93）针对以上情况,安康高速交警大队与高速路政联合执勤执法,在高速公路沿线每 50 公里范围设置一个"122"路警巡逻小分队,即 <u>1 辆路警巡查车配备 2 名交警和 2 名路政人员</u>。

（94）实施"领导带班、错时交接"24 小时倒班制度,<u>每个旅检班次至少配置两名有医学背景的工作人员</u>,提高异常旅客的处置速度。

（95）据悉,吴江<u>三个考点分别配置两名民警,两名协警</u>,负责考点内部的安全保卫工作,防止无关人员进入,并协助考务人员做好试卷的押运工作。

上述例句中，"1 辆路警巡查车、每个旅检班次、三个考点"表现为"物"，而"2 名交警和 2 名路政人员""两名有医学背景的工作人员""两名民警，两名协警"表现为"人"，这些双数量之间实际都体现了"物—人"的配置关系。

5. 多重配置关系

以上，我们对双数量配置关系的语义小类"物—物""人—人""人—物""物—人"等进行了详细分析，但是，这些数量间的"配置"实际是相对单一的，而在实际运用中，汉语双数量的配置关系还呈现出更加复杂的一面，即这些配置关系可能存在交叉使用的情况，或者某一种配置关系重复使用，这就形成了汉语双数量的"多重"配置关系。例如：

（96）一间房两张床 5 个人住，不开空调，50 元。

（97）一间房三个屋，住着他和父亲两人。

（98）一个处室合用一间房三张写字台。

上述例句中，"一间房两张床"构成"物—物"配置关系，而"一间房两张床"与"5 个人"又构成"物—人"配置关系；"一间房三个屋"是"物—物"配置关系，而"一间房三个屋"与"两人"也构成"物—人"配置关系；"一间房三张写字台"体现了"物—物"配置关系，而"一个处室"与"一间房三张写字台"又构成"物—物"配置关系。

以上，双数量配置关系的多重性主要表现为一种交叉性和层级性，即"物—物""人—人""人—物""物—人"交叉运用，而各个数量实际又处于不同层级中。但是，有时这种多重性也表现为一种"平列性"，即各个数量处于平行结构中，不具有层级性，例如：

（99）……以"一个人一份健康档案、一名健康医生"的服务标准，建立居民健康档案库，开展健康检测与监测、健康评估与指导、健康干预与维护、保健诊疗、网上医疗等服务，实现未病先治健康管理。

上例中，"一个人""一份健康档案""一名健康医生"是平列的关系，"一个人一份健康档案"构成"人—物"配置关系，而"一个人"也可以和"一名健康医生"构成"人—人"配置关系。

有时,平列的双数量配置关系表现出来的"多重性"更为复杂,例如:

（100）据了解,上海已经开始推行计时培训模式,采用"先学后付费"的模式,<u>一车一人一教练</u>,通过统一的培训机构,学员可结合自己的时间约教练。

上例中,"一车一人一教练"表面上是平列关系,但是"一车一人"构成"物—人"配置关系,"一车一教练"构成"物—人"配置关系,而"一人一教练"又构成"人—人"配置关系。我们之所以这样认为,主要原因在于:这种多重配置关系实际可以还原,比如"一车一人一教练",也可以说成"一车一人、一人一教练",这类用法在汉语中大量存在,再如:

（101）据悉,吉林省人社厅正着手研究制定《二级(三级)专业技术岗位聘任人员聘期考核暂行办法》,制发全省统一的二级教授(研究员)聘任证书,<u>一人一证、一证一号</u>,在聘期内实行注册登记管理,进一步激发高层次专业人才创新创造活力。

上例中,"一人一证、一证一号"也可以说成"一人一证一号",构成双数量的多重配置关系。

（二）"配置"关系的强弱

在实际语料中,我们发现,汉语双数量的"配置"关系有强弱之分。由于一些规章制度或规约,以及约定俗成、认知习惯等,以至双数量之间的配置关系十分紧密,通常不能更改,表现出"强"的一面,例如:

（102）<u>一夫一妻</u>制是我国基本的婚姻制度,也是维护婚姻家庭稳定的基础。

（103）东家走、西家串所见都是<u>一张桌子四张凳子</u>,想着做边贸生意不应该是这个样子。

（104）<u>一张桌子四条腿</u>,这基本可以说是个常识,造型古怪的桌子当然可以除外,但是上面图中这个造型很中规中矩的长方形桌子,却只有两条腿。

上述例句中,"一夫一妻"实际是国家婚姻法规定的,因此,双数量表现出较强的配置关系;而"一张桌子四张凳子、一张桌子四条腿"等的配置关系实际是约定俗成的,也表现为较强的配置关系。

当然,双数量之间的配置关系也有"弱"的一面,例如:

(105)为省房租,<u>四个人</u>住<u>一间房</u>,<u>两张床</u>,<u>一台空调</u>,<u>两个便捷式衣橱</u>,这就是应届生张雨(化名)目前所住的房子。

(106)在暂未设立派出所的五通、麻柳、三汇口、关面乡分别设立驻乡警务室,由<u>一名副所长</u>带队,配备<u>2 名民警</u>、<u>1 名文员</u>,开展接处警、办理户口等相关工作。

上述例句中,"四个人"与"一间房,两张床,一台空调,两个便捷式衣橱"的配置关系较为明确,但"一台空调"与"两个便捷式衣橱"的配置关系则较为模糊,表现为"弱"配置关系;"一名副所长"与"2 名民警、1 名文员"的配置关系较为明确,而"2 名民警、1 名文员"之间的配置关系较为模糊,但在工作上他们又存在一定的协作关系,因此,我们认为,他们之间具有"弱"配置关系。

(三)"配置"关系的主次

在实际使用过程中汉语双数量的"配置"关系有主次之分。"主次之分"主要指人、事物之间的数量"配置"存在一定的附加或附属关系,例如:

(107)他说,他已在市内买了<u>一套</u>三室一厅的商品房,一百多平方米。

(108)参加这次演习的有<u>三万七千人</u>,配备有<u>三百辆坦克</u>、近<u>六千辆摩托车</u>和战斗机等。

房屋可以没有客厅,但不可以没有卧室,因此,在房屋的整个结构中,卧室比客厅更重要,例(107)中"三室一厅"的配置关系中实际有主次之分,"室"是主要的,而"厅"是次要的。例(108)中"三万七千人"与"三百辆坦克、六千辆摩托车和战斗机"之间是一种配置关系,但这种关系中前者是主要的,后者是次要的,因为"坦克、摩托车、战斗机"是辅助军队发动进攻的。这些有主次之分的双数量在句法位置上一般不可以互换顺序,比如,不能说"一厅三室"。

有时,双数量之间的配置关系也可以无主次之分,比如,常见的"药方""食方"等,例如:

（109）此病宜温中导滞。药方:<u>新荟皮 9 克、甘草 6 克、附子 6 克、白蜜 30 克</u>。

（110）调料:<u>葱 250 克,蒜 250 克,盐 150 克,辣椒面 100 克,味精 15 克</u>。

例（109）中,这些药在整个结构中之间并没有主次之分,只有数量的多少之别,它们组配成一个"药方"。同理,例（110）中的食物没有孰重孰轻,也只有数量的差别,但是它们之间仍构成了紧密的配置关系。

本小节对这些配置关系作了详细分析,我们认为,它们既可以单独使用,又可以相互交叉使用,构成多重的配置关系。通过对汉语语料的进一步分析,我们认为,汉语双数量的"配置"关系实际还存在强弱之分、主次之分等。对双数量的"配置"关系进行了全面探讨,这对丰富汉语双数量关系的研究有重要意义。

第五节　数量范围表达式

数量存在于万事万物之中,但它们并不是孤立存在的,它们之间有着密切的关系,而最能直接明了地体现这种关系的就是"数量范围"。数量范围是人类对存在于客观事物之中的"数量"更进一步认知的结果。

自汉语语法学开创以来,汉语中有关"数量"的研究已经硕果累累,然而对与之密切相关的"数量范围"的研究却是凤毛麟角。在文献检索及查阅过程中,我们仅发现了相关的个案研究,如邢福义的《关于"从……到……"》①、

---

① 　邢福义:《关于"从……到……"》,《中国语文》1980 年第 5 期。

宋秀令的《现代汉语中的"从……到……"结构》①、李芳杰的《说"从……到……"》②、王元祥的《也谈"从……到……"结构》③、万新的《"从……到……"结构中"从""到"的词性问题》④、白荃的《论作主语的介词结构"从……到……"》⑤、李宇明的《汉语量范畴研究》⑥等对"从 X 到 Y"有做详细论述,但学者们主要集中讨论这类结构的性质问题,并未涉及"数量范围"这一概念。张志公的《现代汉语》(中)⑦、李芳杰的《说"从……到……"》⑧虽有提及了"数量范围"这一术语,但并没有深入展开。以下,本节基于汉语事实,主要探讨汉语数量范围的类型、表达形式、标记词的使用等。

一、数量范围的分类

"数量范围"指存在于客观事物中的数量的界限,它是人类认识客观事物中"数量"的有效途径之一。根据所计量的对象,可将其分为物体、空间、时间、动作等数量范围。

(一) 物体数量范围

物体数量范围表现为人或事物(包括抽象的事物)多少、大小、轻重等所显示的数量的范围。例如:

(1)它是卵生的肉食性动物,每年生 5 至 20 个蛋,孵化出幼儿后,几个月后就迅速长大了,过了 4 岁就能捕食野生的鹿和猪了。

(2)因为一般 4 到 4.5 斤茶树的芽叶才能炒出 1 斤茶叶,而熟练的采

① 宋秀令:《现代汉语中的"从……到……"结构》,《山西大学学报》1980 年第 2 期。
② 李芳杰:《说"从……到……"》,《武汉大学学报》1983 年第 1 期。
③ 王元祥:《也谈"从……到……"结构》,《贵州师范大学学报》1991 年第 3 期。
④ 万新:《"从……到……"结构中"从""到"的词性问题》,《河南师范大学学报》1995 年第 6 期。
⑤ 白荃:《论作主语的介词结构"从……到……"》,《汉语学习》1992 年第 1 期。
⑥ 李宇明:《汉语量范畴研究》,华中师范大学出版社 2000 年版,第 46 页。
⑦ 张志公:《现代汉语》(中),人民教育出版社 1982 年版,第 165 页。
⑧ 李芳杰:《说"从……到……"》,《武汉大学学报》1983 年第 1 期。

茶工平均一天也只能采摘 1 斤质量较好的芽叶,工人工资按 30 元每天算,一斤茶叶光采摘部分的人工费就需要 120 元左右,还有每斤 20 元的炒茶费。

上述例句中,"5 至 20 个""4 到 4.5 斤"分别是"蛋、芽叶(重量)"的数量范围。

(二) 空间数量范围

空间数量范围指人或事物的高矮、长短、面积、体积等,以及人或事物在空间中的位置所显示的数量的范围。例如:

(3)景区对 1.2 米以下的儿童、持证件的残疾人、老年人、现役军人实行免费政策,1.2 米到 1.4 米的儿童半价。

(4)在 2008 年下半年,商户陆续同天威物业签订了合同,一层商铺每天 12 元/平方米,个别转租的店铺租金炒到每天每平方米 13 元以上;二层的店铺每间 10 平方米到 15 平方米,每天每平方米租金 9 元左右。

(5)在百慕大三角区的东面,位于北纬 20° 至 40°,西经 35° 至 75° 的北大西洋中,有一块面积约 450 万平方千米的椭圆形海区,那里漂满了马尾藻,因此这个海区被称作马尾藻海。

上述例句中,"1.2 米到 1.4 米"是"儿童"身高所显示的数量范围;"10 平方米到 15 平方米"是"店铺"面积的数量范围;"北纬 20° 至 40°,西经 35° 至 75°"则是那片"海区"在空间位置上所显示的数量范围。

(三) 时间数量范围

时间数量范围指时间的先后、长短、快慢等所显示出的数量的范围。例如:

(6)伴随着上世纪 90 年代中期和 2005 年到 2006 年暴涨的股市,全民炒股已蔚然成风……

(7)以狗的驯化为例,美洲约在距今 14000 年至 9000 年间,伊朗约在距今 11000 年前,丹麦约在距今 6800 年左右,中国约在距今 6000 年前。

上述例句中,"2005 年到 2006 年"是时间先后所显示的数量范围;"14000 年至 9000 年"则是时间长短所显示的数量范围。

(四) 动作数量范围

动作数量范围指示动作发生的频次或频率等所显示的数量的范围。例如:

(8) 预算增加的原因主要有两个:一是宇航局计划让航天飞机重返太空并利用航天飞机进行 25 到 30 次飞行来完成国际空间站建设;二是宇航局将开始为布什提出的美宇航员重返月球计划做准备。

(9) 有时他会不知疲倦地玩上一个多小时,排十到十五遍。

上述例句中,"25 到 30 次"为"飞行"次数的数量范围;"十到十五遍"为"排"的次数范围。

二、数量范围的表现形式

汉语数量范围的表达形式十分丰富,它具有典型的对应式,还具有多种多样的标记词。

(一) 典型对应式"X 至/到 Y"

汉语数量范围较为常见的表达形式为"X 至/到 Y",X、Y 分别在范围的两端,X 是范围前项,Y 是范围后项,X、Y 在数量上不等值,二者都是数量或含有数量的结构。例如:

(10) 动作要求在规定的时间(成人 1 分 10 秒至 1 分 30 秒)内完成,在 500 厘米长的平衡木上,不断变换动作的方向……

(11) 一个巨核细胞大约产生 2 千到 4 千块碎片,这些脱落的小碎片就是血小板。

(12) 在我国云南的西双版纳密林中,生长着一种树干非常笔直的树,高约 3 米到 6 米,直径最大的也不过碗口粗,树皮褐色,较光滑,花呈淡紫色或白色,花瓣边缘皱缩,果实为隐果。

有时 X 前还出现"自、从"等介词,例如:

(13)整个赛时从八月至十月,历时两个多月。

(14)自 1405 年到 1433 年的近 30 年中,郑和率领船队七下西洋,航程 10 万余里。

数量范围有时还可以用"—""~"等符号来代替"至/到",即"X—/~Y"。例如:

(15)人的一生有三个长高的高峰期,即生下来的头半年、1—3 岁和 12 岁到 23 岁。

(16)对比下来,碳酸钙每天一片,其他的则需 2~12 片不等,服用不便不说,价格也比碳酸钙高。

但"X—/~Y"与"X 至/到 Y"使用时有区别,前者只能够表示具体的数量范围,也就是说,X、Y 不能够是模糊数量,而后者则不同,X、Y 可以是具体数量,也可以是模糊数量。

"X 至/到 Y"表示数量范围时,实际可区分为具体数量范围和模糊数量范围,前者表现为一种封闭性,后者表现为一种开放性。具体如下:

1.具体数量范围

X、Y 都是具体的数量,或含有具体数量的结构。例如:

(17)成年江豚体长为 120 厘米至 190 厘米,体重 50 公斤至 200 公斤,模样可爱。

(18)咸丰三年(1853 年)政府铸造大钱,面额价值划分十五个等级,普通制钱仍称咸丰通宝,当四的至当五十的叫咸丰重宝,当百的至当千的叫咸丰元宝,使用的材料种类也很多,有铜的、铁的、铅的,铜的里面又分为黄铜的、红铜的、紫铜的。

例(17)中,范围前项"120 厘米、50 公斤"和范围后项"190 厘米、200 公斤"都是明确的数量,其表达的数量范围较为具体。例(18)中,范围前项"当四的、当百的"与后项"当五十的、当千的"虽为"的"字结构,但该类结构中含有具体的数量,因此,其表示的数量范围也较为具体。

2. 模糊数量范围

X、Y 或有一项是模糊、未知的数量,或两项都是,以至整个数量范围较为模糊或不确定。表达模糊或不确定数量的词一般可用"几""多""数""左右""近""接近"等,或使用两个邻数叠合,而表示时间数量范围的模糊性还可在范围前或后项上加"初/初期""后期""底""上/中/下旬""末""上/中午""晚(上)""春""夏""秋""冬""前后""年代",等等。模糊数量范围实际还可分为半具体半模糊数量范围和全模糊数量范围。

半具体半模糊数量范围有两种情况:

第一,范围前项 X 所含数量是具体的,而后项 Y 所含数量是模糊的。例如:

(19)世界上最大的猴生长在非洲,名叫狒狒,它身高 <u>90 厘米到 1 米多</u>,体重达 50 多千克。

(20)历经数次更新换代,省会精装户型非常丰富,价格一般为<u>三千元到近万元</u>不等,并且大多受到了相应客户群的认可。

(21)由于笔记本电脑在配置上可以自由组合,产品售价也因配置的不同,<u>4500 元到 6500 元左右</u>不等。

(22)据路透社披露,调查人员发现,在 <u>2006 年至 2010 年末</u>,仅苏格兰皇家银行一家,就曾数百次试图操纵利率……

上述例句中,范围前项"90 厘米""三千元""4500 元""2006 年"都是较具体的,而范围后"1 米多""近万元""6500 元左右""2010 年末"都是模糊的,因此,整个"X 至/到 Y"是半具体半模糊的数量范围,整个范围往后项 Y 方向具有半开放性。

第二,范围前项 X 所含数量是模糊的,而后项 Y 所含数量是具体的。例如:

(23)在调节螺旋桨的螺距和转速时,即可调节物料的停留时间,从数秒钟到 20 分钟不等。

(24)到每年的 9 月中旬至 11 月,黑熊便开始大吃大喝,使自己长得又肥又壮,积累起一层厚厚的皮下脂肪,为冬眠贮备足够的能量。

(25)据气象部门介绍,24 日晚至 25 日 20 时,德昌县再次普降暴雨,前次重灾的茨达乡和宽裕乡此次降雨量分别达到 70.9 毫米和 38.2 毫米,另有南山乡等 3 个乡镇新发灾情。

(26)本世纪 30 年代以前,人们用显微镜观察细胞时,只能把细胞放大几百倍到 1 千倍,它所看到的结构称为细胞的显微结构。

上述例句中,范围前项"数秒钟""9 月中旬""24 日晚""几百倍"都是模糊的,而范围后项"20 分钟""11 月""25 日 20 时""1 千倍"都是较具体的,"X 至/到 Y"也是半具体半模糊的数量范围,整个范围往前项 X 方向具有半开放性。

全模糊数量范围指前项 X、后项 Y 所含数量都是模糊的。例如:

(27)它的直径从几十万米到 1 兆多米,高度一般都在 9 千米以上,个别的甚至伸展到 27 千米。

(28)其余百余座三五个到十余人的纯土法开采的小窑,日产量约六七百余吨,多供给本地铁炉及住户烧用。

(29)19 世纪末至 20 世纪初,移民主要来自意大利、奥匈帝国、沙皇俄国、爱尔兰、挪威等国。

例(27)(28)中数量范围的前项"几十万米、三五个"和后项"1 兆多、十余"所含数量皆是模糊的,整个数量范围是全开放的。时间数量范围表达模糊性的方式更为灵活,可在前项或后项上添加"末、初"等,如例(29)。

汉语中表示时间数量范围的"X 至/到 Y"实际还存在"离合"用法,"合"的用法如例(29),以下我们探讨"离"的用法。具体有以下几种情况:

第一,范围前项 X 与数量范围表达式脱离,变化为"至/到 Y",但 X 在上下文中可寻其踪。例如:

(30)自一九四一年十二月八日珍珠港事变后,同月十一日第一次下动员令起;<u>至一九四二年二月十六日</u>远征军正式动员,这两个多月期间,时而动员入缅……

（31）<u>今年以来</u>,肇庆市蔬菜生产又出现更好的势头。市里对常年面积安排为三千亩,比去年扩大五百亩,菜农是愿意种的,<u>至5月底止</u>,种植面积已达二千七百五十八亩,比去年同期净增六百二十六亩。

（32）江西省上栗县平安煤矿<u>8日下午</u>发生一起冒顶事故,<u>至9日13时</u>已知有2人遇难,3人下落不明。

上述例句中,"至一九四二年二月十六日""至5月""至9日13时"的前项实际分别是"同月十一日""今年（一月）""8日下午"。这些表达式虽与前项分离,但仍可表示一个完整的时间数量范围。

第二,范围前项 X 缺失,变化为"至/到 Y",它仍可表示一定的数量范围,但其范围的开放性较强,"至/到"前也可添加"截、截止"等。例如:

（33）车臣选举委员会主席阿尔萨哈诺夫当天宣布,<u>截至当地时间下午4时</u>,参加总统选举投票的选民已经接近选民总数的 60%。

（34）烟台中升汇迪总经理苏瑜告诉记者,<u>截止到16日中午</u>,他们共卖出展车 2 辆……

（35）据了解,<u>截止到目前</u>,"牵手爱心助学"活动共接爱心捐款 20.2274 万元。

上述例句中,"截至当地时间下午4时",范围前项 X 未知,因为文中"总统选举投票"开始的时间不明确;"截止到16日中午""截止到目前"是哪一月哪一天截止到当前时间点的,其范围前项 X 也都是未知的。尽管范围前项 X 缺失,"至/到 Y"仍可表示数量范围,只不过这种范围较为模糊。

除了上述的几种情况外,我们认为,汉语中时间数量模糊范围的表达手段还相当复杂,因为表达时间的方式不一定限于时间词,还可以借用"动作转指动作的发生时间"来表达,因此,表示时间数量范围的"X 至/到 Y"还存在许多变异形式。具体如下:

第一,范围前项 X 为时间词语,而后项 Y 借用"动作转指动作的发生时间"。例如：

（36）肖天 26 日在接受新华社记者采访时说, <u>26 日至闭幕</u>的 4 天时间里,奥运会赛场将产生最后 80 余枚金牌。

（37）<u>从 1742 年至逝世</u>的 12 年中,他完成了 4 部长篇小说:《大伟人江奈生·魏尔德传》《约瑟夫·安德鲁斯的经历》《弃儿汤姆·琼斯的历史》和《阿美丽亚》。

上述例句中,"26 日至闭幕"实指"26 日至闭幕的时间",而句中也出现了"4 天",说明闭幕的时间应为"29 日",整个数量范围应指"26 日至 29 日";"逝世"转指了"逝世的时间",其时间数量范围应为"从 1742 年至逝世的时间",句中也说明了这段时间为"12 年",因而整个范围实际可表述为"从 1742 年至 1753 年"。

第二,范围前项 X 借用"动作转指动作的发生时间",而后项 Y 为时间词语,例如：

（38）<u>从新中国成立至六十年代之前</u>,中国是粮食净出口国。

（39）而另有一系列的梦则是有关一位保姆的记忆,这是一位我<u>从吃奶时到两岁半</u>托养于她家的妇人,对这人我的记忆已是十分模糊……

上述例句中,"新中国成立"转指"新中国成立的时间",因此,"从新中国成立至六十年代之前",应指"1949 年至六十年代之前";"吃奶"转指"吃奶的某一时间点","吃奶时到两岁半"实际指"吃奶的某一时间点至两岁半"。

第三,X、Y 都借用"动作转指动作的发生时间",X、Y 后一般需要添加"时"。例如：

（40）多式联运经营人对多式联运货物的责任期间,<u>自接收货物时起至交付货物时止</u>。

（41）承运人对非集装箱装运的货物的责任期间,是指<u>从货物装上船时起至卸下船时止</u>,货物处于承运人掌管之下的全部期间。

例（40）中"接收货物"转指"接收货物的时间","交付货物"转指"交付货物的时间",那么,整个数量范围实际指"接收货物的时间至交付货物的时间"。同理,例(41)的数量范围实际表述为"从货物装上船的时间起至卸下船的时间止"。

第四,只出现范围后项 Y,Y 借用"动作转指动作的发生时间",一般也需添加"时",例如:

(42)<u>截至记者离开酒楼时</u>,大多数人已经逃离火区,仍有数十名顾客和服务员被困于酒楼的二、三楼,目前,火灾原因和伤亡人数不详。

(43)<u>至案发时</u>,王红先后为该房支付分期房款、配套设施费、装修费及家具、电器款共计人民币 53 万余元。

上述例句中,"记者离开酒楼""案发"都可转指动作行为发生的时间,但具体的时间点是未知的,"截至/至 Y 时"均为模糊的时间数量范围。

(二) 其他表现形式

汉语中也有一些隐含数量范围的词汇形式,如"底线、底价、起价、起步价"等。例如:

(44)52 英寸大平板液晶电视跌破万元大关,32 寸液晶也跌破一度被称为小屏液晶电视<u>价格底线的 3000 元</u>。

(45)17 世纪荷兰顶级画家弗美尔的一幅新发现的画作 7 日在伦敦苏富比拍卖行拍出天价:一名匿名买主经过反复竞争最终出价 1450 万英镑,获得了这幅<u>底价为 300 英镑</u>的小幅油画。

(46)拍卖师先拍卖男女步枪个人和团体的四个单项冠名权,个人项目的<u>起价是 20 万元</u>,团体项目的起价是 22 万元。

(47)可是公证手续费用为遗产数额的 2%,但"<u>起步价</u>"就是 <u>200 元</u>。

"底线"表示最低条件,最低限度,例(44)中的"价格底线的 3000 元"实际表示"3000 元或以上"。"底价""起价"表示招标、拍卖前预定的起始价钱,"起步价"表示出租车营运中的最低价格,也泛指某种商品的最低价或起始价,这些词都可表达"某个数或以上"的数量范围,如例(45)中"底价为 300 英镑"实际指"300 英镑或以上";例(46)中"起价是 20 万元"实际指"20 万元或以上";例(47)中"'起步价'就是200元"实际指"200元或以上"。这些词所隐含的范围前项X较为明确,但后项Y是未知的,因此,整个数量范围较为模糊。

汉语中还有一些句法表现形式也可以表达数量范围。如,"大于(或等于)X""小于(或等于)Y"常表达数量范围,具体使用过程中,X、Y有时包括在范围内,有时不包括在内,例如:

(48)对此,岳麓区明确要求,区直部门中人数少于等于20人的单位,可建3个以下工作群;人数大于20人小于100人的单位,可建5个以下工作群;人数大于等于100人的单位,可建10个以下工作群。

(49)商标图样必须清晰、便于粘贴,用光洁耐用的纸张印制或者用照片代替,长和宽应当不大于十厘米,不小于五厘米。

(50)中高级轿车——发动机排量大于2.5升且小于或等于4升,如"一汽"大众公司的奥迪100轿车的排量为2.501升。

(51)所谓第三级体力劳动强度的劳动,是指按体力劳动强度分级标准,劳动强度指数大于20小于25的体力劳动,也就是指8小时工作日平均耗能值为1746千卡/人,劳动时间率为73%,即净劳动时间为350分钟的劳动。

上述例句中,"大于20人小于100人"实际表示"20至100",但不包括"20、100";"不大于十厘米,不小于五厘米"表示"五厘米至十厘米",包括"五、十";"大于2.5升且小于或等于4升"表示"2.5升至4升",但不包括"2.5升";"大于20小于25"表示"20至25",但不包括"20""25"。

"上至X,下至Y"也可以表达数量范围,例如:

(52)上至八十岁老人,下至三岁小孩的受害者所出现的脱水、抽搐、昏迷的症状,令人惨不忍睹。

(53)其中,潘家园眼镜城里的太阳镜上至千元、下至几十元,能够满足您不同的消费需求。

上述例句中,"上至八十岁老人,下至三岁小孩"指"三岁至八十岁";"上至千元、下至几十元"指"几十元至千元"。

"最低/少 X,最高/多 Y"表示的数量范围实际为"X 至 Y",其也可以逆序为"最高/多 Y,最低/少 X"。例如:

(54)据介绍,北银消费金融公司贷款主要呈现以下特征:一是金额小,单笔贷款最高为 4.195 万元,最低为 600 元。

(55)2006 年,村民开始尝试"购米包地",让合作社的生产者和消费者进行对接,79 家北京市的单位和个人以最少半亩、最多 100 亩预购了南马庄合作社 31 户社员的无公害大米,市民消费者的名字被写在了"自家"田埂上的石碑上,形成消费者和生产者双方都受益的良性互动。

上述例句中,分别所指的数量范围为"600 元至 4.195 万元""半亩至 100 亩"。

"方圆"指周围的长度或面积,主要用来表达空间数量范围,常见形式为"方圆 Y",Y 实际为范围后项,而范围前项 X 通常暗指 0,所以不需要出现。例如:

(56)村民姚万才介绍:"俺村里 25 岁以上的人都会编东西,编的篓、筐、耙子、草帽等,曾经卖到周边方圆 200 公里。"

(57)张家界主峰天子山海拔 1262 米,在方圆 300 多平方公里的土地上,拥有 3000 多座石峰,一柱柱,一根根,拔地而起,倚天而立。

上述例句中,"方圆 200 公里"实际指"0 至 200 公里"的长度范围之内;"方圆 300 多平方公里"实际指"0 至 300 多平方公里"的面积范围之内。

"方圆 Y"之后有时候还可以添加"内、以内、之内"等,以表示确实在某个数量范围内。例如:

(58)爆炸产生的冲击波使方圆 30 多千米内的树木几乎全部连根拔起;冲击波形成的飓风把周围几百千米内的马匹、房屋席卷一空。

(59)半夜下夜班回家,我也不用像别人一样打开手机显示屏照亮钥匙孔,因为方圆几十厘米以内,就我门口处亮晶晶,折射路灯的光芒仿若"凿壁偷光",能见度极高。

（三）数量范围的标记词

数量范围除了具有典型的表达形式外,还有一些较为显性的标记词。这些标记词有的可以标记整个数量范围,而有的则只标记数量范围的某一端,据此,我们把数量范围标记词分为"范围双项标记词"和"范围单项标记词"。"范围双项标记词"指能同时标记数量范围前、后项的词语。"范围单项标记词"指仅标记数量范围的前项或后项的词语。二者在使用过程中存在一定的区别,前者标记的范围可具体也可模糊,而后者所标记的范围一般是模糊的。

1. 范围双项标记词

典型的范围双项标记词主要有间(年间)、之间、区间。这些词所标记的数量范围都有或隐含有范围前、后项。如下:

"间"可直接用在"年、月"后,标指一个数量范围,也可直接用于一个时间数量范围之后,确指这个数量范围。例如:

（60）<u>一九四八年间</u>,工厂约请了两位生产上的革新者,来介绍高速切削的经验。

（61）2005年两岸春节包机48班共载客1.08万人次,而<u>2005年1月至10月间</u>,两岸人员往来达365.67万人次,预计全年可达430万人次……

上述例句中,"一九四八年间"实际隐含了数量范围"一九四八年一月至十二月之间";"2005年1月至10月"是一个相对具体的数量范围,用"间"表示确认这个范围。

"间"还可用于两个朝代(一般也说"年间"),或用于两个叠合的邻数之后,标指一个数量范围,这两个数量项实际上一个是范围前项,一个是范围后项。例如:

（62）区内还有孟门夜月、斗法龟牛等景点及明代码头、同治长城、四铭寿碑亭、龙门飞渡等人文景观;有唐太宗李世民带兵征战的挂甲山,<u>宋元年间</u>的坤柔圣母殿,其结构与造型为古建筑少见。

(63)西柏林电影节原在<u>六七月间</u>举行,自 1978 年起,为了和法国戛纳国际电影节竞争,提前至<u>二三月间</u>举行。

上述例句中,"宋元年间"实际表示"宋代至元代"之间;"六七月间""二三月间"实际分别表示"六至七月间""二至三月间"。

"间"直接用于时间段后,也可以表示范围,如:

(64)据统计,1975—1985 年的 <u>10 年间</u>,全国因喝雄黄酒中毒死亡的有 330 多人。

(65)1998—2000 年,政府组织实施了"三年千万再就业培训计划"。<u>三年间</u>,累计培训下岗职工 1300 万人,其中 65%的人实现了再就业。

上述例句中,"10 年间"实际指"1975—1985 年间";"三年间"实际指"1998—2000 年"。

"之间"作为范围双项标记词,其用法比"间"更为广泛,它并不局限于时间数量范围,也可以用于其他类型的数量范围。具体如下:

它可以直接用于一个数量范围之后。例如:

(66)一般来说,我们的日工资在 <u>16—30 元之间</u>。

(67)煤粉尘是人体健康的大敌,其中直径 <u>0.5—5 微米之间</u>的飘尘对人的危害最大,它可以直接到达肺细胞而沉积,并可能进入血液布满全身。

有时"之间"也与"和""与"联合使用,表达数量范围,"和""与"前后的数量实际分别是范围前项、后项。例如:

(68)此次调整之后,2005 年人口规模由原规划 480 万人调整为 600万至 610 万人,2010 年和 2020 年规划人口规模分别控制在 <u>750 万人和900 万人之间</u>。

(69)受计算公式的限制,不论价位如何变动,强弱指标的值均在 <u>0与 100 之间</u>。

上述例句中,"750 万人和 900 万人""0 与 100"并不表示数量范围,但用"之间"后,实际分别表示"750 万至 900 万","0 至 100"。

"之间"也可直接用于两个邻数或朝代(含有"数量")之后,标指一个数量范围。例如:

(70)当<u>七八月之间</u>,皆纷纷堕于江中,不究所自来,江鱼每食之,土人谓之霞。

(71)<u>两宋之间</u>,上至宰相、尚书,下至知县、教谕,竟出了一二百人。

上述例句中,"七八月之间"表示"七至八月之间";"两宋之间"表示"北宋至南宋之间"。

"之间"还可以采用间接形式来表达数量范围,范围前后项 X、Y 都不是具体的数量,但有时可以转化为具体数量。例如:

(72)在资金筹措、保障方式、覆盖范围等很多方面有待于进一步研究和发展,许多新的问题如当前关注的农村进城务工群体的住房问题,城镇<u>最低收入和中低收入之间</u>的"夹心层"家庭的住房保障等,都是下一步重点解决的对象。

(73)最贵的贵宾慈善套票港币 2500 元,最便宜的学生和老人票只有 120 元一张。

<u>在最贵和最便宜之间</u>,还有 450、350、300 和 250 元 4 个档次。

上述例句中,"最低收入""中低收入"都不是用具体数量来表示的,但可以转化为具体数量,因此,此处用"之间",仍可表示数量范围;"最贵""最便宜"分别指"2500 元"和"120 元","最贵和最便宜之间"可表述为"120 元至2500 元"。

"区间"表"数字增减变化的一定范围"①,它可以用来标记具有动态感的数量范围。"区间"可直接用于某一数量范围之后,以确指在这个范围之内,例如:

(74)由于哈萨克斯坦共和国位于亚寒带和亚热带,铁路运输环境温

---

① 中国社会科学院语言研究所词典编辑室编:《现代汉语词典》(第七版),商务印书馆2016 年版,第 1076 页。

度在零下50℃到45℃区间。

（75）这也就是说，路距7.5公里之内收1.5元钱，7.5至10公里区间收2元钱。

上述例句中，"区间"用以确指在"零下50℃到45℃""7.5至10公里"范围之内。

"区间"有时也和"与、和"等词配合使用，标指一个数量范围。例如：

（76）假设已知在每吨钢中需加某化学元素的量在1—2千克之间，为了求得最恰当的加入量，需要在1千克与2千克这个区间中进行试验。

上例中，单独说"1千克与2千克"并不表示数量范围，但用"区间"则可以标指一个数量范围，即文中已出现的"1—2千克"。

2. 范围单项标记词

该类词只标记范围前项X或后项Y，也就是说，范围的两端或有一端是未知或不确定的，整个数量范围具有一定的模糊性。较为典型的范围单项标记词主要有"至少""至多""内""之内""之外""之上""之下""以上""以下""以内""以外"等。

"至少"表示最小的限度，它实际指"某个数量或以上"，主要用于标记范围前项，其范围可表示为"X 至/到 Y"，X 为较为具体的数量，Y 未知或不明确。"至多"表示最大的限度，指"某个数量或以下"，主要用于标记范围后项，其范围可表示"X 至/到 Y"，Y 为较为具体的数量，而 X 未知或不明确。例如：

（77）英格兰西北部港口城市曼彻斯特10日凌晨发生重大车祸，一辆面包车和3辆小汽车在一个路口相撞，造成7人死亡，至少10人受伤。

（78）与此同时，浪潮有意收购奇梦达至多50%股权的消息开始传出。

上述例句中，"至少10人"实际表示"10人或以上"，其数量范围是"10人至Y"，但Y未知；"至多50%"实际表示的数量范围为"X至50%"，前项X虽是不明确的，但通常也可默认为0，换言之，该范围为"0至50%"。

"内"主要用于标记范围后项 Y,表示在一定的数量范围之内。例如:

(79)科学家指出,即使现在立即禁止使用氯氟烃,在今后 <u>10 多年内</u> 臭氧层仍将继续减少,已经减少的臭氧层要 100 多年才能弥补过来。

(80)从远在汶川一线救灾官兵的电话中获悉急需钢橇救灾器材时, 张保香马上发动全县有关乡镇在<u>两个小时内</u>收集了 3500 根钢橇,及时发 运灾区。

上述例句中,"10 多年内"指不超过"十多年",实际可表述为"X 到十多 年";"两个小时内"指"不超过两个小时",也可表述为"X 到两个小时"。X 虽 是不明确的,但也可以默认为 0。

"之内""以内""之下""以下"主要标记范围后项 Y,其范围实际表示"X 至 Y(之内/以内/之下/以下)",Y 有数量形式,而 X 通常不明确。"之外""以 外""之上""以上"标记范围前项,其范围表示"X(之外/以外/之上/以上)至 Y",X 有数量形式,而 Y 是未知的。

"之内""以内""之下""以下"标记范围后项 Y,其表示的数量范围具有 一定的封闭性。例如:

(81)古人将两头蛇视为不祥之物,传说谁见到它,谁就会在<u>三天之 内</u>死去。

(82)纽约市场原油期货价格 21 日回落到每桶 <u>40 美元之下</u>,这对当 天的纽约股市构成支持,三大股指全线走高,道琼斯指数一度重返万点 之上。

(83)<u>58 字以内</u>叫小令,59 字至 90 字叫中调,91 字以上为长调。

(84)这就意味着今后只要是 <u>12 层以下</u>的新建住宅都将统一安装好 太阳能热水器,省去了居民自行安装的烦恼。

例(81)(82)中"三天之内""40 美元之下"其数量范围分别表示"X 至三 天""X 至 40 美元",其中 X 是未知的,但也可以理解为一个最低值 0。不过, 例(83)(84)中范围的前项 X 则一定程度上可以实现默认值,"58 字以内"实 际可表示的数量范围是"1 到 58 字","12 层以下"实际可表示"1 到 12 层",

范围前项 X 某种程度上可默认为"1",因为此处的"字"与"层"不能用非整数或 0 来计算。

"之外""以外""之上""以上"标记范围前项 X,其表示的范围具有一定的开放性,且范围后项 Y 一般难以默认为某个数量。例如:

(85)不料,聚集的阳光点着了 <u>60 米以外</u>的木材,烧熔了 39 米远处的铅条和 <u>18 米之外</u>的银丝。

(86)虽然外围股市造好,但香港恒生指数 2 日受银行股拖累走势疲软,低开后大多守在 <u>13800 点之上</u>,直至尾市期指急挫逾 200 点,与市传好友被斩仓有关,现货跟随下跌,收报 13731 点,大跌 187 点,成交 223 亿港元。

(87)这些产生了高达 <u>100 次以上</u>交通违法未处理的车辆,大多是多年没年检年审积累所致,涉及交通违法行为多为超速和闯红灯。

上述例句中,"60 米以外""18 米之外""13800 点之上""100 次以上"可分别表示为"60 米""18 米""13800 点""100 次至 Y",但范围后项"Y"难以明确,其表达的数量范围也较模糊。

3. 标记词"对"用

单个的范围单项标记词所标指的数量范围一般较为模糊,一些范围的开放性也较强,如果两个单项标记词"对"用,则可表达一个相对明确的数量范围。"对"用的情况主要有以下几种:

第一,"至少 X 至多 Y"为常见的对用形式,该类形式实际标指一个数量范围"X 到/至 Y",其表达形式也可逆序为"至多 Y 至少 X"。例如:

(88)2016 年,他创作了群口音乐快板《泉城娃赞中华》,表演人数从传统的两三人扩大到<u>至少 26 人</u>、<u>至多 56 人</u>,演奏部分融合了现代音乐元素进行编曲,配合着集体唱词,表演观赏性大大提高,迅速走红。

(89)那三大要求是:(一)加薪,<u>至多百分之五十</u>,<u>至少百分之二十</u>;(二)不准辞歇店员;(三)店东不得借故停业。

上述例句中,"至少 26 人、至多 56 人""至多百分之五十,至少百分之二十"分别表示"26 至 56 人""百分之二十至百分之五十"。

第二,"X 以上 Y 以下"也为常见对用形式,表示的数量范围为"X 到/至 Y",其表达形式也可逆序。例如:

(90)丘陵是陆地上起伏和缓、连绵不断的高地,它的海拔高度一般 <u>200 米以上</u>,<u>500 米以下</u>。

(91)<u>15 度以下 5 度以上</u>,土层厚度在 0.5 米以上的坡地,可以修建 农业水平梯田和果树台田。

上述例句中,"200 米以上,500 米以下""15 度以下 5 度以上"实际分别表 示"200 米到 500 米""5 度至 15 度"。

第三,"之上、之下"对用。"X 之上 Y 之下"所表示的数量范围"X 到/至 Y"通常不包含 X、Y,其表达形式也可逆序。例如:

(92)这款芯片主要定位于 <u>785G 之上</u>,<u>890GX 之下</u>的一款性价比十 足产品,大有取代 785G 的趋势。

(93)因为从月线看,只要收在 <u>3052 点之下、2990 点之上</u>,月线就能 出现底部特征。

上述例句中,"785G 之上,890GX 之下""3052 点之下、2990 点之上"表达 的数量范围分别为"785G 至 890GX""2990 点至 3052 点",但前者不包含 "785G、890GX",后者不包含"2990 点、3052 点"。

第四,"以内""以外"对用。"X 以外 Y 以内"也可以表示为"X 到/至 Y",但其表达形式一般不可逆序。例如:

(94)从起步区至汪洋沟的 5 公里长的雨水排放工程正在紧张施工, <u>9.8 平方公里以外 20 平方公里以内</u>地形测量已经进点……

上述例句中,"9.8 平方公里以外 20 平方公里以内"表示的数量范围是 "9.8 平方公里至 20 平方公里"。

第五,"以上""以内"对用。"X 以上 Y 以内"也可以表示"X 到/至 Y", 其表达形式也不可逆序。例如:

(95)为了打造好 10 万头商品仔猪基地,乡党委、政府对仔猪养殖户一是开展厩舍补助,凡养殖户建盖厩舍 <u>10 间以上 20 间以内</u>的,每间补助 250 元……

上例中,"10 间以上 20 间以内"表示的数量范围为"10 间至 20 间"。

4. 标记词"叠"用

汉语中一些范围标记词还可以"叠"用,而叠用并不造成表达重复或冗余,标记词叠用后仍可标指一个数量范围,并起到"强调"或"确认"范围的作用,常见的情况有:

"区间"与"内"的叠用,例如:

(96)欧佩克上周 5 个交易日的油价在每桶 <u>32.59 至 31.67 美元区间内</u>窄幅波动,总体呈现震荡下跌之势。

(97)巴克莱(Barclays Capital)周四表示,美日目前 <u>在 88.00 和 91.25 内区间</u>震荡,这一情况在 3 月底,即日本财年结束之前不会发生变化。

"区间"与"之内"的叠用,例如:

(98)有效突破则要求在未来数个交易日内,美元指数能稳定在 82.00 以上,且回调时,不再落入 <u>79.50—81.50 区间之内</u>。

"以内"与"区间"叠用,例如:

(99)在该基金任一运作周年内,当瑞和 300 份额的基金份额净值增长在 10%以内,即 <u>1.0 元至 1.1 元区间以内</u>变动时,瑞和小康份额的基金份额净值变动额是瑞和 300 份额的 1.6 倍;当瑞和 300 份额的基金份额净值增长高于 10%,即在 1.1 元之上变动时,瑞和远见份额的基金份额净值变动额是瑞和 300 份额的 1.6 倍。

"区间"与"之间"叠用,例如:

(100)目前上方压力在 81.90 附近,目前下方支撑在 81.10 附近,短线预计将在 <u>80.90—81.80 之间区间</u>震荡运行。

"间"与"区间"叠用,例如:

(101)第一个阶段:从 1 月 4 日至 1 月 19 日,在这个过程中,市场心理仍然保持强势,股指 <u>在 3150—3306 点间区间</u>运行。

"间"与"之间"的叠用,例如:

（102）周五,欧元在亚洲盘及欧元盘波动不大,整体围绕<u>在 1. 3630 与 1. 3730 之间</u>间窄幅震荡,方向不明朗。

"内"与"间""之间"的叠用,例如:

（103）中户型一般是指 <u>70m² —120m² 间内</u>的户型,由于使用的人群不同,在设计和装修上也应区别对待。

（104）PTA 进口现货市场整体交易仍显僵持,台产现货卖方意向在 970—975 美元/吨左右,买家递盘在 960—965 美元/吨,成交在 965—970 美元/吨水平进行,韩产现货<u>在 935—945 美元/吨之间内</u>展开,一单现货在 935 美元/吨附近成交。

"之间"与"以内"的叠用,例如:

（105）午睡的时间不宜过短或过长,以 <u>15 分钟至 1 个小时之间以内</u>为宜。

以上,我们虽然对数量范围的类型、表现形式,以及标记词的单用、对用及叠用等进行了深入探索,但在具体运用过程中,数量范围实际还很复杂,比如,它有时还呈现出一种动态性。客观事物本身的变化以及人们对客观事物中"数量"认知的改变等都会引起数量范围的变化,因此,它具有可扩展性。其典型的扩展形式主要有:"X 至/到 Y 乃至 Z""X 至/到 Y 甚至 Z""X 至 Y,以至 Z""X 到 Y,再到 Z"。这些形式中,Z 是对原有范围的扩展。例如:

（106）臂:<u>二臂、四臂、六臂、八臂、十臂、十二臂、十四、十六、十八、二十、至二十四</u>,如是<u>乃至</u>一百八臂、千臂、万臂、八万四千因陀罗臂。

（107）一次台风过程,降雨量一般达 <u>200—300 毫米</u>,有时<u>甚至</u>可达 1000 毫米。

（108）市里作出表率,区县教育投入比例更多,都占财政总支出的 <u>20% 至 30% 以至 40%</u>。

（109）第二次下跌始于<u>从 1993 年 5 月至 1994 年 7 月再到 1997 年 5 月</u>,相应点位从 1380 点到 325 点又涨到 1510 点。

上述例句中,"二臂、四臂、六臂、八臂、十臂、十二臂、十四、十六、十八、二十、至二十四"实际表示"二至二十四臂",而"一百八臂"等则是对该范围的扩展;"1000 毫米"是对"200—300 毫米"的扩展;"40%"是对"20%至 30%"的扩展;"再到 1997 年 5 月"是对"1993 年 5 月至 1994 年 7 月"的扩展。这些扩展实际反映了"数量范围"在具体使用过程中既有静态的一面又有动态的一面。

"数量范围"也是汉语数量范畴重要的表现形式之一,但就目前的研究情况来看,仍然较为空白,本小节对数量范围进行全面探索,可为汉语数量范畴的内涵提供更为清晰的认识。

第六节　询问数量及其他常见句法表现形式

一、询问数量的表达式

询问数量也是汉语数量范畴特殊的表现形式,比较常见的是使用询问词"几""多少""多""哪""何"等,以下逐一分析。

"几"询问数量,在汉语中使用较广,可以直接询问物体、时间、空间、动作数量等。例如:

(1)他买了几个西瓜?

(2)他几点来学校?

(3)这张桌子几米长?

(4)他去过几次西安?

上述例句中,"几"的询问方式是单用,如"几个、几点、几米、几次"。而以下则是"几"询问形式的叠用,例如:

(5)请问哪一个承包企业发生亏损后厂长赔过几千、几万?

(6)如文天祥兵败被俘,解至大都(北京),元丞相孛罗要他谈论"从盘古到今,几帝几王?"

(7)宇宙洪荒,冰川恐龙,几劫几复?

(8)上班时间是几点到几点?

"几"重叠仍可用于询问数量,但一般限于时间数量,例如:

(9)主持人:我们这个文化城预期是几几年完工?

(10)几几年哪个国家遭遇几级海啸?

上述例句的回答形式通常是年份后两位数,如"1995 年",回答"95"。

少数"几几"也可询问比例或概率,例如:

(11)申花鲁能打亚冠概率几几开啊?

"哪"和"几"连缀使用,也可以询问数量,例如:

(12)问:报志愿必知的是哪几条分数线? 答:报志愿必知的第一条线是各科类各批次录取控制分数线(简称录控线或批次线又称省控线);第二条线是院校投档分数线(简称投档线也称调档线或提档线);第三条线是学校录取最低分数线(简称校线);第四条线是专业录取最低分数线(简称专业线)。

上述例句的回答是其后的"四条分数线"。

"多少"也是十分常见的数量询问词,例如:

(13)管理人员问我:"你体重多少?"

(14)"你去年收了多少粮食?"

"多少"用于询问时间数量时,多用于询问时间段,通常不能询问时间点,例如:

(15)你跟她在一起多少年了?

(16)a. 你哪一年出生?

　　*b. 你多少年出生?

例(15)中的"多少年"指的是时间段,而例(16)b 的说法难以成立。

"多"在汉语中既可表示数量多,也可用作询问词,但"多"一般不能单独使用,通常要与形容词搭配才可以询问数量。例如:

(17)这箱苹果有多重?

（18）看着一些开败的残花，刘主席又问道："牡丹花能开<u>多长</u>时间？"

也常见"多A多B""多不多"等对叠形式，表询问数量，例如：

（19）此话很有道理，但只说出了一半，没有说这头起飞的猪能飞<u>多高多远</u>？

（20）你们这个车间里青年工人<u>多不多</u>啊？

"哪"常询问物体或时间数量，表示"要求在几个人或事物中确定其中的一个"或"什么时候"。例如：

（21）请问两种行为，<u>哪一个</u>是正常的？

（22）新世纪从<u>哪年</u>开始？

（23）如今，要分手了，她反而有些依依不舍，眼泪汪汪地说："你们<u>哪个时候</u>去我们寨子？"

"哪"的询问形式也可以复叠。例如：

（24）他是<u>哪年哪月哪天</u>去的北京？

（25）它是<u>哪年哪代</u>的？

需特别指出的是，在具体使用过程中，"哪年哪月"实际也可泛指"时间长久"。例如：

（26）我看我们还是撤诉吧，这一调解还不定调解到<u>哪年哪月</u>，我愿意在财产问题上让步。

上例中的"哪年哪月"可用"猴年马月"来替换，表义相同。

"何"的用法与"哪"相似，但是"何"通常只询问时间数量，表示"什么时候/时间"。例如：

（27）他<u>何时</u>离开的家乡？

（28）他<u>何日</u>能回来？

（29）遍地开花的"面的"始于<u>何年何月</u>？

"何年何月"也可泛指"时间长久"，例如：

（30）人的觉悟总是参差不齐的，如果必须等到每个人的觉悟提高了，才能开架售书，那要等到<u>何年何月</u>？

二、其他常见句法表现形式

汉语实际还有若干句法形式可以表达数量,如"满 A 都是 B""A 满是 B""A 布满 B""遍 A 都是 B",A、B 为可变项。具体如下:

"满 A 都是 B"表示数量多,A 通常是被用作处所的名词,B 表示 A 中所拥有的人或事物,一般也为名词。例如:

(31)但现在,只剩下光秃秃的山丘,<u>满眼都是黄沙</u>,如果村前不是有一条河,我们早就被黄沙逼得搬家了。

(32)"铁人"梁宗琪<u>满手都是伤疤</u>,有时旧伤未好又添新伤,后来,他干脆用纱布将手背全裹上。

上述例句中,"满眼都是黄沙"表示"黄沙"多;"满手都是伤疤"表示"伤疤"多。A 所拥有的 B 通常是多而单一的,而以下例句中,B 则是多而混杂的。例如:

(33)走进华鑫制药厂占地 186 亩的厂区,<u>满眼都是鲜花和绿草</u>。

(34)我喜欢在早上吃地瓜粥,但只有自己起得更早来熬粥,因为台北的早餐已经没有稀饭,连豆浆油条都快绝迹了,<u>满街都是粗糙的咖啡牛奶、汉堡包与三明治</u>。

在具体使用过程中,B 可位移到 A 前,形成"B,满 A 都是",例如:

(35)那黑乎乎的墙上贴满了画,细一看,她把<u>奖状</u>当画贴,贴得<u>满墙都是</u>,不过都被生活的烟火熏黑了。

有时,处所 A 也可多样化,形成变异式"满 A_1+满 A_2……满 A_N+都是+B",仍可表数量之多,具有夸张意味,例如:

(36)在休息的时候,你到白庙村的街上看看,客人络绎不绝,<u>满街满巷都是抄录诗歌的人</u>。

(37)一两个小时下来,人人<u>满头、满脸、满鼻孔、满嗓子都是麦芒的粉末</u>。

上述例句实际分别表示"街上到处都是抄录诗歌的人""上身到处都是麦

芒的粉末"。

"A 满是 B"也可表数量之多,例如:

(38)看到餐馆内满是黑头发、黄皮肤的同胞,令人感觉身在国内。

上例实际表示"同胞多"。

"A 布满 B"也可表数量多,通常处所 A 是单一的,而 B 可单一也可多样。例如:

(39)月球上布满了大大小小的环形山,样子有些像地球上的火山口。

(40)从照片上可以清晰地看到,水星表面布满大大小小的环形山、平原和盆地。

A、B 的句法位置也可互换,仍表数量之多,例如:

(41)乌云布满天空,臃肿的云片微微移动,好似压在韩云程的心上,叫他喘不过气来。

上例中"乌云布满天空"也可表述为"天空布满乌云",都表示天空中"乌云"数量之多。

"遍 A 都是 B"也表数量多,例如:

(42)可以说,莫斯科遍地都是这种不挂牌的黑出租车。

上例表示"到处都是不挂牌的黑出租车"。

有时与"满"搭配形成"满 A_1 遍 A_2 都是 B",例如:

(43)现时的中国都市,满街遍市都是"精品店",令人目不暇接。

B 也可位移到 A 前,形成"B,遍 A 都是",仍表数量多,例如:

(44)贵阳的书店多,尤其是集体和私营的小书店可谓遍街都是。

汉语表达数量还可以用"……多得多/多多""多得(的)是/有的是……""……挂零/有零""好几……""N/n + 名词/量词""…… 等/等等 + 多/许多……""……之+形容词",以及"许多、好多、好些、很多"等的重叠形式。具体如下:

"……多得多/多多""多得(的)是/有的是……"都表示数量很多,"多得

多、多多"通常位于所关涉的事物之后,例如:

(45)据调查,全世界油页岩的储量要比煤、石油或天然气<u>多得多</u>。

(46)今年春节联欢晚会小品《聪明丈夫》经典之言<u>多多</u>,我们认为,其中黄宏的一句"本来人的眼睛是黑的,心是红的;但是眼一红,心就黑了"……

而"多得(的)是""有的是"可前可后,例如:

(47)小报、杂志上这类<u>文章多得是</u>,但你可能就找不到心目中的正题。

(48)在诺曼底的土地上,<u>多的是博物馆</u>,光是登陆的海滩,就有博物馆和纪念地 20 多处。

(49)他淡淡地说:"没什么想法。我是他们的儿子,他们不出钱谁出钱?反正我们家<u>有的是钱</u>。"

(50)其实花衣服<u>有的是</u>,多的七八件,少的也有三四件。

"挂/有零"常用于数量之后,表示"整数外还有零数",例如:

(51)<u>四十挂零</u>,一脸沧桑,一看便知是个爽直的人。

"好几"可表示数量多,在汉语中使用频率极高,北京大学 CCL 现代汉语语料库中共有 80697 例。该形式主要用在数词或量词之前,少数在名词之前,例如:

(52)中药喝了半年,花了<u>好几千</u>,喝得胃疼,皮肤还变得暗黄无光。

(53)这期间,有两名外国专家爬上炉顶,调了<u>好几次</u>,都未能见效。

(54)一下子,<u>好几人</u>举手要求发言。

上述例句中,"好几千、好几次、好几人"分别表示"钱数多、次数多、人数多"。

"好几"也可以叠用,例如:

(55)为这件事,我想了<u>好几天</u>,<u>好几个晚上</u>,但是都得不着要领。

"好几"还可以用于年龄之后,暗指年龄大,例如:

(56)说来也巧,这醉马画会里的男士个个是单身,都<u>二十好几</u>了还没成亲。

"N"(number 的缩写)本是未知的数,可指任一数字,但在人们的认知过程中,其逐渐被默认为最大的数值,进而隐喻出"数量很多",其可以直接修饰量词或名词,形成"N/n+名词/量词"结构,例如:

(57)每张地图上都有 N 处的不同,但是夜色的黑雾让玩家们的视角有了限制,而不是一览无遗地轻松寻找了。

(58)引来 N 人围观……原来这男生一直也喜欢我。

上述例句中,"N 处、N 人"分别表示"很多处、许多人"。

"N 多"也表示"很多",例如:

(59)B 站十周年了,混了那么久,看了 N 多番剧的你,还不知道这些日本动画制作公司?

"N 次方"本指"一个数(大于 1)自乘 N 次的结果",近几年成为网络流行语,也可表示数量多而无限。例如:

(60)在阿姨的影响下,很多社会爱心人士纷纷加入到爱心传承队伍中来,沿袭着这份美好的大爱,让山区的孩子们在大山深处能感受阳光照在身上暖暖的感觉,阿姨的"爱"变成"爱"的 N 次方,传播到各个角落。

(61)科普教育的"N 次方"。

例(60)实际指"爱"的动作量无穷无尽;例(61)实际指各种各样的"科普教育"层出不穷。

汉语中"等、等等"虽表列举,但实际隐含了数量之"多",在其后添加"多种、多类、许多"等,形成"……等/等等+多/许多……",表达数量意义更为明确,例如:

(62)太阳能电池分硅电池、硫化镉电池、碲化镉电池和砷化镓电池等多种。

(63)这套装置可速冻豌豆、蒜薹、青椒、草莓、葡萄、虾仁、佳肴成品等多类食品。

（64）中法正在实施的科技合作项目有近700个，涉及空间、航天、核能、交通、航空、农业、洁净煤和风能发电等等许多领域。

"……之+形容词"也可表示数量多或少，常见的用法有"之少、之大、之长、之短、之多"等。例如：

（65）10月份，江西全省平均雨量仅4毫米，雨量之少，为有气象记录以来第2位（仅次于1979年同期）。

（66）其数据量之大，足以用来进行严格意义上的统计学分析，成为世界各国同行争相研究的宝贵资料。

（67）最东边的车辙最深，共清理出3层淤土，可见此路使用时间之长。

（68）"世界之窗"从破土动工到开园仅用了1年11个月时间，工程时间之短令外国行家惊讶。

"之少""之大""之长""之短"与单独使用"少""大""长""短"实际存在区别，前者实际隐含主观量大或小的意味。

"许多""好多""好些""很多"本身表数量多，而重叠后则表示数量更多。例如：

（69）因此，薛培森也就有了许多许多的海外朋友。

（70）他们拔了好多好多草，放在畦边上，不多会儿工夫草都打蔫了。

（71）其他的内容小编就不一一透露了，其实好些好些内容小编也不知道呢。

（72）我知道NBA有些球员有很多很多车，甚至收藏车。

有时，"许多""好多""很多"的重叠并非只限于两项，也有三项或以上的，例如：

（73）我们已经收到许多许多许多热心玩家的来信，给我们提出了很多很好的建议和意见。

（74）绝迹舞台好多好多好多好多好多年，能够再现江湖，我很欣慰……

（75）而其实,玩家的最大梦想,不是停留在一个饭店的发展,所希望的是扩大经营,开建<u>很多很多很多</u>……的分店,成就自己美食大亨的夙愿。

"许多""好多""很多"多次叠用,表达的数量实际具有夸张的意味。

第四章 汉语数词去范畴化
现象考探

传统范畴研究以静态描写为主，较少关注范畴的动态性，这也是当前语言范畴研究的缺陷。我们认为，要建立一个范畴应把静态描写与动态考察结合起来，考察范畴动态性对于范畴的建立也至关重要，同时它也是对范畴静态描写的一种验证。本书第二、三章侧重于构建汉语数量范畴，而第四至七章将着重分析汉语数量范畴的去范畴化现象。

数词虽是数量范畴最为典型的成员之一，但在汉语词类系统中它始终居于次要地位，与名、动、形等典型词类相比，在以往的研究中，其关注度并不高。以往对数词的研究主要集中于数词的分类及零散的个案分析。上述研究虽然使我们进一步认识到数词在汉语词类系统中的重要性，但值得注意的是，这些研究都是以范畴的静态描写为基础，显然对数词的动态性关注不够，可以说，这方面的研究还较为空白。鉴于此，本章将以去范畴化视角来重新审视数词词类，主要考察以下几个方面的问题：一是数词句法特征的丧失与扩展；二是数词语义的丧失、转指、抽象泛化；三是数词语篇功能的扩展；四是数词功能扩展与范畴转移。

根据范畴的属性特征，一个原型意义上的数词应具备以下几个特征：从语义上看，它具有"数量意义"，即数目义或次序义；从句法分布特征上看，它不单独充当句法成分，主要分布于定语位置（或称修饰语），相关研究见黄伯荣和廖序东的《现代汉语》(下)①;语义功能上,它一般没有指代功能,"无论对名词还是动词都没有指代功能,都是普通的一种修饰性成分"②,也不具有陈述功能;语篇功能上,其语篇能力较弱,更不具有篇章回指功能。据此,我们认为数词去范畴化的过程实际就是数词逐渐丧失这些原型特征的过程。

第一节　数词句法功能的丧失与扩展

语言去范畴化在外在形式上主要表现为范畴典型的句法分布特征丧失,"范畴之间的对立中性化"③。在汉语中,数词的句法特征单一,主要分布于定语位置,而在定语位置通常需要与量词配合使用。因此,我们认为数词的去范畴化主要表现为"去定语(或者修饰语)化"。而通过实际考察,数词可在句中直接充当状语、主语、宾语等成分,或由修饰语变为中心语。

一、数词充当状语

数词充当状语是数词去范畴化过程中较为显著的特征之一,在句中它可直接修饰形容词、动词或动词性短语,其数词本义不同程度丧失。例如:

(1)<u>一打听</u>,原来都是"候鸟型"新客人开办的。

(2)然而唯独没有正宗的茶类液体饮料商品问世,可谓"<u>千呼万唤</u>不出来"。

(3)中国的国家级经济技术开发区天津开发区秉持"循环经济"理念,正努力实现区内废物的"<u>零</u>"排放。

(4)举手表决,58名代表,<u>百分之百</u>支持,并一致建议:把全部设备的订购、安装、调试都承揽下来,这样既节省了投资,又锻炼了队伍。

---

① 黄伯荣、廖序东:《现代汉语》(下),高等教育出版社2007年版,第14—15页。

② 石毓智:《语法化的动因与机制》,北京大学出版社2006年版,第207页。

③ 刘正光:《语言非范畴化——语言范畴化理论的重要组成部分》,上海外语教育出版社2006年版,第64页。

（5）我确定的是，我是<u>百分之百干净</u>的。

（6）庞龙想了想，道："老实不行啊，老这么风平浪静，咱不得失业，你告诉内线，让他激激姓张的，给咱惹点事。都这么<u>四平八稳</u>的，我都要打瞌睡了。"

数词做状语时，其计量意义受到磨损，本义也丧失，因此，不可被其他数词替换。如例（1）"一打听"不能说"二打听"或"三打听"，这里的"一"作为状语并非表示"一次"，而表"瞬时"。例（2）—（4）中的"千、万、零、百分之百"这些数词直接做状语，泛指动作强度的高低，其本义基本消失，也不具有可替换性。数词直接修饰形容词，泛指"程度"的高低，其本义也丢失，如例（5）、（6）中"百分之百、四、八"这些数词表示"程度"高，不再表数量意义。

这类去范畴化现象在词汇层面上也有一定的遗留痕迹，如"百出""四起""四散""危机四伏""四顾""多谢""多亏""三思""万恶""万全""万幸""万难""万不得已"，这些词语中的数词实际已经以状语性成分"并入（incorporation）"①到了动词或形容词，其数词本义不同程度丧失，大部分已经词汇化，也有少部分虚化，如"多亏"是副词，"多"已经彻底丧失了数量意义。

二、数词充当主语、宾语

数词在句中可直接充当主语、宾语，这一现象是数词去范畴化过程中的另一种外在表现。例如：

（7）出现这种情况的可能性<u>有二</u>，<u>一</u>是追风盘盲目追捧，二是社保基金非常看好燕京啤酒的发展前景。

（8）他们就实行买一送一，甚至<u>买一送二</u>，亏损部分由县财政补贴。

例（7）中"二"充当"有"的宾语，实际表示"两种"，"一"充当主语，实际表示"第一种"。例（8）中"一""二"实际分别充当"买""送"的宾语，而二者也

---

① Baker，M. C. Incorporation：A Theory of Grammatical Function Changing. Chicago：Chicago University Press，1988，p. 24.

具有了指称意义,指代物品。

该类现象也有来自词汇层面的去范畴化痕迹,如"三不知""吆五喝六""接二连三""统一""无几",从结构上来看,这些数词"三""五""六""二""一""几"实际分别以主语或宾语形式融入了动词,其数词本义也不同程度丧失。这种去范畴化现象的痕迹还可见于一些惯用语中,如"有一说一,有二说二",该类结构中的"一、二"数词本义已丧失,并以宾语成分并入动词,整个结构的语义已经被重新整合,泛指"有什么说什么"。

三、数词由修饰语变为中心语

在句法结构中,数词始终遵循着汉语的"修饰语+中心语"的普遍规则①。而数词由修饰语变为中心语,则是数词去范畴化过程中的另一种外在表现。这种去范畴化现象可见于"名+数"形式,该类结构实际是"名词修饰数词"。例如:

(9)理由一,刘与被告签的合同是经双方签字盖章,并经南通市公证处公证的;理由二,薛窑大桥断车,刘是在无奈情况下走的二案——江防——碾砣港——五接——平潮至南通;理由三,审批表上从二案到薛窑有几条路线,其中有条路线不仅经过江防、碾砣港,而且经过薛窑,并且交通局陆运管理科副科长严志华,也反映过合同所涉及的路线并不违反审批的路线。

(10)《中国工业报》曾采用模块式形式对某种工业品的价格战进行报道,事件单元里写的是一年多时间里发生的同类事件一、事件二、事件三。

例(9)中"理由一、理由二"实际表示"理由的第一、二种"。例(10)中"事件一、事件二、事件三",实际也是"事件"修饰"一、二、三",表示"事件的第一种、事件的第二种、事件的第三种"。在"名+数"这种结构中,我们认为这些数

---

① 石毓智:《语法化的动因与机制》,北京大学出版社 2006 年版,第 207 页。

词也具有了指称功能。

这种去范畴化现象被进一步证实还可见于"名+之+数"形式,"之"相当于"的"。例如:

（11）<u>成果之二</u>是缅甸承办了首届柬埔寨、老挝、缅甸和泰国 4 国经济合作战略峰会。

（12）<u>不良习惯之二</u>,是用开水或汤泡饭吃,甚至一边吃饭一边喝大量的开水。

（13）<u>原因之二</u>是它的水是咸的,和海水差不多,而且里面生存的生物也和海洋中的差不多。

例（11）中"成果之二"实际表示"成果的第二种",也可以说成"成果二"。同理,例（12）中"不良习惯之二"表示"不良习惯的第二种",也可以说成"不良习惯二";例（13）中"原因之二"表示"原因的第二种",也可以说成"原因二"。在该类结构中,数词实际也被赋予了指称功能,"二"实际指代"第二种（成果/不良习惯/原因）"。

第二节　数词语义内涵的变化

语义内涵变化指语言单位概念内涵的增加或减少,是语言去范畴化过程中的一种内在体现,通常表现为语义抽象与泛化,但实际情况并非完全如此,语义的丧失或转指也能导致范畴的转移,比如,在语言中不乏一些以词尾或词缀形式存在的黏附语素,这些语素一定程度上丧失了原有语义,是去范畴化的产物。而从某种程度上来说,"转指"就是"旧瓶装新酒",即旧的形式被赋予新的意义,但所谓的"新意义",实际就是新范畴的象征。因此,我们认为数词去范畴化过程中语义内涵的变化实际也表现为语义的丧失、转指、抽象泛化。

一、数词语义的丧失

数词的本义经过长久的使用,受到磨损,以致丧失,我们认为这种磨损主要有两种情况：

第一，来自表层结构的磨损，即数词直接与其他词类组合，并在长期的使用过程中逐渐凝固，进而词汇化或语法化，最终导致其数量意义丢失。例如：

（1）南北朝时有斗鸡、打毯，唐朝时有<u>秋千</u>和拔河，甚至称清明为秋千节。

（2）邓曾告知，"左岸"出过一套"<u>千纸鹤</u>"系列丛书，在全国书市上创下了销量新纪录。

（3）杜拉拉没有花花肠子，没有<u>八卦</u>同事绯闻的嗜好。

例（1）（2）中"秋千""千纸鹤"在产生之初，数词"千"都有具体数量所指，但历经长久的使用，其本义已经消失殆尽。"八卦"原指"乾、坤、巽、兑、艮、震、离、坎"八种基本图形，而例（3）中"八"的数量意义完全消失，这里的"八卦"指制造或传播流言蜚语①，这类现象在汉语中还有许多，如"百姓""老百姓""百灵鸟""万金油""百合""六甲（怀孕）""千张（一种薄的豆腐干片）""九泉""九州""一早""一清早""千金（女儿）"等。又如一些形容词或副词"一样""一切""一味""一律""一概""一时""一道""一同""一路""一旦""一面""一边""一头""一下子"等，这些"一"实际丧失了数词本义。我们认为，词汇化或语法化过程中数词语义的丧失是较为直接的。

第二，来自深层结构的磨损。有时，一些数词并不是来自表层数量结构，而是来自深层数量结构，它被"多重深层结构"过滤后，数量意义不断磨损，以致最终丧失。例如：

（4）<u>四川</u>是个很美的地方。

（5）<u>六盘水</u>市的各级领导更把希望工程看作是一座桥。

例（4）"四川"中的"四"原指"川峡四路"，即"益州路、利州路、梓州路和夔州路"，四川是"川峡四路"缩略而得名，因此，"四"这个数词实际经历了两种结构的过滤："益州路、利州路、梓州路和夔州路"→"川峡四路"（缩略）→

---

① 李国正：《古词新用说"八卦"》，《语文建设》2004年第Z1期。

四川(逆序并词汇化)。所以,"四川"这个词不是说"四个川"。同理,例(5)中"六盘水"取"六枝、盘县、水城"三个县的头一字而得名,"六盘水"中的"六"也已经去范畴化,其数量意义消失,"六"实际也经历了多重深层结构的长期磨损:六枝(初为一种数量组合)→六枝(专有名)→"六枝、盘县、水城"(缩略)→六盘水(词汇化)。

事实上,汉语大部分地名中的数词一般不再表示数量意义,例如:"三亚市""三原县""三明市""四会市""四平市""五台山""五常市""六安市""八达岭""八宿县""九曲""九寨沟""九江""百色市""万宁市",等等。

此外,还有一些数词虽处于定语位置,但并非拥有计量功能,其数量意义实际丧失,而演变出一种属性义,这种现象实际也是数词去范畴化的表现。请看下列例句:

(6)为此,厂里提出了"理解、支持、同情、尊重、爱护"的"十字方针"。

(7)这里是亚洲文化"十字路口",千年的茶马古道与南方丝绸之路在此交会。

(8)该木马"偷盗"目标囊括了 MSN 邮箱、163 邮箱、sina 邮箱、tom 邮箱、cityyouth 邮箱、chinamail 邮箱等常见邮箱,偷盗成功后,利用这些邮箱进行病毒传播,并连接远程地址,下载大量其他木马病毒。

例(6)中"十"具有计量功能,指"理解、支持、同情、尊重、爱护"这十个字;而例(7)中"十字"并非指"十个字",而是取"十"之形状,非"十"的本义用法,不具有计量功能,"十"做定语只表示"路口"的性状特征。同理,例(8)中"163 邮箱"不是说"163 个邮箱","163"已不具有数量意义,只表"邮箱"的属性,类似的还有"126 邮箱、139 邮箱"等。

二、数词语义的转指

数词丧失本义的同时通过转喻衍生出某种新的意义,形成"语义转指"。"转指"实际是数词的外在形式被赋予新的、更为抽象的意义,而并非具体的

数量意义,但前后两者之间表现为一种"相关性"。例如:

(9)1989 年"六一"期间,这出剧应邀在北京演出,笔者随团去采访。

(10)说起来也怪,6 月 6 日,按迷信说法,应该是"六六顺"的日子;据说,查皇历,此日可远行。

(11)于是,他真像一个二百五那样傻呵呵地笑着,愉快地眨着眼睛,说道:"你们聊得真热闹呀。"

(12)港产片中就常见到剧中人骂:"你这八婆……"这骂语中的"八",就是三八的省略。

(13)不得不说,我这闺密老乡虽然平时看上去很二,在对工作这件事上的确很专一。

例(9)中的"六一"通过时间相关性转指"儿童节",此类数词还有"五一(国际劳动节)、十一(国庆节)、七一(建党节)、八一(建军节)、五四(青年节)"等。例(10)中"六六"通过谐音转指"顺利"的意思,汉语中类似的情况还有许多,如"四"通过谐音转指"死","八"通过谐音转指"发达"。例(11)至(13)中的"二百五""三八""二"均为詈语,转指"傻、蠢"等意义,这些数词的数量意义实际已经丧失。汉语中类似的还有"小三、小四"等。

三、数词语义的抽象泛化

数词的计量功能受到磨损,其语义也不断弱化、抽象化,并泛指出新的意义。语义的抽象泛化实际是建立在旧意义上的一种抽象的泛指,是"概念细节逐渐减少到只剩下语义核的过程"[1]。郭攀认为,"较大的数目性表达形式,表示'多'类状态义的频率较高""较小的数目性表达形式,表示'少'类状态义的频率较高"[2]。由此可见,汉语数词语义的抽象泛化可归纳为以下两种情况:

---

① 刘正光:《语言非范畴化——语言范畴化理论的重要组成部分》,上海外语教育出版社 2006 年版,第 115 页。

② 郭攀:《汉语涉数问题研究》,中华书局 2004 年版,第 158 页。

（一）泛指"多"

数词"三"及其倍数"六、九"等都可以泛指"多"义，这一用法在汉语中较为常见。数词"三"可以直接泛指"多"，其本义实际丧失。例如：

（14）实际上，以明清而论，仅从朱元璋到乾隆皇帝，野史、笔记记载的，他们的非常戏剧化的生动故事，敢说<u>三天三夜</u>也讲不完，如搬上银幕，绝对好看。

（15）但当记者向下关二实小查证网帖所反映情况的真实性时，校长办公室却"<u>一问三不知</u>"。

（16）小老头道："<u>举一反三</u>，孺子果然可教！"

（17）小酒馆里更是热闹，<u>三教九流</u>，在这里聚首碰头。

（18）她发乎本能地嗤之以鼻，无法苟同男人<u>三妻四妾</u>。

（19）目前生产企业是非常多的，可以<u>货比三家</u>，最后确定在谁那儿买。

上述例句中的"三"均抽象泛指"多"。例（14）中的"三天三夜"并非三天加三夜的时间，而泛指时间久，是一种夸张说法；例（15）中的"三不知"表示什么都不知道；例（16）中的"举一反三"表示"从一件事情类推而知道若干事情"；例（17）中的"三教九流"泛指江湖上各种各样的人；例（18）中的"三妻四妾"表示妻、妾之多，而"三、四"都泛指"多"；例（19）中的"三家"指"多家"的意思。再如"再三""一而再再而三"表示"多次"，其中的"三"实际也泛指"多"。

"六""九"等都是数词"三"的倍数，也可以泛指"多"义。例如：

（20）杨先农想不通，责骂他<u>六亲</u>不认。

（21）他眼观<u>六路</u>，耳听八方。

（22）全联盟得分王艾弗森的缺阵让 76 人队始终处于"<u>六神无主</u>"的状态，整场比赛失误多达 23 次，而对手只有 8 次，惨败在情理之中。

（23）草库伦建设、畜疫防治、畜种改良等措施为<u>六畜</u>兴旺创造了有利条件。

(24)建设者不是苦行僧,他们也有<u>七情六欲</u>,儿女情长。

(25)他一股脑儿抛在<u>九霄</u>云外,自认是潇洒,但到头来终是乐极生悲。

(26)他这一得暴病,大概是<u>九死</u>一生。

例(20)中的"六亲"泛指各个亲属,本义指"父、母、兄、弟、妻、子";例(21)中的"六路"泛指周围、各个方面,本义指"上、下、前、后、左、右";例(22)中的"六神"泛指心神,本义指"心、肺、肝、肾、脾、胆六脏之神";例(23)中的"六畜"泛指各种家畜、家禽,本义指"猪、牛、羊、马、鸡、狗"。同理,例(24)中"六欲"泛指"各种欲望";例(25)中"九霄"指天空的最高处,比喻极高和极远的地方;例(26)中"九死"表示经历的劫难多。

"七"可以泛指"多"义。例如:

(27)街道两旁建筑被霓虹灯装饰,夜晚则是<u>七彩</u>纷呈。

(28)谷内到处是<u>横七竖八</u>的动物尸体。

例(27)(28)中的"七"非数词本义用法,而是泛指"多"。"七彩"泛指很多种色彩,本义为"红、橙、黄、绿、蓝、靛、紫"七种颜色;而"横七竖八"则表示多而杂乱。

"五"与"十"也可以泛指"多"义。例如:

(29)城市中的霓虹灯广告更是<u>五颜六色</u>。

(30)开幕的刹那间,<u>五彩缤纷</u>的气球和焰火升向高空,响起了一片欢呼。

(31)当水珠飞溅时,甲藻中的荧光酵素被氧化,就发出<u>五光十色</u>的"火花"来。

(32)生活用品上,化学物质更是<u>五花八门</u>,不胜枚举。

(33)它们又以产地命名,浙江的青田石和福建的寿山石,早已蜚声<u>五洲</u>。

(34)当然,他的良心非常不安——他还不是一个<u>十恶不赦</u>的坏蛋!

例(29)—(34)中的"五""十"并非数词本义用法,而被抽象泛指量"多","五颜六色""五彩缤纷""五光十色""五花八门"泛指事物颜色或花样繁多,"五洲"泛指世界各地;"十恶不赦"指"罪大恶极,不可饶恕"。

空间范畴下的一些数词诸如"四""八"等可泛指"多"义,表示"各"的意思。例如:

(35)最后,起义因寡不敌众而失败,但黄兴的威名却远扬四方。

(36)家徒四壁,八面来风,捉襟见肘,可他还请客,从蜂箱里掏出蜂蜜来请我们吃。

(37)小皇后豫剧团美名传扬,附近四邻八乡的人都请他们去演戏。

(38)12个孩子的真弹真唱技惊四座,轻松点燃了现场气氛。

例(35)至(38)中的数词"四""八"实际被抽象泛指"各或多"的意思,"四方、四壁、八面"表示各个方向,"四邻八乡"泛指附近的各个邻居,"四座"泛指在座的所有人。此类词还有"四周""四野""四边""四围""四出""四处""四近""四面""四下里""八方"等。

"百""千""万"常泛指"多"义。例如:

(39)上海市青联的一位负责人表示,上海允许、鼓励外籍人士参选"上海十大杰出青年",这是上海体现"海纳百川"城市精神的表现。

(40)巨额制度租金,任由千夫所指,仍无无疾而终之征兆。

(41)关于它,能说的人家都说尽了,能写的人家都写尽了,而且,它原来是以种植葡萄出名的,现在葡萄的生产已是一落千丈了。

(42)中国残疾人艺术团将在28日的残奥会闭幕式上奉献6分钟的精彩演出,共有3个文艺表演节目,其中包括在原《千手观音》基础上重新创作的舞蹈《我的梦》。

(43)她揩干眼睛,变得和先前一样,面色苍白,万念俱灰。

上述例句中的"百""千""万"并非数词本义的用法,而是泛指多或程度高,再如"百官""百叶窗""百宝箱""百业俱兴""百口莫辩""流芳百世""千锤百炼""百毒不侵""包治百病""世间百态""千军万马""千古""万机""万籁""万花筒""万象""万众""万水千山""惊恐万状""家和万事兴""万人迷"中的"百""千""万"均泛指量"多"。

数词"百""千""万"重叠仍可以泛指"多"义,例如:

(44)少见的占卜,还包括了北欧符文,这能占卜还能直接把图形彩绘在身上,占卜算命的方式百百款,有的靠机率,有的靠感应,哪种算法准确?

(45)剧中主角于宝珍,不单单是沂蒙红嫂王换于的化身,而且是无数个沂蒙红嫂的集合体,是千千个沂蒙红嫂的化身、缩影。

(46)路有万万条,你们就是领路人。

上述例句中,"百百款""千千个""万万条"实际分别指"很多款""很多个""很多条"的意思。

"百""千""万"重叠后还可以连缀泛指"多",例如:

(47)庞大的市场世界里,商品万万千千,卖东西要收回本钱,买东西要给钱,天经地义。

(48)他们只是千千万万个为了雅典奥运会开幕式顺利举行的无名英雄之一。

(49)于是老人慢慢地讲开了一个美丽动人的故事:原来当年,船场,就是现在的吉林的江上,全是千千百百的渔户和猎人。

上述例句中,"万万千千""千千万万""千千百百"分别表示"多种/个/户",具有夸张意味。

"百""千""万""亿"也可以叠合泛指"多"义,例如:

(50)大星象征中国共产党,小星象征广大人民,表示亿万人民团结在中国共产党周围。

(51)奥运冠军只有一个,但幸福属于千万人。

(52)谈起那段石油生活,陈宇光感慨万千。

(53)千百年来,它们悄悄地帮助人类杀灭害虫,保护庄稼。

上述例句中,"亿万、千万、万千、千百"均表示量"多"。

除了"百、千、万"外，"五、六、七、八、九、十"重叠后也可以连缀泛指量"多"，例如：

（54）因此当我们坐到银幕前时，就算没有对全部内容了然于胸，也至少知晓了个<u>五五六六</u>，剧情的大悬念已不复存在。

（55）<u>七七八八</u>开了一堆药，听得晓荣和我简直是绝望。

（56）你不说，我也猜个<u>八八九九</u>。

（57）截至 2017 年 6 月，广深港高速铁路（香港段）工程已经完成得<u>九九十十</u>，下年度第三季通车技术上应没问题。

上述例句中，"五五六六""七七八八""八八九九""九九十十"实际泛指"多"或"达到一定程度"。

此外，数词也可以连缀成一些格式泛指"多"义："三……五……"泛指次数多，如"三令五申"；"四……八……"泛指多或程度高，如"四面八方、四平八稳、四通八达、四邻八乡"；"七……八……"泛指多或多而杂乱，如"七扭八歪、七弯八拐、七零八落、七嘴八舌、七拼八凑、七手八脚、七长八短、七上八下、七折八扣"；"千……百……""千……万……"也可以泛指多或程度高，如"千疮百孔、千锤百炼、千方百计、千奇百怪、千姿百态、千变万化、千丝万缕、千家万户、千难万险、千真万确"等。

（二）泛指"少"

数词泛指"少"义，主要见于一些小数目的用法，通常有"一""二（两）""三""半"等。例如：

（58）我也写过几篇评论，对评论家的辛劳与苦衷略知<u>一二</u>。

（59）而他们夫妻两地分居 15 年，其中的悲欢酸甜，又岂能<u>三言两语</u>道清。

（60）看起来，作案的歹徒对三新公司情况是<u>一知半解</u>。

例（58）中，"一二"并非指数词"一"和"二"，实际泛指"一点点"。例（59）（60）中的"三""两""一""半"也表示"少"的意思。

"两"也可以单独泛指"少"义,相当于"几",类似英语中的"a few"①,例如:

(61)a. 他喝了两杯酒就醉了。

    b. 他没喝两杯酒就醉了。②

例(61)a 中"两"是实实在在的数词,这里可用"一""三"等其他数词替换,而例(61)b 中"两"并非数词本义用法,而泛指"少"义,不能被其他数词替换,但可被"几"替换,表达意义基本一样,如"他没喝几杯酒就醉了"。

此外,"两""三""五"的重叠连缀也可以泛指"少"义,例如:

(62)踏上站台,等车的人两两三三或身单影只错落分布于站台之上。

(63)当天下午,记者驱车 100 公里赶到永登县河桥镇,20 辆窜街至连城的客车停在镇政府大门两侧,司机们三三两两聚在一起,无奈地站在马路上。

(64)薄雾晨曦之中,各路人马从四面八方陆续来到,三三五五徐步走来的是周边农村的农民。

上述例句中,"两两三三""三三两两""三三五五"均表示"零散、少"之义。

（三）其他泛指情况

有时,数词并不一定泛指"多"或"少"义,而泛指其他意义,比如,"二、两"还可以泛指"别的;不同"的意思。例如:

(65)关幼波二话没说,提包便出。

(66)结果,妻子以为他有二心,气得要命,和他冷战了很久。

(67)区少体校为 9 到 12 岁孩子办的,与普通学校没有什么两样。

---

① 蔡维天:《"一、二、三"》,《语言学论丛》2002 年第 26 辑。
② 蔡维天:《"一、二、三"》,《语言学论丛》2002 年第 26 辑。

170

（68）第二天,我三心二意地去上了第一课——世界文学。

上述例句中,"二话"指"别的话"或"不同意见";"二心"指"不忠实的念头"或"异心";"两样"表示"不一样,不同";"三心二意"表示"犹豫不决定"或"不专心",而"二意"实际指"别的意图"。

第三节　数词语篇功能的扩展

数词并不能够指称现实的客观事物,它不具有指称意义①,其语篇能力较弱。因此,数词去范畴化过程中另一种内在的表现则是语篇功能的扩展。以下,有关数词语篇功能扩展,我们主要讨论这两种形式:"NP 之一"和"NP+之+数词"。

一、"NP 之一"中数词"一"的回指功能

NP 一般为名词或名词性短语,从句法构造上看,数词"一"居于中心语位置,"NP"为修饰语,"NP 之一"实际可表示"NP 中的一个或一种",处于中心语位置的数词实际也具有了指称功能,且有具体所指,与另一种形式"NP+之+数词"相比,"NP 之+一"一般不具有序列性,因此,数词"一"不具有可替换性。例如:

（1）<u>大兴安岭</u>是我国东北部的著名山脉,也是我国<u>最重要的林业基地之一</u>。

例（1）中的"一"处于宾语位置,已经具有指称功能,且不可被其他数词"二""三""四"等替换,"一"实际可回指"大兴安岭",因此,这里的数词"一"发生了去范畴化。

数词"一"以指称的形式出现在语篇结构中,是数词去范畴化的一种表现,同时,它也具有了语篇回指能力。但我们认为,在语篇中这类形式中"一"

---

① 这一观点不同于逻辑语义学的指称论。

的回指功能实际还比较复杂,大致有以下几种情况:

从"一"所回指的方向看,可分为前回指、后回指、双重回指。例如:

(2)抗日战争期间,朱德已经五十多岁了,是我军战将中年龄最高者之一,但他仍然老当益壮,亲赴前线指挥作战。

(3)我上学早的原因之一是因为我长得高。

(4)他就是为维新变法而献身的"戊戌六君子"之一。

例(2)中的"一"有具体所指,前回指"朱德";例(3)中的"一"也具体所指,后回指"我长得高";例(4)中的"一"实际具有双重回指功能,"一"前回指"他",同时又后回指"谭嗣同"。

从"一"的句法位置来看,可分为主语形式回指、定语形式回指、宾语形式回指。例如:

(5)上海东方队的球迷那么想,主要原因之一是有我在。

(6)三大肥料之一的磷肥,既能促进种子发芽生根,加速植物的生长;又可增强植物抗旱、御寒、耐热、抵抗虫害的能力。

(7)他毕生献身农业科学和农业教育事业,是我国用现代科学方法培育小麦良种的开创者之一。

例(5)中的"一"在句中处于主语位置上,以主语形式回指"有我在";例(6)中的"一"则处于定语位置上,以定语形式回指"磷肥"。同理,例(7)中的"一"则是以宾语形式回指"他"。

从"一"回指距离的远近看,可分为近回指、远回指、超强回指。例如:

(8)大统一理论的结论之一是预言质子要衰变,这与实验结果有矛盾。

(9)石墨是松软的、不透明的灰黑色细鳞片状的晶体,它同金刚石恰恰相反,是最软的矿物之一。

(10)蜘蛛的适应性也很强。有的能耐46℃的高温,有的能耐零下二三十度的低温。

这也是蜘蛛成为广布性种类的原因之一。

"一"与所回指的内容具有邻近关系,如例(8)的"一"后紧接着"预言质子要衰变"。"一"有时与所回指的内容距离较远,但仍是句内回指,如例(9)中,"一"实际回指"石墨",两者并非邻近关系,而是处于不同分句之中。如果"一"与所回指的内容距离更远,则为一种超强回指,这主要表现为一种跨语段回指,如例(10)中的"一"回指"这"的同时,实际回指的是整个语段,即"有的能耐46℃的高温,有的能耐零下二三十度的低温"。

二、"NP+之+数词"中"数词"的回指功能

"NP+之+数词"中的"数词"除了表示一种顺序意义,同时也具有指称功能。从句法形式上看,"数词"仍处于中心语的位置,而"NP"是修饰语,且具有指称意义的"数词"也被赋予了较强的篇章回指功能。

(11)吃不匀是指缝料在缝合时松紧不一致,缝合后起榴皱不平整的现象。原因之一是车工操作不当,缝料没有被准确送入压脚内;原因之二是样板或裁料不准确,对应缝合处的长度或造型不吻合,缝制后凹凸不平;原因之三与皮品质有关。

例(11)中"一、二"实际指"第一种、第二种",且分别回指"车工操作不当""样板或裁料不准确"。"一、二"在句法结构中处于中心语位置,而"原因"是修饰语,且二者具有指称功能。

有时,作为修饰语的 NP 显得并不重要,可以省略,这进一步证实"NP+之+数词"中"数词"的中心语地位,且它具有指称功能,这是数词去范畴化过程中功能迁移的一种外在表现。例如:

(12)但放弃总是难于做到,原因之一是舍不得,之二是从反面证明为没有是同样不容易。

(13)两原则之一强调内部因素的决定作用,之二反对单纯以生产关系为标准衡量发展水平,应当说是两条非常重要的原则。

例(12)中"之二"前承前省略了修饰语"原因";例(13)中"之二"前承前省略了修饰语"两原则"。这些承前省略了修饰语的"之+数词"结构,某种程

度上说,强化了其指称功能,同时也强化了其篇章回指及衔接功能,而这些结构中的数词均有具体所指,表示"第二个/种(原因/原则)"等。

以上,我们主要讨论了两种形式中数词在语篇功能上表现出的较为明显的去范畴化特征,当然,这并不表示没有其他情形存在,只是这两类较为典型,也比较常用。"NP+之+一"与"NP+之+数词"中的数词在功能上发生迁移,两类结构中的数词均处于中心语位置,具有指称功能的同时,又被赋予了较强的篇章回指及衔接功能,这成为我们研究数词去范畴化特征的较好案例。

第四节　数词的功能扩展与范畴转移

刘正光指出,功能扩展实际可从两个方面来考察,即表意功能与句法功能。① 数词的语义较为单一,在语义功能上一个原型意义上的"数词"不具有指称功能和陈述功能。因此,在去范畴化过程中,数词的内在表现实际是其语义功能的扩展,即由非指称、非陈述功能扩展出指称、陈述功能。以下,我们先讨论数词在主语、宾语位置上所获得的指称功能。

在"数词+是+……"一类"是"字小句中,数词已经占据了主语位置,它不单表示序列意义,实际已经获得指称功能。例如:

(1)化学毒剂在战场上有 3 种散布方式,<u>一是爆炸法</u>;<u>二是加热蒸发</u><u>法</u>;<u>三是布洒法</u>。

例(1)中"一、二、三"实际分别指称"第一、二、三种散布方式",这从文中"有 3 种散布方式"可以看出,这些数词实际已具有了指称功能。

宾语位置的"数词"较多处于动词(或介词)之后,同样,也能获得指称功能。例如:

(2)李干杰说,放射源丢失被盗案件的主要原因有三:一是涉源单位

---

① 参见刘正光:《语言非范畴化——语言范畴化理论的重要组成部分》,上海外语教育出版社 2006 年版,第 148 页。

安全防护设施不合格、闲置废弃放射源资金不到位;二是部分单位在停产、关闭、破产时,放射源管理失控;三是不明真相的人误盗放射源转卖到废品收购站。

(3)去年底,乒乓球和女足国家队都在选新的主教练,全中国和世界各地有不知多少一流的中国乒乓球教练,但女足教练选来选去,只能<u>二挑一</u>。

(4)秋宝一周纪念的时候,这家热闹地排了一天的酒筵,客人也到了<u>三四十</u>,有的送衣服,有的送面……

对比例(1),我们会发现,例(2)中的"有三"实际表示"有三种原因","三"是动词"有"的宾语,实际指称"三种原因"。例(3)中的"二挑一"表示"两个人中挑一个",数词"二、一"也都具有了指称功能,例(4)中的"三四十"充当宾语,实际指称"三四十人"。

这些来自主语、宾语位置的数词所产生的范畴转移现象在汉语中并非无迹可寻,除了我们在前面所谈到的"有一说一,有二说二"这类形式外,再如:"一是一、二是二"表示"说话老实,不含糊";"攒三聚五"表示"几个人聚集在一起";"颠三倒四"表示"形容次序错乱,毫无条理";"说三道四"表示"不负责任地胡乱议论";"说一不二"指"说话算数,说了就不改变";"挑三拣四"指"挑挑拣拣,嫌这嫌那";"丢三落四"形容"因做事粗心或记忆力不好而顾此失彼"。这些结构中的数词"一、二、三、四"丧失了本义,发生了去范畴化,其原因实际是句法、语义功能的扩展所致。

数词语义功能的另一种扩展途径则是由非陈述功能扩展出陈述功能。数词可直接做谓语,而充当谓语的数词实际也具有了陈述功能,这是数词去范畴化过程中的一种内在表现。例如:

(5)东西长六十六丈,南北宽二丈四尺,两栏宽二尺四寸,石栏<u>一百四十</u>,桥孔十有一,第六孔适当河之中流。

(6)他今年已经<u>三十五</u>了,还没有结婚。

(7)罗切斯特先生<u>已快四十</u>啦,而她只有二十五岁。

例(5)中"一百四十"直接作谓语,已经扩展出陈述功能,这里实际所指是"一百四十尺"。例(6)(7)中数词的陈述功能更为明显,这些数词前面可出现副词"已经""已""快"等,后面也可出现语气助词"了、啦"等。

数词由非陈述功能扩展出陈述功能所产生的范畴转移,主要表现为"数词谓词化(或动词化)",也就是说,一些数词可能演变为动词或形容词,如"二百五""三八""二"等,再如,"不一""不三不四"中的"一""三""四"谓词性较强。其实,在英语中也不乏类似的情况,如"eighty-six(无货供应)""nine to five(被正式雇用做办公室工作)""zero in(把……对准目标)"。①

有关数词句法功能的扩展,我们认为主要表现在:数词直接做状语、主语、宾语等;由修饰语变为中心语。我们在前文已做详细论述,这里不再赘述。

句法功能的丧失与扩展是数词去范畴化过程中的外在表现,而语义内涵的变化以及语义、语篇功能的扩展则是数词去范畴化过程中的内在体现,这种"内""外"结合致使汉语数词发生一定的范畴转移。

本章小结:对于数词,传统的研究多集中于静态描写,如"分类",等等,本书并没有局限于这种研究范式,而是以"动态"的观念重新审视了数词词类,并获得了对数词及数量范畴的一种全新认识。在去范畴化过程中,我们认为数词所呈现出的特征可分为两种:一是外在特征,表现为句法分布特征的扩展,即由"定语"位置扩展到"状语、主语、谓语、宾语"等位置,由"修饰语"扩展到"中心语"。二是内在特征,主要表现为语义内涵的丧失、转指或抽象泛化;语义、语篇功能被强化,即由非指称、非陈述功能扩展出指称、陈述功能,由非篇章回指功能扩展出篇章回指功能。这些去范畴化现象必然会以词汇化或语法化为手段在词汇层面沉淀一定的"遗留物",而这种"遗留物"是研究过程中有力的证据。

---

① 张定兴:《略谈英语数词动词化及其翻译》,《中国翻译》1995 年第 3 期。

第五章　汉语量词去范畴化现象考探

近三十年来,有关汉语量词的研究主要聚焦于量词的分类、语义特征及重叠后的语法意义等。无疑,这些研究成果对汉语数量范畴的研究走向纵深有重大贡献。但是,我们认为,以往研究多是从静态的角度分析量词词类,而从动态的角度分析得还不够深入。本章将运用"去范畴化"理论重新考察汉语量词词类,并从句法功能、语义功能、语义内涵等方面进行动态考探,以期对汉语量词及数量范畴获得全新认识。

所谓原型指的是范畴中最具典型性、代表性的成员。而这一原型概念映射到语言符号系统,就是指"一个词或一个类型意义的所有典型模型或原形象,是一个类型的一组典型特征"①。"原型"汇集了范畴最具典型的特征,是范畴建立过程中的参照点。依据范畴的原型理论,我们认为一个原型意义上的量词应具备以下几个特征:从句法功能上看,量词不能单独充当任何句法成分,但能与数词组合成数量短语,在句法结构中充当句法成分,主要分布于定语、补语位置,且与数词的黏附程度较高,同时,量词还可以重叠,相关研究见胡附②的论著;从语义功能上看,量词不具有指称功能和陈述功能;从语义内

---

① 李和庆、张树玲:《原型与翻译》,《中国科技翻译》2003 年第 2 期。
② 胡附:《汉语知识讲话》,上海教育出版社 1983 年版,第 34 页。

涵上看,它具有"数量意义"①。这些是汉语量词普遍存在的范畴属性特征。而量词的去范畴化实际表现为这些属性特征逐渐丧失的过程。

第一节　量词句法功能的丧失与扩展

某些典型的句法分布特征逐渐丧失是语言去范畴化过程中最为直接的表现。与名、动、形等典型词类相比较,量词的句法功能显得较为单一,所以在去范畴化过程中,量词的句法分布特征的丧失实际表现为句法位置的扩展,主要有两种情况:量词直接充当状语;量词直接充当宾语。

一、量词直接充当状语

量词在一些句法结构中可直接充当状语,是汉语的一种特殊现象,但较少被关注,也无相关研究。但我们认为,这实际是量词去范畴化过程中的一种表征。当量词直接充当状语时,该量词就会丧失一些典型的句法特征,比如"量词不可重叠""量词前难以再添加相应数词"。例如:

(1)知名大学<u>批卖</u>文凭为哪般?

(2)消费者很长一段时间都不买袋装的所谓"干净"的菠菜,而改买<u>捆装</u>菠菜。

(3)在沃尔玛超市,盒装、<u>条装</u>、瓶装等20多种不同单款的德芙巧克力相当诱人,价位在29.9元至138.8元之间。

(4)材料:鹅肠250克、豆角150克、青椒150克、蒜头(去衣拍碎)15克、姜片15克,盐、糖、生抽、米酒、卤水(<u>支装</u>)、花生油各适量。

例(1)中"批卖"指"成批成批地卖",是量词直接充当状语的用法,并非名词充当状语,因为古今汉语中与购买有关的"批"无名词用法②。例(2)至

---

① 赖先刚:《量词是体词吗?——量词的数量语义特征与语法功能》,《四川师范大学学报(社会科学版)》2009年第4期。

② 参见罗竹风:《汉语大词典》(第六卷),汉语大词典出版社1990年版,第364页。

(4)中的"捆、条、支"这些量词实际充当动词"装"的状语,我们通过检索北京大学 CCL 古代汉语语料库,未发现相应用法,这说明在现代汉语中这些量词呈现一定的去范畴化趋势,具体见后文表 5-1 的统计。而在句法特征上,上述这些量词的一些典型的句法特征丧失,不能重叠,例如不说"批批卖、捆捆装、条条装、支支装"等。因此,量词作状语实际是其句法功能发生了迁移,表现出一种去范畴化特性。

在长期的使用过程中,一些量词逐渐丧失了"词"的自由身份,以状语成分并入某些动词。下面我们再看这种句法功能的演变在词汇层面的映射。

Baker 指出,句法功能的变化容易引起形态上的变化,而形态变化常伴随着形态上的"并入"。①"并入"指语义上独立的词融入另一个词的过程。由于汉语并非是有形态变化的语言,所以此处"形态并入"主要指"结构形式上的并入",其实属于一种较为特殊的复合构词法。我们认为,在量词的去范畴化过程中某些量词也会充当状语而并入动词中。值得注意的是,这种结构形式上的"并入"一般还带有明显的词汇化或语法化现象。例如:

(5)近年来,访希游客越来越多,中国游客的数量更是逐年倍增。

(6)山西更是我国的民歌大省,一曲《走西口》,把几辈人唱得肝肠寸断、泪洒衣衫。

(7)弟弟乔建华因无工作,后来介入了茅台酒的批销业务。

(8)报道指出,从 2007 年 2 月开始,顶新集团旗下的屏东制油厂向大统批购油品,今年 7 月是最后一批。

例(5)至(8)中的"倍、寸、批"等量词元素实际上已经分别以状语性成分并入其后的动词"增、断、销/购"。"倍增"指"成倍增长","寸断"指"断成许多小段","批购"指"成批地购买","批销"指"成批地销售"。②

---

① Baker,M. C. Incorporation：A Theory of Grammatical Function Changing. Chicago：Chicago University Press,1988,p. 24.

② 中国社会科学院语言研究所词典编辑室编:《现代汉语词典》(第七版),商务印书馆 2016 年版,第 58、227、990 页。

二、量词直接充当宾语

一些量词还能直接充当某些动词或介词的宾语。我们认为,这是量词去范畴化过程中的另一种外在表现。当量词在句法结构中直接做宾语时,它丧失了一些典型的范畴属性特征:不可重叠;与数词组合的可能性趋低。例如:

(9)如果你去俄亥俄州、宾夕法尼亚州、佛罗里达州,成栋成栋的房子关张,很多人为了生计而发愁。

(10)员工退出时需一次性退出所有委托资金,不得分笔退出。

(11)南瓜之类的蔬果是论个卖,大个的最多也就 3 元钱。

(12)由群众推选出来的民主理财组长公布账目,唱收唱支,单据逐张过堂、收支逐笔审核。

(13)因为进货时的鸡蛋是按斤买,而礼品盒的鸡蛋是按个卖,所以在装礼盒时,公司会要求工人"小中选小"……

(14)再次用马鞭挨只点数,结果是 451 只。

例(9)(10)中量词"栋""笔"实际分别充当动词"成""分"的宾语;例(11)的量词"个"充当介词"论"的宾语;例(12)中量词"张、笔"充当介词"逐"的宾语;例(13)中"斤""个"充当介词"按"的宾语;例(14)中"只"充当介词"挨"的宾语。"成/分/论/逐/按/挨+量词"在汉语中使用较为普遍,这些句法结构中的量词不可重叠,其前也较难添加相应的数词,如"挨只点",不说"挨只只点"或"挨一只点",可见其句法功能也发生了迁移。

"量词直接充当宾语"现象在词汇层面上也能寻找到一些有力的证据。Mithun 指出,许多语言中存在"宾语并入动词"现象。[①] 通过对汉语语料的考察,我们发现,一些直接充当"宾语"的量词,也可以"宾语"成分并入到其前的动词。例如:

(15)待孔雀蓝釉陶瓶发现之后,人们才恍然大悟,这两者刚好成套,

---

① Mithun,M. The evolution of Noun Incorporation. Language,1984(60).

石雕覆莲座当为孔雀蓝釉陶瓶的底座。

（16）资方坚持五五分成，而球员一方则死守52∶48的底线。

（17）议案和建议向大会提交后，地方人大也要备份留底。

（18）修复中最难的是找到原先配对的石头，并重新拼接起来。

（19）眼下正值流感高发期，不少患者扎堆到医院输液，抗生素滥用问题再度引起关注。

（20）我们说包容、民主，不应该成为某些势力得寸进尺的武器。

例（15）、（16）中"套、成"量词元素实际分别以宾语成分并入动词"成""分"，汉语中"成/分+量词"有一定的成词趋势；例（17）中"备份"指"为备用而复制一份"，其中的原型量词"份"不可重叠，难以补出相应数词，宾语位置的"份"实指"一份"；例（18）（19）中动词"配""扎"后其实可以补出"成"，而宾语位置的"对、堆"实际也暗指"一对、一堆"；例（20）中"得寸进尺"表示"贪得无厌"，其中"寸"和"尺"已经虚指。上述这些量词在句法功能上发生了迁移，同时以宾语性成分并入到动词，这种现象是量词长期使用过程中产生的去范畴化特性。

介词"逐、挨"和量词搭配之后，有些也发展为副词，如"逐个""逐年""逐日""挨个"等，具体可见表5-1、表5-2的统计。

表 5-1　北京大学 CCL 现代汉语语料库和人民网语料中 80 个量词与
"～装/卖/增""成/分/论/逐/按/挨～"搭配情况①

	～装	～卖	～增	成～	分～	论～	逐～	按～	挨～
把	—	—	—	＋	＋	＋	—	＋	
瓣	—	—	—	＋	＋	＋	＋	＋	
本	—	—	—	＋	＋	＋	＋	＋	＋
部	—	—	—	＋	＋	＋	＋	＋	＋

① 表中"＋"表示可以搭配；"－"表示不可以搭配，或在语料库中匹配率为零。

	~装	~卖	~增	成~	分~	论~	逐~	按~	挨~
册	—	—	—	+	+	+	+	+	+
栋	—	—	—	+	+	+	+	+	+
朵	—	—	—	+	+	+	+	+	—
副	—	—	—	+	+	+	+		+
个	—	—	—	—	—	+	+	+	+
根	—	—	—	+		+	+	+	+
架	—	—	—	+	—	+	+	+	+
间	—	—	—	—	+	—	+	+	+
件	—	—	—	+	+	+	+	+	+
节	—	—	—	+	+	+	+	+	+
棵	+	—	—	+	+	+	+	+	+
颗	+	—	—	+	+	+	+	+	+
辆	—	—	—	+	—	+	+	+	+
粒	+	—	—	—	+	+	+	+	+
列	—	—	—	—	+	—	+	+	+
枚	+	—	—	—	—	—	+	+	—
片	+	—	—	+	+	+	+	+	+
期	—	—	—	—	+	+	+	+	+
艘	—	—	—	—	+	+	+	+	+
所	—	—	—	—	—	—	+	—	+
条	+	—	—	+	+	+	+	+	+
贴	+	—	—	+	+	+	—	+	—
头	—	—	—	—	—	+	+	+	+
尾	—	—	—	—	—	+	+	+	—

182

续表

	~装	~卖	~增	成~	分~	论~	逐~	按~	挨~
项	—	—	—	—	+	—	+	+	+
张	—	—	—	+	+	+	+	+	+
枝	+	—	—	+	+	+	+	+	+
支	+	—	—	+	+	+	+	+	+
只	—	—	—	—	+	+	+	+	+
帧	+	—	—	—	+	+	+	+	—
株	—	—	—	+	+	+	+	+	+
座	—	—	—	+	+	+	+	+	+
帮	—	—	—	—	+	—	—	—	—
套	+	+	—	+	+	+	+	+	—
双	+	—	—	+	—	+	+	+	—
笔	—	—	—	+	+	—	+	+	—
对	+	—	—	+	+	+	+	+	—
伙	—	—	—	+	+	—	—	—	—
排	—	—	—	+	+	+	+	+	+
批	—	+	+	+	+	+	+	+	—
寸	—	—	—	—	—	+	+	+	—
吨	+	—	—	+	+	+	+	+	—
升	—	—	—	—	—	—	—	—	—
斤	+	—	—	+	+	+	+	+	—
克	+	—	—	—	+	+	+	+	—
里	—	—	—	—	—	—	—	+	—
米	—	—	—	—	—	+	+	+	—
盒	+	—	—	+	+	+	+	+	+

	~装	~卖	~增	成~	分~	论~	逐~	按~	挨~
瓶	+	—	—	+	+	+	+	+	+
束	—	—	—	+	+	+	+	+	—
层	—	—	—	+	+	+	+	+	+
串	+	—	—	+	+	+	+	+	+
段	—	—	—	+	+	+	+	+	—
截	+	—	—	+	+	+	+	+	—
节	+	—	—	+	+	+	+	+	+
卷	+	—	—	+	+	+	+	+	+
块	+	—	—	+	+	+	+	+	+
捆	+	—	—	+	+	+	+	+	+
匹	—	—	—	+	+	+	+	+	+
成	—	—	—	—	+	—	—	+	—
倍	—	—	+	+	+	+	+	+	—
种	—	—	—	—	—	—	+	+	—
年	+	+	+	+	+	+	+	+	+
天	—	—	+	+	+	+	+	+	+
秒	—	—	+	—	—	+	+	+	—
夜	—	—	+	+	+	—	+	+	—
日	+	+	+	+	+	+	+	+	+
月	+	+	+	+	+	+	+	+	+
次	—	—	—	—	+	+	+	+	+
遍	—	—	—	+	+	—	—	+	+
场	—	—	—	—	+	—	+	+	—
顿	—	—	—	—	+	—	+	+	—

续表

	~装	~卖	~增	成~	分~	论~	逐~	按~	挨~
回	—	—	—	—	—	—	—	—	—
番	—	—	—	+	—	—	+	—	—
架次	—	—	—	+	+	+	+	+	—
人次	—	—	—	—	+	+	+	+	—

表5-2　北京大学CCL现代汉语语料库和人民网语料中80个量词与
"~装/卖/增""成/分/论/逐/按/挨~"的匹配率和成词数

	匹配数（个）	匹配率（%）	成词数（个）
~装	27	33.7	0
~卖	5	6.2	0
~增	8	10	1
成~	54	67.5	8
分~	62	77.5	5
论~	64	80	0
逐~	71	88.7	3
按~	75	93.7	0
挨~	43	53.7	1

三、相关数据统计

为了进一步证实"量词直接充当状语、宾语"这一去范畴化特性，我们通过检索北京大学CCL现代汉语语料库和人民网，考察了80个常用量词与"~装/卖/增""成/分/论/逐/按/挨~"的匹配情况，具体见表5-1、表5-2。

从表 5-1、表 5-2 可看出,80 个常见量词与"~装/卖/增"的匹配率较低,分别为 33.7%、6.2%、10%,而这些量词与"成/分/论/逐/按/挨~"的匹配率则较高,主要分布在 53% 到 94% 之间,匹配率最低的为"挨~"(53.7%),最高的为"按~"(93.7%)。这一数据表明,在现实语料中,充当状语的量词匹配率远远低于充当宾语的量词。也就是说,尽管量词充当状语、宾语都是量词去范畴化的表现,但有强弱之分,后者要强于前者。而去范畴化在词汇层面的映射情况也进一步证实了这一点,我们统计了《现代汉语词典》(第七版),"~装/卖/增"成词数 1 个,"成/分/论/逐/按/挨~"成词数共计 17 个,具体表现如下①:

挨个儿:副 逐一;顺次。

倍增:动 成倍地增长。

成堆:动 许多事物堆积或积累在一起,形容数量很多。

成个:动 生物长到跟成熟时大小相近的程度。

成套:动 配合起来成为一整套。

成双成对:配成一对,多指夫妻或情侣。

成年:副 整年。

成天:副 整天。

成日:副 整大。

成夜:副 整夜。

分册:名 一部篇幅较大的书,按内容分成若干本,每一本叫一个分册。

分期:动 在时间上分为若干次(进行)。

分支:名 从一个系统或主体中分出来的部分。

---

① 中国社会科学院语言研究所词典编辑室编:《现代汉语词典》(第七版),商务印书馆 2016 年版,第 3、58、165—166、381—384、1709 页。

分斤掰两:比喻过分计较小事。

分成:[动] 按成数分钱财、物品等。

逐个:[副] 一个一个地。

逐年:[副] 一年一年地。

逐日:[副] 一天一天地。

第二节　量词语义功能的扩展及动因

句法功能和语义功能的扩展是去范畴化过程中密切关联的两个部分,有关量词句法功能的扩展,我们在前面已经详细论述。而在语义功能上,单一原型"量词"不具有指称和陈述功能。但在具体使用过程中,量词的语义功能并非如此,因为汉语中某些量词直接充当状语、宾语时,实际由非指称功能扩展出了指称功能。我们认为,这种新产生的语义功能其实也是量词去范畴化的内在表现。

量词直接充当状语是汉语特殊的现象,值得关注。量词直接充当状语的动因在于状语位置量词的语义功能发现了变化,即获得了指称功能。具体表现在以下两个方面:

第一,量词语义功能有所扩展。状语位置具有指称性和陈述性的特点。汉语中一些状语成分可同时具备这两个特点,如"他天天玩手机",其状语"天天"既可指称"一段时间",还可以表示"不厌其烦地(做什么事)",用作陈述。而还有一些状语只是具备其中之一,如"你要认真地学习","认真地"只作陈述。我们认为,状语位置上的"量词"也具有指称性的特点,如"批卖""捆装""条装""支装"中的量词可分别指称"一批""一捆""一条""一支"。

第二,受名词、名量兼类词直接做状语的类推。汉语中某些名词可直接充当状语,表示方式和工具,如"微信联系",不仅可以表示"以微信的方式联系",还可以表示"用微信联系"。汉语中还有些名、量兼类词,如盒、瓶等,这些词充当状语时,也可表方式和工具,如"盒装、瓶装",不仅可以理解为"用盒子/瓶子装"("盒、瓶"为名词),还可以理解为"以一盒一盒/一瓶一瓶的形式装"("盒、瓶"为量词),而前文中的"条装""盒装""瓶装"都应理解为后者。这说明,这些兼类词在充当状语时是有分工的,名词性的只表工具,量词性的只表方式。因此,正是这些兼类词使得量词直接充当状语的可能性存在。再如,"支装"表示"以一支一支的形式装",而不是"用支装"。因此,我们认为量词直接充当状语的另一因素就是受名词和名量兼类词直接充当状语的类推。

汉语中量词直接充当宾语是另一种较为特殊的去范畴化现象,我们认为,其主要动因也是:量词的语义功能由非指称功能扩展出指称功能。具体表现在以下三个方面:

第一,量词与名词之间有一定的相通性,许多量词是从名词发展来,如"头""盒""枝"等。名词可以直接充当宾语,按理,量词也可以。

第二,量词语义功能也被扩展。"宾语"是"指称"的主要表现之一[1],换言之,宾语位置上的语言成分需具备指称功能。因此,宾语位置上的量词其语义功能实际有所扩展,随之带有指称功能,如,"南瓜论个卖""鸡蛋按斤买""单据逐张过堂"中的"个""斤""张"实际分别表示"一个(南瓜)""一斤(鸡蛋)""一张(单据)"等。

第三,受"成/分/论/按/挨+名词"这一结构的类推。"成""分""论""按""挨"等这些动词或介词后面一般也接名词宾语,如"玉米堆成山""论功行赏""按规矩处理"等。因此,我们认为"成/分/论/逐/按/挨+量词"实际是"成/分/论/按/挨+名词"的类推。

通过对汉语语料的考察,我们探寻到有关量词指称功能扩展的更为可靠的证据。吕叔湘指出,普通量词"个"在南北朝后期渐渐发展为一个指示代

---

① 彭可君:《关于陈述和指称》,《汉语学习》1992 年第 2 期。

词①,表示"这""这个""那""那个"的意思。例如:

(1)个是何措大? 时来省南院。②

(2)观者满路旁,个是谁家子?③

例(1)(2)中的"个"已经具有了指称功能,同时,在篇章中也具备一定的回指能力。而古代汉语中这一指示代词的用法在现代汉语中也有一定的遗存,例如:

(3)个中的甘苦哀乐、种种曲折,读后令人怦然心动。

例(3)中的"个中"指"这其中","个"就是"这"的意思。

第三节　量词语义内涵的变化

语义内涵的变化主要表现为语义丧失、转指及抽象泛化。在量词的去范畴化过程中,这几种变化也较为明显。

一、量词语义的丧失

一些量词元素充当宾语时产生了词汇化或语法化现象,它们的本义不同程度受损或丧失,如"逐个""挨个"中的"个"并不是指"一个"。例如:

(1)据记者了解,这些专职工作人员要对百余种食品原料逐个进行农药残留、亚硝酸盐等多项指标的检测。

(2)五匹狼挨个儿成一字形蹲在雪地,狼眼漠然地望着伊凡。

我们认为,"逐个""挨个儿"中的"个"实际上已经发生去范畴化现象,因为"个"对与之共现的量词排斥程度大大降低。如例(1)中"个"与"种"实际不一致,因为"食品原料"是"百余种",例(2)中"个"与"匹"实际也不一致,因为"狼"是"五匹"。"逐个""挨个儿"实际表"逐一"的意思,已虚化为副词。

---

①　吕叔湘:《近代汉语指代词》,江蓝生补,学林出版社 1985 年版,第 243 页。

②　吕叔湘:《近代汉语指代词》,江蓝生补,学林出版社 1985 年版,第 243 页。

③　吕叔湘:《近代汉语指代词》,江蓝生补,学林出版社 1985 年版,第 243 页。

汉语中存在大量的名量式复合词，如"人口、事件、房间、马匹、纸张、灯盏、书本、船只、花朵、枪支"等，这些名量式复合词中"量词元素"的语义基本丧失，并虚化为词缀，具体见王力①、任学良②、潘允中③、马庆株④、韩陈其⑤等学者的论述。我们认为，名量式复合词中量词元素语义的丧失，其实就是量词去范畴化较为显著的现象之一，因为从其产生来看，"名量式复合词"源于"名+一+量"结构，其中的"量词元素"起初确实有实在的数量意义，吕军伟已从历时的角度证实了这一观点⑥，此处不再赘述。

有些量词去范畴化过程中的语义丧失现象并不是来自表层的句法结构，实际源于深层的句法结构。例如：

（3）敌兵一人倒下去，竟有十几人下马争割<u>首级</u>，终于使全军的战斗力大为减弱。

（4）等太太回来，发现<u>丈夫</u>已经饿死了。

（5）我<u>个人</u>认为这种体制并不合理。

（6）然而在当时，出道短短两年时间的张学友能在香港红馆举办<u>个唱</u>，无疑令他信心大增。

秦法规定，斩下敌人一个人头，加爵一级，后来就把斩下的敌人的头颅叫首级。⑦ 这说明，例（3）中"首级"的"级"最初实际是一个量词元素，源于深层数量结构"一级"，但发展到现代汉语，其量词语义已经丧失。例（4）与此情况相同，"丈夫"中的"丈"最初也是个量词元素，有实在的数量意义。周国林指

① 参见王力：《汉语史稿》，中华书局 2004 年版，第 283 页。

② 参见任学良：《汉语造词法》，中国社会科学出版社 1981 年版，第 99 页。

③ 参见潘允中：《汉语语法史概要》，中州书画社 1982 年版，第 120 页。

④ 参见马庆株：《汉语语义语法范畴问题》，北京语言文化大学出版社 1987 年版，第 176 页。

⑤ 参见韩陈其：《汉语词缀新论》，《扬州大学学报》2002 年第 4 期。

⑥ 参见吕军伟：《名量式合成词的来源问题探析》，《江汉大学学报（人文科学版）》2010 年第 2 期。

⑦ 参见罗竹风：《汉语大词典》（第十二卷），汉语大词典出版社 1993 年版，第 670 页。

出"我国先民最早是以男子'身长十尺'而称其为丈人、丈夫的"①。但是,发展到现代汉语,"丈夫、丈人"中的"丈"量词语义已经丧失,这种去范畴化现象某种程度上体现在词汇层面上,如以"丈"扩展的动词"丈、丈量",以"丈"扩展出的名词"丈人、岳丈、大丈夫、姑丈"等。与此情况类似,例(5)中"个人"是自称,指"我",该词实际来源于"一个人"省"一"后的固化,而在长期发展过程中量词"个"的本义实际也丧失,显然,这种去范畴化现象发端于深层的数量结构"一个",而例(6)中的"个唱"又是"个人"与"演唱"的进一步缩略以及词汇化,这与"一个人"中的"个"已经相去甚远。

二、量词语义的转指

语义转指是量词去范畴化过程中的另一内在表现。某些量词原有语义丧失的同时,发生了转指,产生新的意义,新旧意义之间表现为相关性。从认知语言学角度来看,转喻是语义转指的主要机制。在汉语量词的去范畴化过程中,语义转指现象也存在,但较为少见。例如:

(7)单说这乐陵小枣吧,你别看个儿小,吃到嘴里就像蜜一样甜,没有核儿,是天下驰名的。

(8)这个小个子的四川人有着惊人的坚忍和洞察一切的政治决断力。

(9)个人独资企业和个体工商户都是自然人出资,这是它们的共同点。

(10)为了甩脱那磨折,她只身奔了福州。

(11)由于穷,我年过而立仍形单影只,但我无怨无悔。

"个"最初用于计量"竹",与"细""瘦""形体"等语义密切关联,因此,在长期的使用过程中,"个"可通过转喻转指"事物或身体的大小",如例(7)(8)

---

① 周国林:《"丈人""丈夫"得名由来及其他》,《华中师院学报(哲学社会科学版)》1985年第1期。

中"个儿""个子",再如"个头"。汉语中一些个体量词实际暗含"单个、单一"语义特征,如"个""只"等,因此,可以通过转喻"视角化"进一步放大这一语义特征,从而表示单独之意,如例(9)中的"个体"。再如,例(10)中"只身(副词)",表示"单独一个人",例(11)中的"形单影只"表示"非常孤单",也作"形只影单""形孤影只""影只形孤""影只形单"。

三、量词语义的抽象泛化

语义抽象泛化指概念内涵被删减到仅剩下语义核的过程。汉语中许多量词本身就隐含有数量之意,如,"双"表"两个","伙"表"许多个","1 分米"等于"10 厘米",而"1 厘米"又等于"10 毫米","1 斤"等于"500 克","一堆"也可能包含若干"个"。通过对大量语料进行深入的考察,我们认为,低位量词特别是个体量词,在语义上比较容易抽象泛化出"少"或"小、短"这一语义核,而与之相应的高位量词特别是复数量词,也可以抽象泛指出"多"这一语义核。

(一) 泛指"少"

低位量词容易抽象泛化出"少"或"小、短"之义,这种去范畴化现象较为多见,例如:

(12)这些匾联虽仅<u>片</u>言<u>只</u>语,却意蕴隽秀,对园林景观起着烘云托月、画龙点睛的作用。

(13)屈文称记者捐了钱,两年未收到受益人<u>片</u>言<u>只</u>字的资料。

(14)收场时,龙灯已烧得<u>片</u>甲不存。

例(12)至(14)中的量词"片""只"抽象泛指"少"义。这些量词元素一定程度上去范畴化了。

一些度量词或时间量词也较易抽象泛化。如"秒""分钟""寸"等低位量词可抽象泛指"小、少或短"义,这些量词的本义实际已经丧失。例如:

(15)所谓"双拳难敌四手",两人合攻,可以快速地<u>秒</u>杀对手。

（16）不卖"鸡汤"卖"智商"，看《欢乐颂》分分钟教你怎么做人！

（17）小锤同志，等会儿咱们就得干活啦，上级号召加紧生产，时间可太宝贵，一分一秒也不能耽误，你还没想开这条道么？

（18）当官职有了空缺的时候，他常常置身经百战的将士于不顾，封身无寸功的伶人当刺史。

（19）自2014年互联网兴起以来，各个行业都迎来了一个发展的高峰，唯独音乐产业未有寸进，甚至就连产业支柱唱片行业也逃脱不了消亡的命运。

例（15）中的时量词"秒"已经抽象泛化为"瞬时"之义，是一种新兴的用法①。例（16）（17）中的"分分钟""分、秒"都泛指非常短的时间。例（18）（19）中的"寸"已经不具有量词的本义，不再表示"一寸"，因为"寸"根本不能衡量没有长短概念的"功劳、进步"，这里抽象泛化为"小"。

度量词"寸"在汉语中有较强的泛化趋势，《现代汉语词典》（第七版）还收录了以下相关的词条②：

寸步：名 极短的距离。

寸草不留：连小草都不留下，形容遭到天灾人祸后破坏得非常严重的景象。

寸功：名 极小的功劳。

寸进：名 微小的进步。

寸土：名 极小的一片土地。

寸心：名 内心；微小的心意，小意思。

寸阴：名 极短的时间。

汉语中一些度量词还可以叠合使用，并抽象泛化为"小、少或短"，这些量

---

① 刘松泉：《新词语"秒杀"》，《语文建设》2007年第12期。

② 中国社会科学院语言研究所词典编辑室编：《现代汉语词典》（第七版），商务印书馆2016年版，第227页。

词的本义实际丧失。例如：

（20）公众对过于精明、过于狭隘、锱铢必较之男子的鄙薄，是显而易见的。

（21）欧文又有两次接到杰拉德的长传突破到对方罚球区，但两次射门都只差毫厘。

例（20）、（21）中"锱""铢""毫""厘"等比较"低"位的度量词叠合使用，并非表示"一锱""一铢""一毫""一厘"，而实际已经抽象泛化出"小、少或短"，"锱铢"指很少的钱或很小的事，"毫厘"表示极少的数量。

事实上，汉语量词的叠合在语义上也呈现出一定的泛化趋势，《现代汉语词典》（第七版）还收录有①：

尺寸：名 长度或大小，有时也作"分寸"。

分寸：名 说话或做事的适当限度。

分毫：名 指极少的数量。

分秒：名 指极短的时间。

分文：名 指很少的钱。

分文不取：一个钱也不要（多指应得的报酬或应收的费用）。

斤两：名 分量。

颗粒：名 小而圆的东西。

咫尺：名 比喻很近的距离。

咫尺天涯：形容距离虽然很近，但很难相见，就像在遥远的天边一样。

汉语中还有一些度量词可叠合泛指"小、少或短"，但不成词，例如：

（22）测量永远是有误差的，也不可能精确到分厘不差。

（23）王府井百货商店的售货员、劳动模范张秉贵，据说手抓糖块的

---

① 中国社会科学院语言研究所词典编辑室编：《现代汉语词典》（第七版），商务印书馆2016年版，第176、381—383、673、736、1687页。

分量不差厘毫,准确不亚于秤,不就是一例么?

(24)每逢夏季到来,冰雪融化,水流湍急,常常都有大量路段被河水冲毁,车辆寸尺难行。

(25)该官微毫不示弱,当即指出网友出言不逊,"不是有素质的表现",表示"你现在道歉还来得及"。

(26)敢同恶鬼争高下,不向霸王让寸分。

例(22)至(26)中量词通过叠合之后,其本义几乎都已丧失,大部分叠合后也不再属于量词范畴,它们具有名词性特征,实际属于名词范畴,这不同于汉语中常见的复合量词,如"批次"等。

(二) 泛指"多"

汉语中的高位量词及其他复数量词也可以抽象泛指出"多",但较为少见,例如:

(27)进士科着重以诗赋取士,这也是唐代大诗人辈出,唐诗在诗歌领域内登峰造极的重要原因。

(28)即便躺下来,它也显得很庞大,成堆成堆的木箱子垒在它旁边,远远看上去,像是随便放置的火柴盒。

(29)所有的人都涌到大街上来,成群结队的工人学生唱着歌从工厂,从学校,迎着部队跑来,有的跑了四五里地来迎接。

(30)广东珠江三角洲地区的乡村,都有成群成群的鸭子。

(31)这些技术使番茄的产量倍增,每公顷单季产量可达 300 吨,是露天种植产量的 4 倍。

上述例句中的量词"辈""堆""群""倍"均抽象泛指数量"多"。

本章小结:根据已有研究,我们认为有必要对汉语量词进行全面的动态考察。借助"去范畴化"理论,可获得对量词及数量范畴的一种全新认识,在量词去范畴化过程中,量词的特征主要表现为:一是句法分布特征的扩展与丧失,由定语和补语位置扩展到状语、宾语等位置,而且与数词的黏附程度趋低,重叠特征已经丧失;二是语义功能被强化,由非指称功能扩展出指称功能;三是语义内涵上不同程度地丧失、转指或抽象泛化,同时对其他与之共现的量词的排斥程度趋低。句法功能的扩展是量词去范畴化过程中的外在表现,而语义功能的扩展和语义内涵的变化则是量词去范畴化过程中的内在表现,这种"内""外"结合也会致使量词发生一定的范畴转移。

第六章　汉语数量短语去范畴化现象考探

　　数量短语也是汉语数量范畴典型的表达手段,但数量短语是否也存在去范畴化? 本章旨在揭示数量短语的一些去范畴化现象,根据对汉语事实的考察,我们发现数量短语在去范畴化过程中,其句法、语义及语篇功能都会有不同程度的丧失或扩展。此外,除了单一的数量短语存在去范畴化现象外,汉语一些较为特殊的双数量结构诸如"相等""不等""整体与部分",也存在去范畴化现象。

　　根据原型范畴理论,我们认为一个原型意义上的数量短语应具备以下特征:语义上,它表达纯粹的数量意义(除了量词本身的意义外);句法功能上,数量短语分工明确,"数词+名量词"充当主语、宾语、定语,而"数词+动量词"一般充当补语、状语,二者在句法分布上形成互补;语义功能上,它具有临时的指称能力,如"一只鱼"中"一只"具备临时指称"鱼"的能力;篇章功能上,数量短语一般不单独充当篇章连接成分,更不具有引进"话题"功能。此外,还需指出的是,原型意义上的"数+量"中"数词""量词"可替换的程度较高,如"一个人"中的"一"可以被"二""三""四"等替换,而"个"也可以被量词"群""队""拨"等替换。数量短语的去范畴化实际表现为这些特征的丧失过程。

第一节　数量短语句法功能的丧失与扩展

"数词+名量词"短语在句中通常充当主语、宾语、定语等,定语是其最主要的句法功能。但在去范畴化过程中,数量短语的修饰功能逐渐弱化,甚至丧失,此外,某些"数词+名量词"实际扩展出了状语功能。

一、数量短语定语功能弱化与丧失

"数词+名量词"充当主语或宾语时,其后一般可以补出相应的名词。但在具体的使用过程中,某些"数词+名量词"实际难以补出相应名词。我们认为,数量短语在去范畴化过程中主要表现为句法特征的丧失,而这种丧失性首先体现在定语功能的弱化。例如:

(1)妈妈念一句台词,我就跟着念一句。

(2)顺便提一句,数据线采用了和一加一代相同的数据线。

(3)她东一句西一句,一转身,两本杂志掉在地下。

(4)父子俩你一句我一句,从床上打到床下。

例(1)中"一句"后可补出"台词"来,是原型意义上的数量短语,而例(2)中"一句"后难以补出"话",不能说"顺便提一句话","顺便 V 一句"在现代汉语中较常见,已泛化为话语标记。这说明数量短语"一句"的定语功能明显削弱。例(3)(4)中"一句"后更难以补出"话"来,而"东一句西一句""你一句我一句"实际泛指"讲话无次序或者混乱"。

从例(1)到例(4),实际反映了数量短语在去范畴化过程中呈现出一定的连续性:从有定语功能到弱化,再到彻底丧失。

数量短语定语功能的弱化还表现为:某些"数+量"由纯数量型修饰语逐渐演变成"属性"型修饰语。"纯数量型修饰语"指"数量短语充当修饰语只表事物的数量,不具有分类功能或属性意义"。试比较"一朵花、两朵花"和"红花、白花","一朵、两朵"只表"花"的数量,不能对其进行分类,而"红、白"在修饰"花"时,实际对"花"进行了分类。原型的数量短语在句法结构中充当定语时,是纯数量型修饰语,即"数+量"是其后名词的"量"。但在实际语料中,我们发现一些"数+量"并非起到数量修饰作用,这也是数量短语修饰功能弱化的表现。例如:

（5）他们的工具配备十分齐全,<u>千斤</u>顶等基本修理工具应有尽有。

（6）庙岛列岛风景秀丽,包括月牙湾、<u>九丈</u>崖等旅游景点,四季皆宜。

（7）世无伯乐,何以挑选<u>千里</u>马?

例（5）到（7）中"千斤、九丈、千里"并不是原型意义上的数量短语,它们也不是纯数量型修饰语,而实际表示事物的属性。"千斤""九丈""千里"分别为"顶""崖""马"的属性。而从数量短语的指称能力上来考察,我们发现这些表"属性"的"数+量",指称能力实际不同程度丧失,比如,"千斤顶"中的"千斤"丧失了指称实体"有重量的某东西",试比较"千斤鱼";"九丈、千里"也丧失了指称对象"空间距离段",试比较"八里的路程"。我们认为,这些"数+量"去范畴化的主要原因在于:数量隐性丧失了所计量的对象（数量依附体）,以致从纯数量型修饰语演变为"属性"型修饰语。这种句法功能的弱化往往伴随着语义功能的改变,实际也是数量范畴去范畴化的动态表现。

二、"数词+名量词"直接充当状语

在一些现代汉语语料中,"数词+名量词"直接充当状语的情况也不少,这种现象实际是其句法功能被扩展的动态表现。例如:

（8）CLINICA 酶素洁净立式牙膏(清新薄荷)130g<u>1 支</u>装(进口)。

（9）罗森还会提供 <u>4 根</u>装和 6 根装的小箱子给消费者使用。

（10）以<u>六件</u>装的某国产品牌为例,价格从 13.5 元降至 11.5 元。

"数词+名量词+装"形式在现代汉语中使用较为普遍。在该句法结构中,"数词+名量词"直接充当状语修饰动词"装",如例（8）到（10）中"1 支、4 根、六件"充当了"装"的状语。这说明"数词+名量词"的使用实际偏离了其相关的范畴属性特征。通过检索人民网语料库和百度,我们发现这类形式使用频率较高,表明这应是一种新兴的用法。

当数词是"一(或1)"时,数词可直接省略,例如:

(11)高级水晶鞋蜡(支装)50毫升。

对照例(8),例(11)中"支装"有时也可理解为"1支装"。这说明"一+名量词"在去范畴化过程中较易脱落"一(或1)",这种现象在以往的词汇化或语法化研究中得到证实,比如,"名量式复合词"(如"马匹")实际源于"名+一+量"中"一"的脱落①。

"数词+名量词"做状语时,与动词之间也可插入副词"一"②,例如:

(12)二件一买才有活动,手感还可以。

(13)火花塞4个一卖,普桑只需37元,而中档车雅阁、蓝鸟等价格则在100—120元之间。

(14)利百代907—3030MM POP 麦克笔1支一装,多种颜色。

例(12)到(14)中"二件、4个、1支"分别是动词"买、卖、装"的状语,这也是"数词+名量词"直接充当状语的表现之一。"数词+名量词+一+VP"实际是"按+数词+名量词+一+VP"的省略式,如"一筐苹果,如果按5个一堆放,最后多出3个。"该例句中"按"是介词,而"按5个"为状语成分。但我们认为,"按5个一堆放"也可省略"按",直接表述成"5个一堆放",这进一步证明"数词+名量词"可以直接充当状语。此外,我们认为,"数词+名量词+VP""数词+名量词+一+VP"和"按+数词+名量词+一+VP"表述的意思基本一样,如"5个装、5个一装、按5个一装"。

第二节　数量短语语义内涵的变化

数量短语去范畴化过程中的语义内涵变化主要表现为语义的丧失、转指、

---

① 吕军伟:《名量式合成词的来源问题探析》,《江汉大学学报(人文社会科学版)》2010年第2期。

② 副词"一"表示"一起;一次"。

抽象泛化。

一、数量短语语义的丧失

汉语数量短语语义较为直接的丧失,就是一些经历了词汇化或语法化的语言形式,比如,副词或形容词"一块""一样""八成""一般"等,其初始形式均为数量短语,但在长期的使用过程中,它们丧失了原有的数量意义,相关历时研究如葛婷的《协同副词"一起、一块"的虚化与同形异构》[①]、卢惠惠的《近代汉语程度副词"十分"的语法化及其特殊用法》[②]等。

汉语中有些"数+量"的语义丧失则较为间接,如,汉语中存在一大批"数+量+名"的固化结构,据《现代汉语词典》(第七版)收录,部分如下[③]:

一本正经:形容很规矩、很庄严。

一个心眼:指专心一意;比喻固执而不知变通。

一个劲儿:副 表示不停地连续下去。

一根筋:形 比喻死板、固执。

一股劲儿:副 表示从始至终不松劲。

一锅粥:名 比喻混乱的现象。

一口气:副 不间断地。

一盘棋:名 比喻整体或全局。

一盘散沙:比喻分散的、不团结的状态。

一条心:名 表示意志相同。

---

① 参见葛婷:《协同副词"一起、一块"的虚化与同形异构》,《枣庄学院学报》2009 年第 4 期。

② 参见卢惠惠:《近代汉语程度副词"十分"的语法化及其特殊用法》,《语言研究》2005 年第 2 期。

③ 中国社会科学院语言研究所词典编辑室编:《现代汉语词典》(第七版),商务印书馆 2016 年版,第 1125、1532—1538 页。

一条龙: 名 比喻紧密联系和配合的生产程序或工作环节。

三只手: 名 指从别人身上偷东西的小偷或扒手。

"数量名"较易产生固化形式,尤其是"一量名"的固化趋势更为强烈,储泽祥也指出,这些"数量名"短语在汉语中不少已经固化了,其表达的意义与本义不同,较多使用了比喻义或引申义,有些在现代汉语中已基本上找不到"原始形式",如"一个心眼""一本正经""一条心"等。[①] 可以看出,通过隐喻或转喻,"数量名"中"数+量"的语义明显丧失,试比较"一本正经"与"一本经书"。

汉语还存在一些借用的临时"量词"形成的"一量名"结构,其也产生了固化现象,这些固化形式中的"数+量"实际具有一定的丧失性,例如:

(1)然后大讲买保险的好处,两个服务员听得一头雾水,文浩也给营营使眼色,希望她能刹车。

(2)树苗挂上一块牌子,上面写着:"睦邻友好,一衣带水"字样,表示祝愿两国人民和青年友谊的不断发展。

从历时角度来看,"一头雾水""一衣带水"的初始结构实际为"一+临时量词+名词"。"一头雾水"来源于方言中,形容"摸不着头脑,糊里糊涂","一头"的数量意义丧失;"一衣带水"原指"水面像一条衣带那样窄",如"我为百姓父母,岂可限一衣带水不拯之乎?(唐《南史》)""一衣带"显然有度量意义,但后来多形容"往来方便",其数量意义也丧失。

汉语"身"指"身体"或"身躯",也可以借用为临时量词,形成"一+身"数量短语,而"一+身+名"也有一定的固化趋势,如:

(3)秀峰同志这样一位一身正气、对党忠诚、品德高尚的无产阶级革命家,正是我们每个共产党员特别是党员领导干部学习的光辉榜样。

(4)他曾经想靠创作为生,结果背了一身债。

---

① 参见储泽祥:《"一个人"的固化及其固化过程》,《华中师范大学学报(人文社会科学版)》2003 年第 5 期。

上述例句中,"一身正气""一身债"使用频率较高,相对固化,而其中的"一身"泛指量多,"一身正气"形容人光明磊落、刚正不阿,"一身债"指"欠下大量债务","一+身"数量的本义实际不同程度丧失。汉语中类似的还有"一腔热血",该词比喻"为正义事业而献身的强烈热情","腔"也是临时借用量词,但其具体的意义实际丧失。

此外,在汉语中还存在一批泛说的"数量名"。这些形式在长期的使用过程中逐渐演变出新义,而在演变过程中"数+量"的本义也不同程度受损或丧失。例如:

(5)文艺工作者不能只惦记着自己的<u>一亩三分地</u>,要心怀祖国、心系人民。

(6)副队长,你别光在车上坐着看热闹,新官上任<u>三把火</u>,你得下去指挥着装车。

例(5)中的"一亩三分地",原指封建社会皇帝为显示其对农业生产的重视,在京城划出的一块"土地(恰好一亩三分)",每年"演试亲耕"。但历经长久使用,它逐渐失去了原有的意味,泛指"个人利益或个人势力范围"。例(6)中的"三把火",原指诸葛亮连续三次火攻曹操:第一次火烧博望坡,第二次火烧新野,第三次火烧赤壁。当时,人们把这三把火称为"诸葛亮上任三把火",后人又称"新官上任三把火",泛指"官员上任之初采取新的措施或政策"。以上用例中的"一亩三分、三把"难以再理解为最初的数量意义。汉语中类似的案例还有"四两拨千斤""半斤八两""九头牛也拉不回"等,这些固定结构中的"四两""千斤""半斤""八两""九头"与原型数量短语的意义相去甚远。换言之,它们的数量内涵已丧失。

二、数量短语语义的转指

在去范畴化过程中,语义的丧失有时被"语义转指"所抵消。根据汉语的事实,我们认为汉语数量短语语义的转指主要有以下两种情况:

第一,"数+量"的语义直接丧失,同时被新生的意义取代,而新义较多来源于相关的生活背景或使用习惯等。例如：

（7）只要找准七寸，就能进行手术刀式的清理。

（8）七斤一手捏着象牙嘴白铜斗六尺多长的湘妃竹烟管，低着头，慢慢地走来，坐在矮凳上。

例（7）中"七寸"的实际数量意义已经丧失，"七寸"原指距离蛇头部"七寸"之处，是蛇的致命地方所在，后来直接用"七寸"所表示的"处所"来转指意义更加抽象的"要害""关键""主要环节"等。例（8）中的"七斤"最初为数量短语，因为在传统的姓名文化中，人们常用小孩出生时的体重来命名，也就是说，"七斤"通过文化习俗转指出了"人"的意义，但作为称呼语其数量意义实际丧失了。

第二，"数+量"的语义不同程度丧失，或基本保留，但转指出新义。

一个原型的"数+量"表达的意义是"单纯"的数量意义，一切增生的意义实际上都反映了其语义内部的动态变化。例如：

（9）两口子消除了误会又和好如初。

（10）小两口一合计，买！

（11）一面担忧未来，一面心疼儿子，这可难坏了老两口。

数量短语"两+口"能指称实体，如"两口井/人"中"两口"可以临时指称"井、人"等，不过，"两口"不具有"井"或"人"的意义。但这为"转喻"创造了条件，转喻的实质是"用一个实体来指称一个与其相关联的实体"[①]，"两口"虽不具有"人、井"等的意义，但它们之间构成指称与被指称的关系，产生关联，因此，转喻可以发生。通过"转喻化"后，例（9）到（11）中"两口子""小两口""老两口"的"两口"实际有了"人"的意义，分别表示"夫妻俩""青年夫妇""老年夫妇"。虽然"两口"在语义上发生了转指，表"两"的核心数量并没有丧失，基本保留，"夫妻俩、青年或老年夫妇"仍含有数量核"两"。但从另一

---

① Lakoff, G. & Johnson, M. Metaphors We Live By. Chicago and London: The University of Chicago Press, 1980, p. 85.

个侧面来讲,量词"口"的指量意义实际隐性丧失。

　　陈新仁认为"转喻的首要功能是指称"①,这说明"指称"与"转喻"存在着密切的联系。而"转指"实际上是转喻的视角化,通过相关的信息或事物相关的特征使事物获得新的意义。"数+量"形式可以指称实体,这为其"转喻"提供了很好的途径,也就是说,"数+量"可通过"转喻"相关实体来获得新的意义。在汉语中,这种语义上的去范畴化现象不乏存在,如:"八+路"可以指称"军队",如"(第)八路军"。但是,这种指称关系是临时的、不确定的,因为"(第)八路"还可指称"汽车",如"八路公共汽车"。不过,数量短语可以通过与指称实体的相关性来获取实体本身的意义,如"老八路"中"八路"实际转指出"人"的意义了。再如,"房"在汉语中也是个量词,但一般只用于"妻子""儿媳妇"等。"(第)二房"是"数+量"结构,可指称实体"人",因此,它也可以通过转喻来获得实际意义,"二房"指"小老婆"或"妾"的意思。

　　汉语中这类现象还有:"两下(子)""一手""两手"转指"本领或技能";"一套"转指"思想或主见"。这些数量短语所获得的新义,实际上是数量短语"指称功能"的实现化、固化的结果。这种现象也是数量短语语义内涵的动态变化。

　　某种程度上来说,"数+量"指称的对象可以形成一个集合{X}(X≥1,为整数),而"指称"实际有一个实现化或固化的过程,这表现为"数+量"与指称对象的选择关系,我们可以作出两点推断:一是集合{X}成员越少,数量短语"指称"越容易固化,如"二房"等,反之,越难;二是与集合{X}成员多少无关,而表现为一种外在的强制性,这包括大众心理的趋同,语言演变过程中的句法、语音等的强制性,如例(21)的"七寸"。两种情况可表述如下:

$$Y\{X\}(1 \leq X \leq 4) \rightarrow F \rightarrow Y\{X\}(Y = X)$$

$$Y\{X\}(X \geq 1) \rightarrow G \rightarrow F \rightarrow Y\{X\}(Y = X)②$$

---

　　①　陈新仁:《"转喻"指称的认知语用阐释》,《外语学刊》2008年第2期。
　　②　Y表示数量短语,X表示数量短语指称对象的集合,F表示转指,G表示强制性因素,"="表示"转指"实现化、固化。

三、数量短语语义的抽象泛化

在去范畴化过程中,语义的抽象泛化实际是建立在原有意义上的一种泛指,是概念内涵不断被浓缩的过程。在语义抽象泛化过程中,数量短语的本义也会不同程度受损,形成一种泛指意义。在实际运用中,汉语数量短语主要存在两种泛指情况:量"多",量"少"。

(一) 泛指"多"

数量短语可以泛指量"多",例如:

(12)托马斯收下葫芦丝,高兴得半天合不拢嘴。

(13)他情绪的一百八十度突然变化,弄得我张皇失措。

(14)他心里想,我这些日子怎么倒八辈子霉了。

(15)如果有中介提出这类要求,千万要引起十二万分警惕。

(16)失主得知后万分感激,昨日发来短信"中国警察真棒!谢谢!"

(17)疑问在接下来的示范讲解中逐渐明白了,原来临帖也不是说照着临有八分像就可以了。

以上用例中的数量短语,不同程度地泛指数量多,时间长久,或程度深。例(12)中"半天"泛指时间长久;例(13)"一百八十度"表示动作强度大;例(14)中"八辈子"表示倒霉的程度深;例(15)(16)中"十二万分""万分"表"极其、非常"。汉语中"X 分"类结构,较多泛指程度,当 X 为"六"以上的数字时,一般泛指程度高,如例(17)中"八分"。汉语中还有许多类似现象,再如"相差十万八千里、离题万里"等,"十万八千里、万里"也泛指高程度,表示"差别十分大"。

(二) 泛指"少"

数量短语也可以泛指量"少",例如:

(18)他总在追求,就像那运行的星座,一刻也不停歇。

（19）对繁重的体力劳动,艾买尔没有<u>一丝</u>怨言。

（20）此时,李潘才看到满地的鲜血,<u>一下子</u>愣住了。

（21）这是七分振作,<u>三分</u>高兴啊!

例（18）至（21）中,"一刻"泛指"短暂的时间","一丝"泛指"极小、极少","一下（子）"泛指"短的时间","三分"泛指程度低。

一些数量短语也可连缀泛指量"多"或量"少"。例如:

（22）张改真<u>三番五次</u>劝燕振昌。

（23）<u>三下两下</u>,小男孩就从"北极熊"变成了"小光腚"。

（24）她为他生育了三个孩子,却不曾拖累他<u>一丝一毫</u>。

（25）你爸这几天总是<u>三更半夜</u>上洗手间,烦死了。

（26）做砖制瓦全为巧手工艺,没有<u>十年八载</u>成不了师傅。

（27）他们三下广东,一待就是<u>十天半月</u>。

上述例句中,"三番五次"泛指"次数多",类似的还有"屡次三番、几次三番";"三下两下"泛指时间很短暂;"一丝一毫"泛指"少"或"小";"三更半夜"泛指"深夜",也作"半夜三更";"十年八载""十天半月"均泛指"时间长久",类似的还有"三年五载"等。

"数+量"与"数+名"连缀也可以形成泛指意义。例如:

（28）他的妻子常年卧病,<u>三天两头</u>要去医院求医买药。

（29）逢年过节,<u>十里八乡</u>有不少人来到墓前,为烈士扫墓、献花、祭拜、缅怀。

（30）这个话题看起来有些沉重,青年们<u>一时半会儿</u>怕是不会理睬的。

上述例句中,"三天两头"泛指次数多、频繁;"十里八乡"泛指各个地方,表示"多";"一时半会儿"泛指时间短,也作"一时半刻"。

此外,有些数量短语在长期的使用过程中高频出现,也会呈现出一定的泛指趋势,我们认为,这种"趋势"实际也反映了语义内部的动态变化。Sinclair认为,语料库中的高频词会不同程度地丧失原有语义内涵,表现出"渐次非词语化"的趋向。① 例如：

（31）如<u>一年四季</u>各有特点，养生保健就要遵循"春生、夏长、秋收、冬藏"的规律。

（32）恒达公司马上生产出一种"保健沙疗贴"，可以让人<u>一年四季</u>在任何地方都做这种保健沙疗。

（33）光灿灿的奖牌、媒体和观众的追捧，正是对他们"<u>十年寒窗</u>"的回报。

通过对"人民网语料"检索，我们发现"一年四季"和"十年寒窗"的使用频率都比较高，前者42186例，后者2999例。"一年四季"较早见于元曲中，如"俺这出家人一年四季，春夏秋冬，好是快活也呵！（元《鲁斋郎》）"，显然这里"一年四季"实指"春、夏、秋、冬"，再如例（31），但在长期的使用过程中，它的语义略有磨损，存在一定的泛指趋势，可表示"长时间、长时期或任何时候"，如例（32）。同理，"十年寒窗"中的"十年"最初为确指数量，如"古人谓十年窗下无人问，一举成名天下知。（元《归潜志》）"但在长期使用中，"十年"所指的数量意义也有磨损，如例（33）中"十年"略有泛指"长年；长时间"之义。

汉语许多熟语中的"数+量"起初都有实在意义，但经过"隐喻化"以及长久的使用后，也存在一定的"语义"泛指。这些数量短语的本义丧失，而抽象泛指出"数量多或少""时间长或短""程度深或浅"等意义。例如：

（34）连英国威廉王子也下决心结束了"<u>八年抗战</u>"订下婚约。

（35）网游圈是个奇怪的地方，在这里经常上演着<u>三十年河东，三十年河西</u>的戏码。

例（34）（35）中"八年""三十年"实指的数量意义已不同程度丧失，变成了虚的说法，泛指"时间长"等。"八年抗战"实际通事件隐喻，即"八年"的抗日战争来泛指"时间长久"；"三十年河东，三十年河西"表示变化相当大。汉

---

① Sinclair，J. Trust the Text. London：Routledge，2004，p. 198.

语中类似情况还有许多,如"学富五车""才高八斗""十年磨一剑、百步穿杨"等,这些熟语中的"五车""八斗""十年""百步"本义基本丧失,变成了虚量,逐渐演变出泛指意义。"学富五车""才高八斗"表示学识多,很有才气。"十年磨一剑"和"百步穿杨"均有历史典故,它们实际通过事件隐喻分别表示"时间长久""枪法很准"。

第三节　数量短语语篇功能的扩展

汉语中数量短语在句法结构中具有较强的依附性,也就是说,它们必须有数量依附体,因此,很难成为独立性成分,比如"一只鸟""鸟飞走了一只""鸟一只一只飞走",在语义上"一只"必须依附于"鸟"。即使是动量词,情况也是一样,譬如"他去了一次北京""北京他只去过一次","一次"依附于动词"去"。理论上讲,数量短语必须有所计量的对象。因此,在篇章结构中,一个原型意义上的数量短语一般难以单独起篇章衔接作用。但是,我们认为,当数量短语在语义上丧失所依附的载体时,便会扩展出新的篇章功能以调节这种不平衡性。我们通过对语料考察发现,有些"数+量"在实际语料中具有较强的引进话题功能,而这些数量短语多能单用,其后有停顿。例如:

（1）一次,一位叫迈克尔的美国人看中了我的一套系列画,他要我开个价,我告诉他卖价是 3000 美金,经过讨价还价,最后以每幅 2800 美元成交了 5 幅。

（2）一回,思嘉实在急了,便准备自己骑马出门找吃的,可是全家人都生怕她碰上北方佬,这才迫使她放弃了自己的计划。

（3）一度,逢年过节,走亲访友,大家少不了要买上点儿"红富士"。

上述例句中的"一+次/回/度"很难将它们放入其后句中的任何一个位置,显然,在语篇结构中它们并不是充当状语或补语,因此,不属于状语或补语位移的现象。我们在语篇中也很难寻找到这些数量短语的语义依附体,与此同时,这些数量短语中的数词"一"替换性较低,不能用"二""三""四"等替换,这说明该类数量短语在句法特征上丧失了较为典型的特征,但扩展出了篇章衔接功能,即引进话题。"一+次/回/度"后的句子都是要叙说的内容。

在"一+次/回/度"前也可加上"有",篇章衔接功能较之前的更为明确。例如:

（4）有一次,孔子与学生来到郑国,见远处有人在议论他们。

（5）有一回,一个顾客到服务总台要看可视图文,我忙上前微笑道:"对不起,先生,可视图文系统出了些故障,正在修。"

（6）有一度,海明威与斯泰因关系很僵,亏得比奇从中转圜,才使两个人关系趋于正常。

量词"回、次"前也可以用"一两",例如:

（7）有一两回,我们都上床睡了,我偶尔又开开我的屋门,就看见她坐在楼梯顶上哭。

（8）有一两次,与他同行的人感到这旅程对这个小家伙或许太艰难了一些,便伸手去拉他。

通过以上分析,我们认为一些数量短语充当了引进话题的标记,实际是以丧失较为典型的句法特征诸如充当"定语、状语、补语"等为代价的,这类现象也是数量短语去范畴化的外在表现。

第四节　两种双数量结构隐喻扩展出"夸张"

"双数量"通常是两个数量短语的对用,也是汉语数量范畴十分常见的表达形式,本节主要探讨两种双数量结构的去范畴化现象。

一、"相等""不等"双数量结构隐喻扩展出"夸张"

"不等"是汉语双数量之间最原始的关系之一,它与表"相等"关系的双数量共享相同的句法形式,如"X(不)等于Y""X(不)值Y"等。但我们发现,在具体的使用过程中,某些表"相等"关系的对应式虽用了表"相等"的词语,但

X 与 Y 无论是在表层结构所显示的数量,还是在深层结构所隐含的数量,均不等,如"十年等于一日"。通过对汉语语料的进一步考察,我们认为,这种"不等"关系实际衍生出了"夸张"关系。在这一衍生过程中隐喻机制发挥了重要作用。Lakoff、Johnson 指出,隐喻是从一个认知域的结构到另一个认知域投射,在这一投射过程中,概念的相似性是认知的心理基础。① 汉语中表物的数量和表程度的量都属于量范畴,因此,数量和程度量在概念上具有相似性,这一点不少学者已有论述,如李宇明②。基于概念相似性,我们认为,数量可以隐喻扩展出高程度量,比如夸张量,汉语中常见的有"十分""万分""十万分""十二分""十二万分"等。而在表"相等""不等"关系的双数量对应式中,当 X、Y 在数量

上不等而且差距较大时,便产生了"差距量",如果此时仍使用表"相等"的词语,这一"差距量"会隐喻扩展出高程度量,夸张并凸显 X 的某个方面,如下图所示:

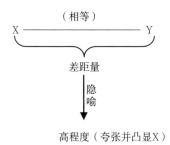

图 6-1　"相等""不等"双数量结构的隐喻扩展

根据图 6-1,我们认为,表"不等"关系的双数量之间实际也可以通过隐喻扩展出"夸张"关系。下面结合几个对应式来进行分析。首先看"X 等于Y"式,该式中 X、Y 在表层结构所显示的数量上有时并不相等,而在深层结构

---

① 参见 Lakoff,G. & Johnson,M. Metaphors We Live By. Chicago and London:The University of Chicago Press,1980,p. 85。

② 参见李宇明:《汉语量范畴研究》,华中师范大学出版社 2000 年版,第 283 页。

中所隐含的数量也不相等,此时该式表现的是一种夸张关系。例如:

(1)浦东的开放使长江这一条龙昂起了头,长江开放<u>一年等于40年</u>。

(2)作为一个政治工作干部,自己以身作则,说话才有力量,<u>说一句等于说十句</u>。

(3)家庭妇女精神面貌的变化,真是<u>一天等于二十年</u>。

例(1)中,"一年"在数量上不等于"40年",二者存在着数量差距,而"一年"发展的速度也不可能等于"40年"发展的速度,通过隐喻扩展后,它成为一种夸张的说法,凸显了发展速度超快。同理,例(2)中,"一句"在表层结构所显示的数量上不等于"十句",表示"一句"的作用非常大,也是一种夸张的说法。例(3)中,"一天"不等于"二十年",这里也是一种夸张的说法,凸显了"变化"之快。

其次,看"X顶Y"式,该式中如果X、Y在深层结构中所隐含的数量并不相等时,也可以隐喻扩展出"夸张"关系。例如:

(4)伟大领袖的教导,真是<u>一句顶一万句</u>,使我烦恼全消,疑团尽释。

(5)王建国是厂劳模,干起活来<u>一个顶仨</u>。

(6)他们提出,要想在瞬息万变的市场经济大海中杀出一条生路,就得<u>一天顶三天,一年顶三年</u>。

(7)你打有劲的,它能往死里拉,<u>一头顶三头</u>。

例(4)至(7)中,由于"一句"与"一万句","一个"与"仨","一天"与"三天","一年"与"三年","一头"与"三头"之间无论是表层结构还是深层结构所隐含的数量都存在着差距量,不可能相等,而通过隐喻扩展后,"X顶Y"也成了一种夸张的表现手法。"一句顶一万句"凸显了"一句话"的效能之大;"一个顶仨"凸显了"王建国"干活的能力很强;"一天顶三天,一年顶三年"凸显了时间非常紧迫;"一头顶三头"凸显了力气非常大。

再次看"X抵(上/得上)Y"式,该式中如果X、Y所含数量并不相等时,也可以隐喻扩展出"夸张"关系。例如:

（8）有人说，在战场上<u>拿破仑一人，可抵得上十万大军</u>。

（9）钱要花在刀口上，<u>一文抵十文用</u>，才算本事。

（10）因为"<u>一句抵一万句</u>"，非权威的说上一摊船管什么用！

（11）现在的<u>一年抵得上过去古老社会几十年、上百年甚至更长的时间</u>。

例（8）中，"一""十万"都指人的数量，二者并不相等，只构成了一种夸张关系，凸显了拿破仑的军事才能。例（9）中，"一文""十文"都是钱数，二者不相等，也构成了一种夸张关系，凸显了节省程度。同理，例（10）实际凸显了"一句"的效能之大。例（11）实际凸显了"一年"的发展速度之快。

这种夸张关系也可分为同质性与异质性的。同质性夸张指数量 X、Y 所饰对象同类，如上述例（9）至（11）。异质性夸张指数量 X、Y 所饰对象异类，例如：

（12）<u>一件衣服要顶 3 辆桑塔纳</u>，定这么高的价干什么！

（13）龚自珍有诗曰："可能十万珍珠字，买动千秋儿女心"，而女诗人<u>这十一首秦城诗草，确可抵十万珍珠了</u>。

（14）新闻界敷衍时，<u>一字就抵千军</u>哇！

（15）当年拿破仑说过，新闻记者<u>一支笔，抵得上三千毛瑟枪</u>。

例（12）中，"一件"为衣服的数量，而"3 辆"为桑塔纳的数量，两者不同，通过双数量的相等关系凸显了衣服的昂贵程度。例（13）中，"十一首"为诗歌的数量，"十万"为珍珠的数量，两者种类也不同，通过双数量的相等关系凸显了诗歌的价值之高。例（14）中，"一"与"千"数量不等，所计量的对象也不同，分别为"字"和"军"，该例实际凸显了"一字"的功效之大。例（15）中，"一"与"三千"不等，所计量的对象也不同，分别为"笔"和"毛瑟枪"，通过"相等"的双数量关系凸显了"笔"的作用之大。

二、"整体与部分"双数量结构隐喻扩展出"夸张"

"整体与部分"也是汉语数量之间常见关系之一。但在具体的使用中，这种关系有时很难实现"由整体到部分"。通过对汉语语料进行考察发现,在表达由"整体"到"部分"的双数量形式中,当 X 实际难以产生的"部分"数量 Y 时,致使 X、Y 成为虚量,以至整个结构进一步隐喻扩展出高程度量,夸张并凸显 X 的某个方面,如下图所示:

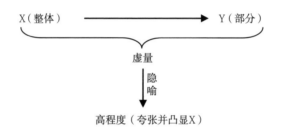

图 6-2 "整体与部分"双数量结构的隐喻扩展

根据图 6-2,我们认为,表"整体与部分"的双数量之间实际也可以通过隐喻扩展出"夸张"。以下,我们结合"X 掰(成)Y""X 拆成 Y"来进行分析。

"X 掰(成)Y""X 拆成 Y"虽较直接地体现了双数量由"整体"到"部分"的动态关系。但有时 X 与 Y 在表层结构上是整体与部分的关系,而实际难以通过"掰、拆"X 产生的"部分"数量 Y,以致整个双数量结构进一步隐喻扩展出了"夸张"。例如:

(16)为攒钱,素云不嫌辛苦跑买卖;为省钱,素云<u>一分钱掰成两半花</u>。

(17)"一班人"省吃俭用十几天,<u>一分钱掰成几瓣花</u>,终于看懂了冰箱的制造过程,他们怀揣巨大的精神财富回到了美菱,走出了第一步。

(18)<u>一分钱恨不得拆成八半花</u>。

(19)它虚伪、谄媚、懦怯,在生活道路上的每一个关口都要想方设法保全自己,似乎要把<u>一辈子掰成两辈子</u>过。

例(16)—(18)中的"一分钱"实际根本无法"掰"或"拆"成"两半""几瓣""八半",以至这些数量都变成了虚量,是一种夸张说法,为了凸显省钱的程度。例(19)中"一辈子"更无法掰成"两辈子",也是夸张说法。

　　本章小结:数量短语是汉语数量范畴的主要表现形式,本章运用去范畴化理论对数量短语的句法、语义、语篇等进行了动态分析,认为其特征表现为:一是句法方面的去范畴化,主要表现为数量短语定语功能的弱化,以及"数词+名量词"直接充当状语;二是语义内涵的去范畴化,主要表现为数量短语语义内涵的丧失、转指和抽象泛化(泛指"多"或"少");三是语篇功能方面的去范畴化,主要表现为一些"数+动量"由于非篇章功能扩展出篇章衔接功能。此外,某些双数量结构的对应式在具体使用过程中,由于 X、Y 实际所含数量"不等",或无法由整体切割成部分,以至进一步隐喻扩展出了一种含"高程度"的"夸张"说法,这也是数量短语去范畴化的体现。总之,这些动态现象实际反映了"数量范畴"内部成员存在着偏离范畴的特征,这对我们重新认识语言范畴有重要的启发意义。

第七章　汉语数量去范畴化的个案研究

从历时角度来看,汉语数量去范畴化的现象更为丰富。本章选取了几个较为典型的案例,如数词"半",数量短语"一般",量词"般",数序结构"一……再……,一……二……",并结合词汇化、语法化及构式化等理论,探讨这些数量表达形式的去范畴化过程、动因及机制。这里需指出的是,这些数量形式在历时演化中逐渐丧失了数量意义,因此,该类形式的去范畴化实际就是其词汇化、语法化或构式化的过程。

第一节　数词"半"的语法化与去范畴化

"半"在现代汉语中主要有两种用法:一是"半"为数词,表示事物数量的二分之一,没有整数时用在量词前面,有整数时用在量词后面,如"半个苹果""两个半"等;二是"半"为程度副词,表动作的强度或性状的程度,义为"不完全"。① 例如:

(1)就着朦胧的月光辨认出,在我家的房门边,还有一道小小的门,这扇门半开半掩,里头黑乎乎的。

---

① 中国社会科学院语言研究所词典编辑室编:《现代汉语词典》(第七版),商务印书馆 2016 年版,第 36 页。

（2）卢卡拿着这笔意外来的酬金，买了辆半新汽车。

程度副词"半"是如何演化来的，当前学界未作深入探讨。通过对汉语事实的考察，我们认为程度副词"半"的产生，是数词"半"语法化的结果，"半"丧失了其数量本义，实际是数量范畴去范畴化的表现，换言之，"半"的去范畴化就是语法化。以下，本节首先根据使用频率统计列出"半"语法化的大致途径，然后，运用"重新分析"理论对这一语法化轨迹进行细致描写，并对"半"去范畴化的动因进行深入探索。

一、"半"的语法化轨迹

Bybee 等认为，足够高的使用频率是一个词语发生语法化的必要条件。因此，我们认为通过统计某个词的使用频率，实际可以反映该词语法化的大致途径。① 基于对国学宝典等所提供的近十万条语料进行严格筛选与考察，我们获得了"半"的一条语法化轨迹：语法化开始阶段（春秋至两汉时期）→语法化深化阶段（魏晋至唐五代时期）→语法化成熟阶段（宋元时期）。以上各阶段用例情况详见表 7-1。

表 7-1　国学宝典和北京大学 CCL 古代汉语语料库中
"半"各阶段的用例数及出现频率

时段	总例数	副词性用例数	出现频率	语法化度
春秋至两汉	1023	15	1.5%	开始
魏晋至唐五代	6752	504	7.5%	深化
宋元	20979	3458	16.5%	成熟

"半"作为数词，其本义为"二分之一"，最早可见于西周时期，例如：

（3）知者观其象辞，则思过半矣。（西周《周易》）

---

① Bybee, J.; Perkins, R. & Pagliuca, W. The Evolution of Grammar: Tense, Aspect, and Modality in the Languages of the World. Chicago: Chicago University Press, 1994, pp. 19-20.

春秋至两汉时期,"半"基本用作数词,但其副词性用法零星出现,可称为"语法化开始阶段"。王力指出,古汉语中数词位于所修饰的名词之后是数词较常见的语法功能。①"半"作为数词使用,也常处于所修饰名词之后,此类用例较多。例如:

(4)盖去者半,入者半。(西汉《礼记》)

例(4)中的"半"实指一半的"去者""入者",它位于所修饰名词之后,其语义也指向这些名词。

"半"副词性用法最早可见于春秋时期,但用例甚少。例如:

(5)奔走而陈兵者,期也;半进半退者,诱也。(春秋《孙子兵法》)

魏晋至唐五代时期,"半"进一步语法化,但还不很成熟,可称为"语法化深化阶段"。这一阶段"半"的副词性用例明显增多。例如:

(6)霜干风枝,半耸半垂。(魏晋《洛阳伽蓝记》)

(7)大迦叶今为众人,如来在世请半坐。(魏晋《增壹阿含经》)

(8)晚来更带龙池雨,半拂阑干半入楼。(唐《金奁集》)

例(6)中"半耸半垂"的"半"并不表示"一半"的"枝",而实指动作"垂、耸"只达到一定的程度。同理,例(7)、(8)中"半"修饰动词"坐、拂、入"较为明显。

宋元时期,"半"的语法化逐渐成熟,它最终演变为一个程度副词,这一阶段可称为"语法化成熟阶段"。例如:

(9)先将锅子于炉内烧半红,次下砂子,次硫黄末一钱,盖砂子。(宋《庚道集》)

(10)重门半掩黄昏雨,奈寸肠此际千结。(元《琵琶记》)

"半"用于形容词前,表示事物在一定程度上具有某种性状,如例(9)的"半红",用于动词前,表示动作或状态只达到一定程度,其意义为"不完全",如例(10)的"半掩"。显然,这些"半",与具有数量意义的"(一)半"相去较

---

① 参见王力:《汉语史稿》,中华书局2004年版,第273页。

远,这说明此类"半"已经去范畴化了。

二、"半"的重新分析

(一)重新分析理论

重新分析(reanalysis)是语言演变的重要机制之一,Langacker 将其定义为:没有改变表层表达形式的结构变化,一个可分析为"(A,B),C"的结构,经过重新分析后,变成了"A,(B,C)"。[①] "按照 Langacker 的说法,重新分析是看不见摸不着的,这样就无法判断它何时何地发生。可是按照 Harris 和 Campbell 的说法,一些外在的形式标准可以用来判定重新分析的发生。"[②]这说明,所谓的表层表达形式只是相对的,并不是一成不变的,只是不能完全改变。我们认为,由"(A,B),C"到"A,(B,C)"过程中表层表达形式可以发生一些变化,而这些变化仍可以产生重新分析,但这种重新分析表现出一定的间接性及复杂性,具体有以下四种情况:

第一,A 承前省略或消失,以致(A,B)破裂,形成:"(A,B),C">"(B),C">"(B,C)"。

第二,"A"与"B"之间有其他语言项 X 的介入,以致(A,B)破裂,形成:"(A,B),C">"A,X,B,C">"A,X,(B,C)"。

第三,A 后移,以致(A,B)破裂,形成:"(A,B),C">"(B),C,A">"(B,C),A"。

第四,这种分析有时受到了句内外一个非邻近语言项 W 的强烈影响而产生,形成:"(A,B),C">W>"A,(B,C)"。

以往有关重新分析的条件或动因,人们过多压缩至语用或认知平面进行解释,因此句法、语义层面的研究相对薄弱。本节拟从重新分析这一机制入

---

① 参见 Langacker, R. W. Syntactic Reanalysis. In Li, C. (ed.). Mechanisms of Syntactic Change. Texas:University of Texas Press,1977,pp. 57-139。

② 石毓智、李讷:《汉语语法化的历程》,北京大学出版社 2001 年版,第 394 页。

手,利用其相关理论,探析"半"在句法、语义层面上一些较为透明的分析模式,并探寻其中的动因。

关于"句法层面的重新分析(syntactic reanalysis)",目前比较流行也比较认可的是"边界说"。"边界(boundary)"指语言成分之间的界限,在句法结构中体现为语言成分句法功能所辖的界域。Langacker 认为,重新分析常常导致语言成分之间的边界消失(loss)、创立(creation)或转移(shift)。① Hopper 和 Traugott 也指出,最简单的重新分析是两个语言成分之间的融合,而融合必然导致原有边界的丧失。② 石毓智、李讷认为,每一次重新分析都会涉及词语边界的改变问题,边界的变化是重新分析较为显著的特征之一。③ 可见,有关重新分析的结果,大部分学者比较认同是边界的弱化、消失或转移所造成的。边界的弱化是指一个语言项丧失了某种原有的句法功能,其原有的管辖界域弱化,甚至消失。边界的转移则指由于语言项的位移所导致其原有边界的转移,而转移的最终后果是边界的削弱或丧失。

"语义层面的重新分析(semantic reanalysis)"主要表现为语义的"漂白(bleaching)",相关研究如 Meillet④、Eckardt⑤ 等的论著。而语义的"漂白"过程实际指原有的语义不断地概括抽象化、弱化甚至丧失,新的语义逐渐生成。在语法化过程中,语义的丧失不是简单的消亡,而是新语义逐渐替代旧语义的过程,这个替代过程就是一种重新分析。

---

① 参见 Langacker, R. W. Syntactic Reanalysis. In Li, C. (ed.). Mechanisms of Syntactic Change. Texas:University of Texas Press,1977,pp. 57–139。

② Hopper,P. J. & Traugott,E. C. Grammaticalization (2th edition), Cambridge:Cambridge U-niversity Press,2003,p. 58.

③ 参见石毓智、李讷:《汉语语法化的历程》,北京大学出版社 2001 年版,第 394 页。

④ 参见 Meillet,A. L'évolution des formes grammaticales. Scientia (Rivista di scienza),1912 (26)。

⑤ 参见 Eckardt,R. Meaning Change in Grammaticalization:An Enquiry into Semantic Reanalys-is, Oxford:Oxford University Press,2006,p. 248。

（二）"半"句法层面上的重新分析

在"半"的语法化过程中，"（NP 半）VP"这一结构较易被重新分析为"NP（半 VP）"，副词"半"产生的动因主要源于"（NP 半）VP"的重新分析。为了讨论方便，我们把"半"与其前一个语言项之间的界域用下标的"K"表示，而把"半"与其后一个语言项之间的界域用下标的"H"表示，那么整个结构可表述为"$NP_K 半_H VP$"。

从"半"最初产生时的一些语言实例来看，"半"常处于所饰的名词"NP"之后，且语义上强指向"NP"，因此，K 表示的边界性明显要弱于 H，记为：K ＜ H，也就是说，"$NP_K 半$"是相对紧密的部分，而"$半_H VP$"是个十分松散的部分。从历时的角度看，K 和 H 的强弱实际呈现一个消长的过程。当"半"语义强指向"NP"时，K 边界性弱，而 H 边界性强，"$(NP_K 半)_H VP$"不可被重新分析。当"半"语义弱指向 NP，或丧失对 NP 的指向而强指向 VP 时，且 K 的边界性逐渐明朗起来，H 趋于弱化，整个结构可被重新分析为"$NP_K(半_H VP)$"。换言之，是否可以发生重新分析取决于：一是"NP"与"半"之间的边界 K 是否逐渐强化（K：弱→强），"半"与"VP"之间的边界 H 是否逐渐弱化（H：强→弱）。二是"半"对 NP 的语义指向程度：强→弱→零；"半"对 VP 的语义指向程度：零→弱→强。

根据一些古典文献所记载的语言事实，我们认为，"半"重新分析的情形具有如下几种：

1. NP 被承前省略

在"$NP_K 半_H VP$"这一结构中，"NP"承前省略，致使整个结构变为"$半_H VP$"，边界 K 并不是随着 NP 消失而消失，反而逐渐强化了，因为"半"前还可出现其他语言项 M，"半"与 M 之间产生了新边界，"半"开始有往后分析的趋势。当 K 逐渐强化时，H 也渐渐陷于弱化状态，这样可重新分析产生，"$M_K(半)_H(VP)$"也逐渐演变为"$M_K(半_H VP)$"。

我们以"半+入"为例，对其不同历史时期所呈现出来的一些特征进行分

221

析,以显示 K 和 H 的强弱与消长变化,同时探寻"NP$_K$半$_H$VP"可重新分析的规律。具体看下面例句:

(11)时郡兵才五百人,自以不敌,因开城门,贼<u>半入</u>,乃击之,斩首数百,余皆奔走,尽归邑落。(魏晋《三国志》)

(12)神化为毒虫螫其士众,毒行身黑,或于水中死者,或百步一里死者,且<u>半入</u>国。(魏晋《六度集经》)

例(11)中 NP 没有承前省略,数量"半"的语义指向"贼","贼半入"结构可分析为"(贼半)入"。例(12)中 NP 已承前省略,"半"语义指向前面的"士众",表示其数量"一半","半入"可分析为"半$_H$+入"。

当 NP 承前省略时,尽管"半"与句中的某个词在语义上有一定的指向关系,但由于"半"前面又有其他语言项 M 的进入,而 M 与"半"又不能够分析为一个紧密部分("半"语义上并不指向 M)。因此,在形式上"半"开始有往后分析的趋势,具体例句为:

(13)其灾旱盗贼之郡,勿收租,余郡悉<u>半入</u>。(魏晋《后汉书》)

例(13)中的"半"语义指向前面的"租",意思是"一半的租",而不是指"一半"的"余郡",但省略的"租"在某种程度上已经不需要补出。换言之,"余郡悉半入"实际指的是"余郡悉(租$_K$半)$_H$入",但由于"租"承前省,结构变为"余郡悉$_K$半$_H$入",省略导致 K 成了被强化的新边界,"悉"与"半"之间界限明确,"半"在形式有往后分析的趋势,"余郡悉半入"某种程度上说可产生重新分析:"余郡悉$_K$(半$_H$入)"。

当"半"在语义上已无所指向的 NP,且"半"前有其他语言项时,K 的边界性则更加明确,这时 H 更加弱化,这样重新分析得以实现,请看下面例句:

(14)恼客初酣睡,惊僧<u>半入</u>禅。(唐《小儿诗》)

例(14)中的"半"的语义并不是指向"僧"或"禅",不再表示数量"一半"的意思,其语义已转而指向了"入",表示"入"的程度,换言之,"半"发生了去范畴化。由于"半"前还有另外的语言项"僧"等,边界 K 更加明确,H 也逐渐弱化,"僧半入"应分析为"僧$_K$(半$_H$入)"。

如上分析,我们认为,"NP$_K$半$_H$VP"重新分析的模式可归纳如下:

"([NP]$_K$半)$_H$VP,K < H">"M[d]$_K$半$_H$VP">"M[0]$_K$(半$_H$VP),K > H">"M$_K$(半$_H$VP),K > H"

上述模式中,"NP"用方括号表示可承前省略;M 表示进入句法结构的其他语言项,且位于 NP 之前,"d"表示 NP 承前省略且补出的可能性较低,但尚未接近零;"0"表示 NP 可补出的可能性为零,同时,M 与"半"之间没有指向关系,它们之间的边界很明确,表现为 K 强化,H 逐渐弱化。

其实,古汉语中类似"半+入"这样的实例还有许多,譬如"半+去""半+用",它们重新分析的过程基本一样,这里不再赘述。这类重新分析的过程,实际就是"半"句法层面的去范畴化,即"半"由后置定语去范畴化为状语的过程。

2. NP 与"半"之间有其他语言项进入

如果将"NP"和"半"之间看作一种线性化关系,那么,当它们之间有其他语言项 X 进入时,便形成了一种非线性化关系。从"边界说"的角度看,X 的进入实际弱化了 H,同时产生了一个较为明确的新边界"K′"。新边界的创立对整个结构的分析造成了巨大影响,由于 X 的阻断,"半"与 NP 的语义指向关系削弱,"半"开始优先指向了邻近成分 VP,整个结构"NP$_{K'}$X$_K$半$_H$VP"可重新分析为"NP$_{K'}$X$_K$(半$_H$VP)"。请看下面例句:

(15)山坏半堕泉中欲走来出。(魏晋《菩萨本行经》)

(16)往年牛死,通率天下十能损二;麦不半收,秋种未下。(魏晋《三国志》)

(17)海中大鱼有时半出,望之如山。(五代《旧唐书》)

插入项 X 可为副词,如例(16)(17)中"不、有时",有时不限于副词,如例(15)中的"坏"。"半"本应与前面的 NP 在语义上存在着强指向关系,但由于语言项 X 的插入,新边界也随之创立,其指向程度开始逐渐弱化。而到了宋元时期,可以更明显地看到这种重新分析所产生的结果,例如:

(18)经接花疏,虽盛开,花常半含,名磬口梅,言似僧磬之口也。(宋

《范村梅谱》)

例(18)中的"常"是副词,作为插入项,致使"半"被重新分析为副词了,因为"半"与"花"的语义指向关系较弱,也就是说,"半"不是"花"的数量,而是表示"含"的程度。

如上所述,我们将这一重新分析的模式做如下归纳:

"$(NP_K半)_H VP, K < H$">"$NP_{K'} X_K 半 VP$">"$NP_{K'} X_K (半_H VP), K > H$"

然而,当"半"与"VP"之间也有语言项的进入时,产生的效果刚好相反,这时"半"被重新分析的可能性近乎零。例如:

(19)慰祖著《海岱志》,起太公迄西晋人物,为四十卷,半未成。(魏晋《南齐书》)

由于"未"的插入,致使"半"与"VP"之间的边界十分明晰,整个结构"NP 半 VP"一般不可重新分析,"半"仍然表示"NP"的数量。

3. NP 的位移

Meillet 将语序变化视为重新分析的实例之一[①],Hopper & Traugott 也比较认同这一观点,他们分析了"lets"的产生,认为是语序变化($OV \to VO$)导致重新分析的结果。[②] Heine 对英语中助动词"has/have to"[③]来源进行了分析,其实际也是位移所导致的一个重新分析案例,如下:

(20)a. X+has/have+Y+to+Z   b. X+has/have +to+Z+Y

(I have these things to say)   (I have to say these things)

从例(20)a 到 b,由于 Y 后移,导致整个结构被重新分析,而"has/have"也由主要动词演变为辅助动词。

在"NP+半+VP"这一结构中,位移所导致的重新分析较为显见。"半"在

---

① 参见 Meillet, A. L' évolution des formes grammaticales, *Scientia* (*Rivista di scienza*), 1912 (26)。

② 参见 Hopper, P. J. & Traugott, E. C. *Grammaticalization* (*2th edition*), Cambridge: Cambridge University Press, 2003, p. 61。

③ Heine, B. *Auxiliaries: Cognitive Forces and Grammaticalization*, Oxford: Oxford University Press, 1993, p. 41.

语义上本应强指向"NP",但由于"NP"后移,导致这种指向关系被 VP 的阻断所弱化,同时发生边界转移,NP 和"半"之间的弱边界逐渐转移到了"半"与 VP 之间,表现为 H 的弱化,致使"半$_H$VP"逐渐演变为一个紧密的部分,而新边界 K'创立,使 VP 和 NP 之间边界性较为明确。因此,整个结构可被重新分析为"(半$_H$VP)$_{K'}$NP"。我们对"半+折"做了不同时期的考察,如下:

(21)韩、魏战而胜秦,则兵<u>半折</u>,四境不守;战而不胜,则国已危亡随其后。(西汉《史记》)

(22)菱叶参差萍叶重,新蒲<u>半折</u>夜来风。(唐《江陵道中》)

(23)风蒲<u>半折</u>寒雁起,竹间的皪横江梅。(宋《赵令晏崔白大图幅径三丈》)

(24)<u>半折</u>残碑,空余故址,总是黄尘。(元《折桂令·丙子游越怀古》)

例(21)到(23)中,"半"均可表示其所修饰名词"兵、新蒲、风蒲"的数量"一半","半"在语义上强指向前面的名词,且二者是一个相对紧密的部分。当"半"前面的名词逐渐后移时,"半"在语义上开始弱指向这个后移的名词,而优先指向邻近的动词,这就出现了类似例(24)的情况,"半折残碑"虽然也可说成"残碑半折",但位移致使重新分析的产生。换言之,"半折残碑"中的"半"尽管对"残碑"还存有一定的弱指向关系,但由于位移导致"半"被重新分析了,它在语义上已优先指向邻近成分"折",表示动作的程度,"半折"成为了一个相对紧密的部分。

这样的用例还有很多,又如:

(25)千呼万唤始出来,犹抱琵琶<u>半遮</u>面。(唐《琵琶行》)

(26)<u>半垂</u>罗幕,相映烛光明。(唐《临江仙·霜拍井梧干叶堕》)

例(25)(26)中的"半"与"面、罗幕"在语义上的指向关系十分弱,"半 VP"被重新分析为一个紧密的部分。

如上,该类结构重新分析的模式可归纳如下:

"(NP$_K$半)$_H$VP,K < H">"半$_H$VP$_{K'}$NP">"(半$_H$VP)$_{K'}$NP,K' > H"

该类重新分析也是"半"句法功能去范畴化的表现,即定语功能的弱化,而逐渐扩展出状语功能。

4.句内外其他语言项的影响

某些语言结构的重新分析并不是孤立地发生,它往往需要依赖于其他语言项才能进行。重新分析的主体和句中其他语言项之间的语法关系,有时也直接影响重新分析的发生与进展。语言项之间边界的创立往往所涉及的对象都是与自己位置邻近的语言项,然而,有些语言项边界的创立、弱化、消失或转移,并非仅涉及邻近成分,而是受到一个位置距离较远的语言项的强烈影响。在"半"的语法化过程中,这一情况较为显著。例如:

(27)前儒旧说,天地之体,状如鸟卵,天包地外,犹壳之裹黄也。周旋无端,其形浑浑然,故曰浑天也。周天三百六十五度五百八十九分度之百四十五,半露地上,半在地下。(魏晋《宋书》)

(28)行德者,地之阳养神出,辅助其治,故半富也;行仁者,中和仁神出,助其治,故小富也。(东汉《太平经》)

(29)若四望无云,独有黑云极天,兵大起;半天者,兵半起,名曰天沟。(魏晋《灵台秘苑》)

(30)不全露形。不半露形。(隋《起世因本经》)

例(27)中"半"表示物体的数量"一半",而例(28)到(30)中,"半富""半起""半露"的半并不指数量的"一半",因受到与之结构对称的"小富""大起""全露"的影响,"半"被重新分析了,实际分别表示"富、起、露"的性状程度或动作强度。

如上分析,在"NP$_K$半$_H$VP"中"半$_H$VP"被重新定格为一个紧密部分,不是受邻近语言项的影响,而是来自句内甚至句外的一个或几个语言项 W 的影响。该类重新分析的模式可归纳如下:

"(NP$_K$半)$_H$VP,K ＜ H">W>"NP$_K$(半$_H$VP),K ＞ H"

该类重新分析的去范畴化实际表现为:"半"在句法结构中受到了含"程度"义形容词的范畴化的影响,如"大""小"等。

（三）"半"语义层面上的重新分析

在"半"的语法化过程中,语义层面的重新分析也是必然的,这是该副词产生的根本条件。"半"最初为数词,用以显示事物的数量,但从历时角度来看,这种"量"有一个逐渐模糊化的过程,而这一过程实际上就是"半"语义被漂白的过程,同时这也为"半"的重新分析产生了条件。当"半"表示的数量开始模糊时,便削弱了"半"与所饰名词之间的依附关系。随着"半"逐渐丧失原有的数量依附体,而以形容词或动词为新的依附体时,"半"的语义也开始抽象泛化,并被重新理解为动作或性状的"程度"。

"半"作数词有几个较为明显的特点:

第一,可以直接用于"数词+度量单位"之后,或单独用在度量单位之前,或直接用在数词之后。这时,"半"所显示的量都十分明确。例如:

（31）桃氏为剑,腊广二寸有<u>半</u>寸,两从半之。（西周《周礼》）

（32）壶,颈修七寸,腹修五寸,口径二寸<u>半</u>,容斗五升。（西汉《礼记》）

（33）顺,十八日、日余一百七十<u>半</u>,行星二度、余二千四百六十二,而与日合。（魏晋《魏书》）

第二,当"半"语义上所依附的名词有具体的数量修饰时,"半"显示的量更为清晰。例如:

（34）斩衰三升,齐衰四升、五升、六升,大功七升、八升、九升,小功十升、十一升、十二升,缌麻十五升去其<u>半</u>,有事其缕、无事其布日缌。（西汉《礼记》）

（35）城内文武一千五百人,而<u>半</u>是羌蛮流杂,人情骇惧。（魏晋《宋书》）

上述例句中,"半"所依附的"缌麻""文武"都有具体的数量修饰,如"十五升""一千五百","半"表示这些数量的"一半"。

第三,当"半"语义上所依附的名词无具体数量修饰时,其表示的量开始

模糊,而这种"模糊性"为重新分析创造了有利的条件。例如:

(36)人主左右诸郎半呼之"狂人"。(西汉《史记》)

(37)平原君门下闻之,半去平原君归公子,天下士复往归公子,公子倾平原君客。(西汉《史记》)

(38)于是乃问群臣,群臣半言马,半言鹿。(西汉《新语》)

例(36)到(38)中的"半"均指所修饰人或事物数量的"一半",但"左右诸郎""平原君门下、群臣"究竟是多少人,文中并未交代具体数量,这里"半"所表达的数量实际较为模糊。

随着"半"所表示的数量逐渐模糊化甚至丧失时,"半"易被重新分析其后动词或形容词的"程度"。例如:

(39)永巷重门渐半开,宫官着锁隔门回。(唐《官词三十首》)

例(39)中的"半"并不表示人或事物数量的一半,而实指"开"的程度。

通过以上的分析,我们把"半"在语义层面上重新被理解的模式归纳为:

精确数量(所依附的名词有具体数量)$>^{漂白}$模糊量(所依附的名词无具体数量)$>^{再漂白}$程度(修饰其后的动词或形容词)

程度副词"半"由数词去范畴化而来,但这种去范畴化实际表现为语法化,在"半"的去范畴化过程中,重新分析这一机制扮演了重要角色。本节借助重新分析及其相关理论,对"半"的句法及语义层面的重新分析进行了深入分析。句法层面上的去范畴化表现为:NP 承前省略,导致后置定语的"半"重新分析为状语;NP 的位移及其他语言项的介入,导致"半"定语功能的弱化,并扩展出状语功能;结构形式上的对称,致使"半"被含"程度"义的形容词范畴化。而语义层面的重新分析主要表现为:"半"数量意义的模糊化及抽象泛化。句法与语义层面的重新分析实际是相互伴随、相互呼应的,重新分析的这种"二重性"致使数词"半"逐渐丧失数量意义,并最终去范畴化为程度副词。

第二节　数量短语"一般"的词汇化、语法化与去范畴化

"一般"在现代汉语中是一个高频词,我们仅对北京大学 CCL 现代汉语语料库进行检索,就获得了 583506 例,这说明,该词在现代汉语中极为常见。然而,在具体使用过程中"一般"实际可分为四种类型。例如:

(1)下山的路去得急啊,可是,对于归人,你得知道,却别有<u>一般</u>滋味的。

(2)娟子的个子没再长,可也不矮了,和她母亲<u>一般</u>高。

(3)这是瑞光,<u>一般</u>人是看不到的,只有修道人才能看得见。

(4)昨天在路上碰到,他当面问她,她点点头,啥也没有说,便飞<u>一般</u>地跑了。

上述例句中,例(1)中"一般"是数量短语,表示"一种";例(2)(3)中"一般"是形容词,分别表示"一样、同样""普通、通常";例(4)中"一般"是比拟助词,表示"……似的"。形容词及助词"一般"显然丧失了数量意义,它们是如何形成的?四个"一般"在语言演变过程中是否存在密切关联?以下,我们将从历时角度来考察这些"一般"之间的演变关系,并分析其中的动因。为行文方便,我们把数量短语"一般"记为"一般$_1$",表"一样、同样"的记为"一般$_2$",表"普通、通常"的记为"一般$_3$",比拟助词"一般"记为"一般$_4$"。

一、数量短语"一般$_1$"

"般"在古汉语中是较常见的物量词,表示"种、样"。通过对北京大学 CCL 语料库、语料库在线和 BCC 语料库等进行全面检索,发现量词"般"的用法始于唐代。例如:

(5)从此蜀江烟月夜,杜鹃应作两<u>般</u>声。(唐《吊孟昌图》)

(6)今来并得三<u>般</u>事,灵运诗篇逸少书。(唐《酬隐珪舍人寄红烛》)

而数量短语"一+般"也初见于唐代,表示"一种、一样"。例如:

(7)有一般仙药,此国全无,但于土蕃国有此药。(唐《入唐求法巡礼行记》)

(8)一般毛羽结群飞,雨岸烟汀好景时。(唐《鸬鹚》)

(9)世有一般人,不恶又不善。(唐《诗三百三首》)

(10)万种保持图永远,一般模样负神明,到头何处问平生。(唐《浣溪沙》)

上述例中的"一般仙药、一般毛羽、一般人、一般模样"分别表示"一种仙药、一种毛羽、一种人、一种模样"。这里,"一般"所修饰的是较为具体的人或物。

数量短语"一+般"也可以修饰较为抽象的事物。例如:

(11)一般情绪应相信,门静莎深树影斜。(唐《同志顾云下第出京偶有寄勉》)

(12)各执一般见,互说非兼是。(唐《诗》)

(13)犹有一般辜负事,不将歌舞管弦来。(唐《玉泉寺南三里涧下多深红踯躅繁艳殊常感惜题诗以示游者》)

上述例中"情绪、见、辜负事"表达的语义均较为抽象。

如上分析,可见数量短语"一+般"在句法结构中主要充当定语。

二、"一般₁"去范畴化为"一般₂"

(一) NP+一般₁

在古汉语中,充当修饰语的数量短语也常处于所饰名词之后,诸多学者已有论述,如屈承熹①、张延俊②等。通过对《全唐诗》《祖堂集》《敦煌变文》《禅源诸诠集都序》等文献考察发现,"NP+一般₁"共有 23 例,"一般₁+NP"21 例,

① 参见屈承熹:《汉语的词序及其变迁》,《语言研究》1984 年第 1 期。
② 参见张延俊:《也论汉语"数·量·名"形式的产生》,《古汉语研究》2002 年第 2 期。

两种形式的使用情况基本相当,见表 7-2。

表 7-2　北京大学 CCL 古代汉语语料库和 BCC 语料库中"一般₁+NP"和
"NP+一般₁"的使用情况(例)

	《全唐诗》	《祖堂集》	《敦煌变文》	《禅源诸诠集都序》	合计
一般₁+NP	17	1	2	1	21
NP+一般₁	11	5	6	1	23

　　而从句法功能来说,数量短语"一般₁"虽置于名词之后,但仍是名词的修饰语,且在语义上对名词的依赖性很强。但从语义功能的角度来讲,后置的"一般₁"具有指称功能的同时,实际临时获得了谓词性功能,即"陈述功能"。例如:

　　(14)岂得言权实一般,岂得言始终二法。(唐《禅源诸诠集都序》)

　　(15)贱奴身虽为下贱,佛法一般,衣服不同,体无两种。(五代《敦煌变文》)

　　(16)王侯凡庶一般,死相亦无二种。(五代《敦煌变文》)

　　(17)粉英香萼一般般,无限行人立马看。(唐《道中未开木杏花》)

　　(18)亭际夭妍日日看,每朝颜色一般般。(唐《海石榴》)

　　例(14)中的"一般"与"二法"对应,是数量短语,"一般"既可指称"权实",也对其进行陈述。与此类似,从例(15)(16)中的"两种""二种",可判断"一般"也是数量短语。这些"一般"在句法结构中充当谓语,语义功能上兼有指称和陈述功能。例(17)(18)中的"一般般"为"一般"的重叠形式,表示"多种多样",在句中也直接充当谓语,而从语义功能上讲"一般般"既可指称"粉英香萼""颜色",也可对其进行陈述。虽然数量短语后置在古汉语中较常见,但我们认为,这是"一般₁"发生词汇化的主要诱因之一,也是其去范畴化的重要表现。

（二）"一般₁"语义功能的陈述化

汉语中存在大量的动词、名词或名词、形容词"互转"现象,这些现象实际是词语义功能的变化所致,即"指称""陈述"功能的互转。由"指称"到"陈述"的过程是"陈述化",由"陈述"到"指称"的过程是"指称化",这种变化有时在语言演变过程中起至关重要的作用。陈昌来和张长永指出,时间名词"将来"是从动词性短语"将+来"演变而来,而"指称化"这一机制发挥了关键作用。① 我们认为,语义功能的演变在"一般"的词汇化历程中也扮演了十分重要的角色。在"NP+一般₁"这类结构中,"一般₁"临时被赋予了陈述功能,但历经长久的使用后,这一功能易被固化下来。因此,我们认为,"NP+一般₁"中"一般₁"实际存在"指称"能力逐渐丧失而"陈述"能力逐渐强化的过程。形容词"一般"产生的动因之一就是数量短语"一般"语义功能的演变,其演变路径为:一般₁+NP→NP+一般₁(强指称+临时陈述)→NP+一般₁(弱指称+强陈述)→NP+一般₂(陈述功能固化)。例如:

（19）水边飞去青难辨,竹里归来色一般。（唐《翡翠》）

（20）红蕉曾到岭南看,校小芭蕉几一般。（唐《红蕉》）

（21）姊妹三人总一般,端正丑陋结因缘,并是大王亲骨肉,愿王一纳赐恩怜。（五代《敦煌变文》）

例(19)中的"色一般"既可理解成"颜色(同)一种",也可理解成"颜色一样",显然"一般"同时具有指称和陈述功能,可指称"色",也可对其进行陈述。但是,当 NP 与"一般"之间介入其他语言成分时,"一般"的指称功能趋于弱化,而陈述功能却逐渐增强。如例(20)中"一般"和"芭蕉"之间介入了"几",尽管二者存在着语义联系,构成一种弱指称关系,如"芭蕉几乎是(同)一种芭蕉",但更易理解为陈述关系,因为"几"在句法形式上修饰"一般"。而例

---

① 参见陈昌来、张长永:《时间词"将来"的词汇化历程及其指称化机制》,《鲁东大学学报(哲学社会科学版)》2010 年第 5 期。

（21）中"一般"与"人"之间的语义联系变得更微妙,因此,这里"一般"主要用于陈述。从例（19）到（21）,后置的"一般"指称能力逐渐弱化甚至丧失,而相应的陈述能力逐渐增强,实际表现为语义功能上的去范畴化。

（三）"NP＋一般₁"的重新分析

重新分析是语言演变过程中的重要机制,在"一般"的词汇化过程中这一机制也发挥了重要作用。Langacker 认为,重新分析是语言结构的重新切分、重新理解,即结构为"（A,B）,C"可重新理解为"A,（B,C）"。[①] 但如何判断重新分析是否发生? 如前文所述,重新分析过程中存在一些"外在的语言形式"可用来判定其发生。

"一般"句法、语义的演变是同步进行的。语义功能的演变,在句法形式上也会有一定的呼应,即"NP＋一般₁"这类相对粘着的结构被重新分析了:（NP＋一＋般）＞NP＋W＋一＋般＞（NP）＋W＋（一＋般）＞（NP）＋W＋（一般）。其中,W 为介入的外在语言形式。例如:

（22）诗偈总一般,读时须仔细。（唐《诗》）

（23）白衫裁袖本教宽,朱紫由来亦一般。（唐《力疾山下吴村看杏花十九首》）

（24）念经念佛能一般,爱河竭处生波澜。（唐《赠念〈法华经〉僧》）

（25）义即一般,胡云汉云则有差别。（五代《祖堂集》）

（26）其人之（云）:"世人并皆一般。"（五代《敦煌变文》）

例（22）至（26）中"一般"与其前的"诗偈""由来""念经念佛""义""世人"分别介入了一些副词或动词"总""亦""能""即""并皆"。尽管"一般"与前面的名词在语义上有或多或少的联系,但在句法形式上,由于副词、动词等的阻隔,"一般"一定程度上被孤立化,以至于"一般"的内部开始凝固。此类

---

① 参见 Langacker, R. W. Syntactic Reanalysis. In Li, C.（ed.）. Mechanisms of Syntactic Change. Texas:University of Texas Press,1977,pp. 57-139。

用例,我们检索语料库共发现 26 例。

当 NP 与"一般"之间介入的成分越来越多时,"一般"词汇化及去范畴化的趋势也就越强烈,检索语料库发现,五代时期"一般"开始独用的情况有 2 例:

(27)诸儒所见,别是<u>一般</u>,不可引以解此耳。(五代《兼明书》)

(28)文武百官,自一品以下,逐月所给料钱并须均匀,数目多少,<u>一般</u>支给。(五代《旧唐书》)

例(27)(28)中的"一般"表"一样、同样"。由此,我们可以推断,五代时期,"一般"的词汇化初步完成,换言之,其原有的数量意义丧失。

(四)"语境"对"一般₂"的影响

"语境影响"也是词汇化、去范畴化的主要动因之一。我们认为,在具体使用过程中,"一般"中的数词"一"被句法环境添加了附加意义,可表示"同一"的意思,以至于"一般"也逐渐表"同一种",这一使用情况多见于"两体"或"多体"对比中。因此,"一般"逐渐抽象泛化出"类同"的意思。例如:

(29)二十年前此夜中,<u>一般灯烛一般风</u>。(唐《献主文》)

(30)似把剪刀裁别恨,两人分得<u>一般愁</u>。(唐《惜别》)

(31)鹄箭亲疏虽<u>异</u>的,桂花高下<u>一般香</u>。(唐《赠陈望尧》)

(32)深绿依依配浅黄,两般颜色<u>一般香</u>。[唐《柳(十一首)》]

例(29)中是与"二十年前"的比较,属于两体对比,因此"一般灯烛一般风"实际表示"同一种灯烛同一种风"。例(30)至(32)也是两体对比,这从句中的"两人、高下、两般颜色"也可以看出,因此"一般愁""一般香"实际分别指"同一种愁""同一种香味"。而例(31)中"异"与"一般"对应,可见"一般"含有"一样、同样"的意思。

"一般"还常出现在"与/共……"较为明显的比较句中,使得其"一样、同样"的语义更加固化下来,形成了"一般₂"。在语料库考察中,我们认为,许多"与/共……一般"实际表示"和/跟……一样"。例如:

（33）行香仪式，与本国一般。（唐《入唐求法巡礼行记》）

（34）次一僧作梵，"如来妙色身"等两行偈，音韵共唐一般。（唐《入唐求法巡礼行记》）

（35）"那国有寒否？"留学僧答云："夏热冬寒。"相公道："共此间一般。"（唐《入唐求法巡礼行记》）

（36）所得身中功德，便共前人一般。（五代《敦煌变文》）

（37）若有善女善男，能受持观世音菩萨名号，乃至一时礼拜供养，与前来供养六十二亿菩萨之人，一般功德一等。（五代《敦煌变文》）

（38）如今四十余年也，还共当时恰一般。（唐《再逢虚中道士三首》）

例（33）中的"与本国一般"表示"和本国一样"。例（34）至（36）中的"共……一般"实为"和……一样"的意思，"共唐一般""共此间一般""共前人一般"分别表"（音韵）跟唐（诗）一样""和这里一样""和前人一样"。例（37）是"与……一般+NP"形式，也是一种比较形式，而"一般"则为"一样、同样"。例（38）中"当时"不能成为比较对象，因此，"共当时恰一般"应理解为"和当时情况恰好一样"。此外，需指出的是，"一般"中的"一"也不能被其他数词替换，这表明其某些句法特征丧失。

我们对唐五代时期的几本古典文献进行了检索，共计 16 例，见表 7-3。

表 7-3　北京大学 CCL 古代汉语语料库和 BCC 语料库中
"与/共……一般"的使用情况（例）

	《全唐诗》	《黄檗山断际禅师传心法要》	《入唐求法巡礼行记》	《祖堂集》	《敦煌变文》	合计
与……一般	2	1	3	2	1	9
共……一般	2	0	2	0	3	7

综上，我们认为，数量短语"一般"虽在唐五代时期出现，但由于其句法、

语义功能的演变,产生了词汇化现象,而"一般₁"也去范畴化为"一般₂"。在这一去范畴化过程中,量词"般"的数量意义丧失,而"一"的数量意义有些许保留,如"一样、同样"仍含"一"的意思,但表示"一个整体或类型"。

三、"一般₂"去范畴化为"一般₄"

(一)"比较"与"比拟"的关系

"比较"与"比拟"之间的联系较为密切。吕叔湘把比较范畴分为类同、比拟、近似、高下等①,可见他认为比较包括比拟(即"打比方")。于立昌和夏群也认为,广义上讲,比较应该是比拟的上位概念,即比较包含比拟,但狭义上讲,比较和比拟应是同位概念,二者既有联系又有区别。② 根据上述学者的研究,我们认为,不管比较与比拟互相涵盖与否,可以肯定的是,二者在概念上存在很大的相似性。除此之外,二者其实还可以共享句法形式,汉语中这种现象十分常见,比如,"像/跟/同……一样"既可表比较,如"这张桌子跟那张桌子一样长",也可表比拟,如"球队选择主教练,从某种意义上说其实跟年轻人找对象一样"。

(二)"一般₂"的隐喻化

在"一般"的语法化过程中,"隐喻"这一机制发挥了重要作用。隐喻实际是不同认知域之间的投射,在这一投射过程中,概念相似是认知的心理基础。如前所述,"比较"与"比拟"虽存在一定的区别,但在概念上具有高度的相似性,因此,这为隐喻扩展创造了条件。换言之,基于概念相似性,"比较"可隐喻扩展至"比拟"③。但如何扩展? 我们认为,句法结构的"修辞化"是主要的

① 参见吕叔湘:《中国文法要略》,辽宁教育出版社 2002 年版,第 352 页。
② 参见于立昌、夏群:《比较句和比拟句试析》,《语言教学与研究》2008 年第 1 期。
③ 盛爱萍和张虹倩指出,温州方言里的比较句可以扩展出比喻句。(参见盛爱萍、张虹倩:《从温州方言中的比较句到比喻句》,《当代修辞学》2011 年第 5 期)这为本书的研究提供了一定的依据。

动因之一,所谓"修辞化"指的是,在语言运用过程中由于表达需要将原有的某个非修辞格的句法结构充作一种修辞格来使用。比较与比拟本属两种不同句式,但在实际运用中,前者常被当作后者来使用,以致前者逐渐修辞化。因此,比拟助词"一般₄"的形成实际受益于这一"修辞化"过程。具体如下:

唐五代时期,我们检索语料库,发现表比较的"……与/共……一般"用例较多,如上文例(33)至(38),但与此同时,作为词的"一般₂"功能被进一步扩展,它由"比较"隐喻扩展出了"比拟"。这一时期,"一般"开始出现了新的用法,即"……与……一般"也可用于"比拟"。由此,"一般"也逐渐由"类同"隐喻扩展出"类似"之义。

"……与……一般"用于"比较","一般"表示"一样、同样",其词性为形容词,用例较多,如例(33)(37),再如:

(39)心空不及道空安,道与心空状一般。(五代《祖堂集》)

例(39)中,从"心空不及道空安"可以看出,是"心"与"道"之间的比较,因此,"与……般"为"与……一样"意思。

这一时期"……与……一般"开始用于比拟。但通过检索发现,用例甚少。例如:

(40)法身从古至今与佛祖一般,何处欠少一毫毛。(唐《黄檗山断际禅师传心法要》)

"……与……一般"作为比较句使用过程中,比较对象逐渐"空灵化"。所谓"空灵化"指的是,在比较句中可比的事物逐渐由实体泛用为虚体,表现为不存在或泛指的人、物,或者由具体到抽象。比较对象的"空灵化"一定程度上导致比较句的"可比性"降低,以至进一步向比拟句演变。与例(33)、(34)相比,例(40)中的比较对象"佛祖"开始空灵化、修辞化,使得"……与……一般"有演变成为比拟结构的趋势。但比拟助词"一般₄"的形成仍处于初始阶段,因为表"比较"的"与/共……一般"用例仍然较多,这说明,"比较"在当时仍占据了优势。

至宋代,表"比拟"的"与……一般"逐渐多了起来,例如:

（41）曰："有一等人能谈仁义之道，做事处却乖。此<u>与鬼念大悲咒一般</u>，更无奈何他处。"（宋《朱子语类》）

（42）曰："固是天地<u>与圣人一般</u>，但明道说得宽。"（宋《朱子语类》）

（43）知道此人说话<u>与古人一般</u>。（宋《古尊宿语录》）

（44）今问上座，每日持钵掌盂时，迎来送去时，为当<u>与古人一般</u>，别有道理？（宋《五灯会元》）

（45）未曾被虎伤底，须逐旋思量个被伤底道理，见得<u>与被伤者一般</u>，方是。（宋《朱子语类》）

（46）今既承重，则便<u>与父母一般</u>了，当服禫。（宋《朱子语类》）

（47）今却<u>如与做师友一般</u>，只去与他校，如何得！（宋《朱子语类》）

（48）叔器问："上蔡说鬼神云：'道有便有，道无便无。'初看此二句，<u>与'有其诚则有其神，无其诚则无其神'一般</u>；而先生前夜言上蔡之语未稳，如何？"（宋《朱子语类》）

例（41）中"鬼念大悲咒"是不存在的现象；例（42）至（46）中"圣人""古人""被伤者""父母"等都是一种泛指。当"与……一般"与"如""似"等连用时，比拟的意味更强，如例（47）。当比较对象越复杂或抽象，比拟的意味也越强，如例（48）。

如上分析，我们认为"……与/共……一般"表比较要先于表比拟，后者实际是前者句法结构"修辞化"的结果。而"一般"进入比拟结构后，它的词义也开始虚化①。由此，我们认为，比拟助词"一般₄"的形成实际是表比较的"一般₂"在"修辞动因"的驱使下进一步隐喻化的结果，如 7-1 图所示。而在这一去范畴化过程中，"一般"的数量意义彻底丧失。

（三）"……如/似……一般₄"

唐五代时期，"……如/似……一般"也可以用于"比拟"，义为"……似

---

① 江蓝生：《从语言渗透看汉语比拟式的发展》，《中国语文》1999 年第 4 期。

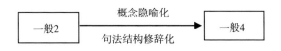

图 7-1　"一般₂"的隐喻化、修辞化

的"。当"一般₄"常与"如、似"等搭配时,其意义更加稳定,其词性也趋于助词。我们检索了这一时期一些经典文献,"一般₄"共计 9 例,其中,《祖堂集》2例,《敦煌变文》7例。这说明,比拟助词"一般₄"初步形成于唐五代时期,例如:

（49）果既将成,大事圆办,始得记位兜率,独尊超乎群品,亦如树果一般,方为称断。（五代《祖堂集》）

（50）若拨无因果,便同谤于般若,出佛身血一般。（五代《祖堂集》）

（51）恰如粉面一般,和水浑流不止。（五代《敦煌变文》）

（52）平处处垂慈不偶然,还如男女一般看,提携总出娑婆界,救度皆抛苦恼原。（五代《敦煌变文》）

（53）暂得身居天上,还如花下一般。（五代《敦煌变文》）

（54）凡因讲论,法师便似乐官一般,每事须有调置曲词。（五代《敦煌变文》）

（55）寂其太子,日夜转持戒行,虽求愿得耶殊彩女,亦似无妻一般。（五代《敦煌变文》）

（56）我今知汝,最教聪明,无瑕玼似童子一般,有行解与维摩无异。（五代《敦煌变文》）

（57）如或信心不起,似无手足一般,直饶得到宝山,空手并无所获。（五代《敦煌变文》）

宋以后,作为比拟助词的"一般₄"的用例才骤见增加①。与此同时,"一般"的词汇化、语法化也基本趋于成熟。

①　江蓝生:《从语言渗透看汉语比拟式的发展》,《中国语文》1999 年第 4 期。

数量短语"一般₁"和表"一样、同样"的"一般₂"仍然保留,例如:

(58)石上一般清意味,不羡渔蓑。(宋《山中白云词》)

(59)腊后春前别一般。(宋《于湖词》)

(60)若是"降衷"底,便是没那相近了,个个都只一般。(宋《朱子语类》)

比拟助词"一般₄"用例倍增,我们对一些古典文献进行了检索,见表7-4。

表7-4　北京大学 CCL 古代汉语语料库和 BCC 语料库中"一般₁、一般₂、一般₄"的使用情况(例)

	《全宋词》	《朱子语类》	《五灯会元》	《古尊宿语录》	合计
一般₁	29	48	16	5	98
一般₂	23	91	8	3	125
一般₄	0	107	1	4	112

例如:

(61)如人看水一般:常人但见为水流,圣人便知得水之发源处。(宋《朱子语类》)

(62)譬如吃果子一般:先去其皮壳,然后食其肉,又更和那中间核子都咬破,始得。(宋《朱子语类》)

(63)如今说底,恰似画卦影一般。(宋《朱子语类》)

(64)如种树一般,初间栽培灌溉,及既成树了,自然抽枝长叶,何用人力。(宋《朱子语类》)

(65)古德尚云,犹如梦事瀴语一般。(宋《五灯会元》)

(66)全似朝门前撞着一般。(宋《古尊宿语录》)

"一般₄"还可以独用,这表明"一般"逐渐黏附于前面的相应成分,语义更加虚化,其语法化也逐渐完成。例如:

（67）只是杀贼一般，一次杀不退，只管杀，杀数次时，须被杀退了。（宋《朱子语类》）

（68）夜至三更前后，万秀娘在那床上睡不着，肚里思量道："荷得尹宗救我，便是我重生父母，再长爷娘一般。只好嫁与他，共做个夫妻谢他。"（明《警世通言》）

与例（67）的"杀贼"相比，例（68）中的比拟对象"便是我重生父母，再长爷娘"更加复杂化，这充分说明"一般"的粘附性增强，由此，可以判断它已经凝固成比拟助词"一般$_4$"。

四、"一般$_2$"去范畴化为"一般$_3$"

宋代，"一般"由"类同"义逐渐抽象泛化出表示多的"普遍、遍及"，然后由此又进一步引申出"普通、通常"之义。我们认为"一般"这一语义的演变实际是比较对象由"两体"类同到"多体"类同的扩展过程。其语义扩展路径为：

"一种（数量）"→"一样、同样（条件：两体比较）"→"一样、同样（条件：多体比较）"→"类同（普遍、遍及）"→"普通、通常"

如前文所述，"一般"可以用于两体或多体类同比较。以下，我们再看"一般"与"都""皆"等词的搭配使用情况，检索语料库发现，此类用例较多。例如：

（69）气相近，如知寒暖，识饥饱，好生恶死，趋利避害，人与物都一般。（宋《朱子语类》）

（70）人与万物都一般者，理也；所以不同者，心也。（宋《朱子语类》）

（71）这理是天下公共之理，人人都一般，初无物我之分。（宋《朱子语类》）

（72）是民之感化如此，可见天下人人心都一般。（宋《朱子语类》）

（73）节序驱人人不解，道岁岁年年都一般。（宋《洞庭春色·元夕行灯轿上赋洞庭春色呈刘左史》）

（74）若是"降衷"底,便是没那相近了,个个都只一般。（宋《朱子语类》）

"一般"与"都"类词的搭配使用,实际暗含了比较的对象为"多个"。此外,从出现的比较对象来看,或是表"类"的名词,如例（69）中的"人""物",或是表示多个个体的名词性结构,如例（70）至（74）中"万物""人人""个个"。这说明,"一般"实际隐含了比较对象的多样化或普及化,从而它可以进一步抽象出"普遍、遍及"等意思。

宋代"一般"由"普遍、遍及"等义又进一步隐喻扩展出"普通、通常",但用例较少,在语料库中仅检索到6例,例如:

（75）一般人看画,只见得是画一般;识底人看,便见得它精神妙处,知得它用心苦也。（宋《朱子语类》）

（76）崔宁谢了恩,寻一块一般的玉,碾一个铃儿接住了,御前交纳。（宋《碾玉观音》）

（77）古人临事所以要回互时,是一般国家大事,系死生存亡之际,有不可直情径行处,便要权其轻重而行之。（宋《朱子语类》）

（78）一般人自便能如此。（宋《朱子语类》）

元明时期,"一般"表"普通、通常"的用例明显增多,说明这一语义基本稳定下来。例如:

（79）这都是一般儿的执象简戴乌纱,好着我眼花、眼花。（元《江州司马青衫泪》）

（80）你是一般妇人家,烦你替我看一看。（元《救孝子贤母不认尸》）

（81）你一般浅见薄识的人,那里抵当的我。（元《朴通事》）

（82）一般丧命多因色,万里亡躯只为财。（明《二刻拍案惊奇》）

（83）逢着马头聚处,使几路空拳,将这伞权为枪棒,撇个架子,一般有人喝彩,赍发几文钱,将就买些酒饭用度。（明《喻世明言》）

（84）内一株一般三尺八寸,遂取来赔王恺填库,更取一株长大的送

与王恺。(明《喻世明言》)

(85)你们且没奈何,休与他<u>一般</u>见识。(明《水浒传》)

由上可知,"一般$_2$"去范畴化为"一般$_3$"主要表现为:"一般$_2$"抽象泛化出暗含"多"的"普遍、普及",而当其进一步隐喻扩展出"普通、通常"之义时,其所含"一"或"多"的数量意义均丧失。

五、"一般$_4$"去范畴化为助词"般"

元明时期,"一般$_4$"作为词来使用较常见。在比拟句中,"一般$_4$"前不出现呼应词的用例明显增多。例如:

(86)我也不听他说,是我把右手带住马,左手揪着他眼扎毛,<u>顺手牵羊一般</u>牵他回来了。(元《尉迟恭单鞭夺槊》)

(87)我拿着这厮时,<u>驴一般</u>打。(元《朴通事》)

(88)小人虚汗只是<u>流水一般</u>,夯脑疼的一宿不得半点睡,与我把脉息看一看。(元《朴通事》)

而在比拟句中"一般"略去"一"时,使用情况更为普遍。这里的"般"可看作比拟助词,表示"……一样;……似的"。我们统计了《全元曲》,大概有109例,例如:

(89)若见俺笋条也似可憎人,舒开我这<u>葱枝般</u>纤细手。(元《瘸李岳诗酒玩江亭》)

(90)<u>槁木般</u>病形骸更没些沉重,<u>干柴般</u>瘦身躯有恁么龙钟?(元《吕洞宾三度城南柳》)

(91)<u>龙鳞般</u>云外飘,<u>鹅毛般</u>江上剪,<u>蝶翅般</u>风中旋。(元《吕洞宾三度城南柳》)

(92)英雄气焰,<u>貔虎般</u>不能收敛。(元《西游记杂剧》)

(93)呀、呀、呀,仰剌擦推了我一交,扑、扑、扑,<u>雨点般</u>拳头落,好、好、好,自有个天公报。(元《马丹阳度脱刘行首》)

(94)你觑<u>花枝般</u>淹润妖娆,我更<u>笋条般</u>风流年少。(元《铁拐李度金

童玉女》)

（95）立呵渲丹青仕女图，坐呵观世音自在居，睡呵<u>羊脂般</u>卧着美玉。（元《铁拐李度金童玉女》)

（96）（正末唱）无一时报复，夏侯惇<u>铁桶般</u>军无数。（元《诸葛亮博望烧屯》)

（97）则要你<u>鱼鳞般</u>排军阵，<u>雁行般</u>列队伍，依着我运计铺谋。（元《诸葛亮博望烧屯》)

如上，由于比况助词"一般"中的数词"一"实际已丧失了数量意义，因而在长期的使用过程中较易脱落，这直接导致比拟助词"般"的产生。

本小节从历时的角度，探讨了各种同形"一般"之间的密切关系：形容词"一般₂"实际是数量短语"一般₁"词汇化的结果；表"普通、通常"的"一般₃"又是"一般₂"抽象泛化并进一步隐喻扩展的结果；比况助词"一般₄"则是形容词"一般₂"语法化的结果，而"一般₄"在实际使用过程中逐渐脱落了无数量意义的"一"，并衍生出比况助词"般"。如图 7-2 所示。

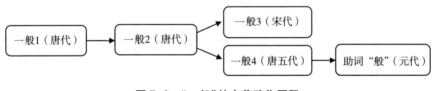

图 7-2　"一般"的去范畴化历程

"一般"的词汇化及语法化实际是其不断去范畴化的过程，其数量意义存在着不断的抽象泛化以及最终丧失的过程，而陈述化、修辞化、隐喻扩展、重新分析及语境影响等因素发挥了重要作用。

第三节　量词"般"的去范畴化

数量短语"一般"的去范畴化，显然也体现了量词"般"的去范畴化，因为"一般₂、一般₃、一般₄"中的"般"均丧失了计量能力。除此之外，汉语量词

"般"是否还存在其他去范畴化现象？我们进一步考察语料库，还发现了以下情况：

一、"这般"与"那般"

"这般、那般"在句中可以直接修饰形容词、动词，表示动作或性状程度，其相当于"这/那样；这/那么"的意思，例如：

（1）如果把"意见"放在一个广阔的时空背景下加以观察，这一新政策出台的重要意义其实远不止激发股市这般简单。

（2）但对她们来说，却是那般遥远。

（3）斯丹达尔早就预料到自己会受这般冷遇，他曾说过："到1880年的时候，将会有人了解我"，到"1935年"我才会"拥有读者"。

（4）去年，他们玩股票那般投入，那种可敬可畏的阵势，让内地人咋舌不止。

"这/那般"修饰形容词，如例（1）（2）中的"这般简单""那般遥远"。"这/那般"修饰动词，如例（3）（4）中的"这般冷遇""那般投入"。

我们认为，表示程度的"这般、那般"中的"般"实际不再具有计量作用，因此，这类"般"是量词去范畴化的表现。以下，我们从历时的角度，来进一步说明这一问题。

如前文所述，"般"作为量词最早出现于唐代，而指示代词"这、那"与"般"的组合最早也见于唐代。我们根据语料库的检索以及对相关文献的考察发现，元代以前，"这/那+般"基本上是指量短语，表示"这/那一种"，例如：

（5）后生小阿师不会，便即信这般野狐精魅，许他说事，系缚人，言道理行相应，护惜三业，始得成佛。（唐《镇州临济慧照禅师语录》）

（6）他亦不吃这般茶饭。（宋《古尊宿语录》）

（7）说甚公侯将相，只是这般模样。（宋《癸辛杂识》）

（8）这般人占得，便把做这般用；那般人占得，便把做那般用。（宋《朱子语类》）

但是,"这般"也可以用来计量动作行为,例如:

(9)佛曰:"学道亦然。心须调适,道可得矣。"初间只如此说。后来达磨入中国,见这般说话,中国人都会说了,遂换了话头,转去面壁静坐默照,那时亦只是如此。(宋《朱子语类》)

上述例句中,"这般说话"即"这一种说话",指代文中的"学道亦然。心须调适,道可得矣。"

至元代,"这/那+般"计量用法仍保留,例如:

(10)你说这般价钱怎么。(元《老乞大谚解》)

(11)你这般颏嘴脸,只好偷韩寿下风头香,傅何郎左壁厢粉。(元《西厢记》)

(12)觑着你这般模样,那般伎俩,还待要强夸张。(元《伍员吹箫》)

但该时期,"这/那+般"除了指量外,还逐渐发展出"程度"义,相当于"这/那样、这/那么"的意思,而量词"般"难以再计量,逐渐去范畴化。"这/那+般"主要修饰形容词或动词,我们识别的标准是:"这/那+般"不能再用"这/那种"替换。例如:

(13)我也跟官人时节,那里问雪雨阴晴,忍多少饥,受多少渴,这般受苦来。(元《朴通事》)

(14)你可怎生便与这般狠心?(元《闺怨佳人拜月亭》)

(15)(刘均佑云)是甚么人这般大惊小怪的?(元《布袋和尚忍字记》)

(16)这的都是前世里修善积福来,因此上,今世里那般的自在。(元《朴通事》)

(17)那般不小心收拾身己,可知得这证候。(元《朴通事》)

(18)俺看了摩利支那般英勇,若不是薛仁贵,谁人杀的他退也呵?(元《薛仁贵荣归故里》)

例(13)至(18)中的"这般、那般"不可被"这/那种"替换,但可以用"这/那样"或"这/那么"来替换,这说明其实际表示动作或性状的程度。显然,其中的量词"般"已丧失了原有的"数量"义。

在古汉语中,"这般、那般"也可以与"如此"连缀成"如此这/那般",表示性状或动作程度加深。"如此这般"使用较多,而"如此那般"较少,形成了一种不对称现象。例如:

(19)那去取老儿的人隔一日才到,说<u>如此这般</u>,寻不见,却空走了这遭。(宋《碾玉观音》)

(20)实不瞒你,他<u>如此这般</u>问了你两个的年纪,到明日讨了鞋样去,每人替你做双鞋儿,要拜认你两个做姐姐,他情愿做妹子。(明《金瓶梅》)

(21)我即进去,母亲同我<u>如此这般</u>的说了几句话。(清《二十年目睹之怪现状》)

(22)至于今天所遇,乃是你前生冤仇,<u>如此那般</u>一回情事。(清《八仙得道》)

"如此这般"也作"这般如此","如此"与"这般"都是"这样"的意思。例如:

(23)苟太太一面仍关上门,一面请姨妈坐下,一面<u>如此这般、这般如此</u>的告诉了一遍。(清《二十年目睹之怪现状》)

"如此这般"作为独立成分时,具有语篇衔接功能,这说明,"这般"的语篇功能被扩展,也是其去范畴化的表现。例如:

(24)李大姐,你快起来,俺们有椿事来对你说。<u>如此这般</u>,他多昨日和大姐姐好了,咱每人五钱银子,你便多出些儿,当初因为你起来。(明《金瓶梅》)

(25)你我先攮他回州,好作手法。<u>如此这般</u>,大家取便,岂不美善!(清《施公案》)

在长期的发展过程中,"如此这/那般"已经凝固,在现代汉语中也不乏类似用例,例如:

(26)记得前不久"30 辆轿车迎接 400 万元藏獒"的事件闹得沸沸扬

扬,如此那般的奢侈显富比之 3000 元的小狗生日不知过分了多少倍。

（27）人生,怎么会如此这般的无奈与惨淡?

（28）李淳举了一个例子:比如你有一件清朝的瓷器,但你不喜欢它的样式,按着自己的意愿将瓶口打掉,拼接了一个明朝的;然后又把底换成唐三彩的,还嫌不过瘾,又接了一对青铜器的把儿。如此这般,虽然每个部分都是"老的",可这还能叫"文物"吗?

（29）鱼儿又鲜美又肥大,野生野长;民风淳朴,钓之不禁。如此那般,把我烦腻倦慵的心煽惑得飞腾不已。

例（26）、（27）中的"如此这/那般"表示"奢侈、无奈与惨淡"的程度,而例（28）（29）中的"如此这/那般"实际具有篇章衔接作用。

二、"如此般"与"怎生般"

"如此"在汉语中可以表示程度,相当于"这样",比如"如此勇敢"。通过考察语料库发现,在元代,"如此这/那般"中"这/那"脱落形成"如此+般",也可以用于表示动作或性状的程度,例如:

（30）我这兄弟十分的干家做活,早起晚眠,放钱举债,如此般殷勤,我心中甚是欢喜。（元《布袋和尚忍字记》）

（31）（管通云）兄弟,想你在玄德公麾下为军师,如此般峥嵘,可也不枉了也。（元《诸葛亮博望烧屯》）

（32）（正旦云）量媳妇有何才能,着相公如此般错爱也!（元《望江亭中秋切鲙》）

（33）小生问其缘故,他道是欠少财主的财物,无钱还他,告到官中,如此般打拷追征。（元《庞居士误放来生债》）

"如此+般"实际表示"如此这样"的意思,可以直接修饰形容词,表示程度,如例（30）、（31）的"殷勤、峥嵘",也可以直接修饰动词或动词短语,表示动作强度,如例（32）、（33）的"错爱、打拷追征"。

此外,在元代"怎生+般"也可以直接表示程度。例如:

（34）搀夺尽六宫宠幸，更待<u>怎生般智巧心灵</u>。（元《唐明皇秋夜梧桐雨》）

（35）（驾云）你那丈人、丈母<u>怎生般利害</u>？（元《好酒赵元遇上皇》）

（36）十分酒十分悲怨，却不道<u>怎生般消遣</u>。（元《新水令·二十换头》）

"如此＋般""怎生＋般"在古汉语中都可以表示程度，但其中的量词"般"均丧失了数量意义。

在现代汉语中"如此＋般"仍可用于表程度，而"怎生＋般"用法消失。例如：

（37）在中国最文明发达的上海滩上的豪华大剧院里，上千个男女老少齐声对一个中国公民及其家庭<u>如此般地羞辱和贬损</u>，是不是有点儿过分了？

（38）一朵花的笑颜，虽短暂，却又<u>如此般绚烂</u>！

三、"百般、千般、万般"

元代以前，"百般""千般""万般"实际分别是表示"百种""千种""万种"的数量短语，例如：

（39）其有长才深智，悯物爱生，敬晓斯门，其利莫测，且大犯即家破逃散，小犯则失爵亡官，其余杂犯，火光口舌，跛蹇偏枯，衰殃疾病等，<u>万般</u>皆有，岂得轻之哉！（东汉《宅经》）

（40）最恨临行夜，相期<u>几百般</u>。（唐《送琼贞发述怀》）

（41）野花幽鸟<u>几千般</u>，头白山僧遍识难。（唐《山行》）

上述例句中，从"皆""几"可以看出，"万般""百般""千般"指具体的数量。

但因"百、千、万"都是高位数，"百般""千般""万般"逐渐泛指"多种"，例如：

（42）长截邻鸡叫五更，<u>数般</u>名字<u>百般</u>声。（唐《百舌鸟》）

（43）两崖古树千般色，一井寒泉数丈冰。（唐《题招隐寺即戴颙旧宅》）

（44）万般名利不关身，况待山平海变尘。（唐《偶题离亭》）

从例（42）、（43）中的"数"也可判断"百""千"等抽象泛化为"多"。

至元代，它们逐渐固化，表示"程度"的用法基本形成，泛指"十分、很"的意思，其数量意义彻底丧失。例如：

（45）昨日茶坊里张小闲来说，有个浮梁茶客刘一郎，要来和孩儿吃酒，孩儿百般不肯。（元《江州司马青衫泪》）

（46）（又看科）今日万般的难得下去也呵。（元《西厢记》）

（47）有妻是刘月仙，生的有些颜色，十分的不贤惠，将小人千般毁骂，万般憎嫌。（元《好酒赵元遇上皇》）

"百般""千般""万般"表示程度的用法在现代汉语中基本沿用下来，例如：

（48）对于事业和家庭矛盾以及付出的辛劳他总是看得很淡，心怀千般愧疚，但总是面带微笑，每当大家问起的时候，他总会说："值得！"

（49）令他沮丧的是，任凭他百般努力，每次考试成绩依然很不理想。

（50）这次我感到非常高兴也万般荣幸能够跟他合作。

上述例句中，"千般愧疚""百般努力""万般荣幸"分别表示"十分愧疚""很努力""非常荣幸"，具有夸张意味。

本小节主要探索量词"般"相关的去范畴化现象，我们认为，不管是"这/那般""如此般""怎生般"，还是"百般""千般""万般"等，这些形式中"般"的数量意义均已丧失，该类词通过去范畴化进入了程度范畴。

第四节　数序结构"一……再……、一……二……"的构式化与去范畴化

汉语表达"次序"常用序数，也可直接用基数①，如"第一……第二……"

---

① 吕叔湘：《中国文法要略》，辽宁教育出版社 2002 年版，第 144 页。

"一……二……"等,该类形式常有两个或以上的序列项,它们语义关联,依次排列,形成序列复句句式,我们统称为"数序结构"。例如:

(1)但以管理者的观点,这并非是属于性格,而主要由以下两种原因产生:第一,时间感觉较他人散漫;第二,时间意识不发达。

(2)康德后来把他一生的探索归结为三个问题:一、我能够知道什么;二、我应该做什么;三、我能期望什么。

该类结构也常见省缩式,例如:

(3)消防部门事先告知,这地方不能建市场,第一违法,第二不安全。

(4)他通过调查研究,走访许多职工和各方面人士,最终找到了符合实际的办法,即"一控二保三实"(控制不合理的开支;保证有病职工得到及时治疗;实事求是地解决特殊病人的困难)的改革办法。

(5)那理由却振振有词,扼其大要曰:一忙二难,力不从心。

另,基数的"计数""排序"功能有时合为一体,例如:

(6)国庆节前夕,杭州西湖一举恢复了15处景点,其中包括了整修如故的北山街、中国茶叶博物馆、苏东坡博物馆、武松墓、苏小小墓等以历史文化底蕴浓郁为特色的景观,号称"一街二馆三园四墓五景点",充满了水墨气息。

(7)华蓥因工业而立、因工业而兴,历经了"三线"建设、"一黑二白(煤炭和水泥、石灰)"工业见长的恢弘岁月……

上述例句中的"一……二……三……四……五……""一……二……"既表数目,又表次序。

通过以上分析,不难看出,序列结构"第一……第二…""一……二……"的省缩式与表"反复、程度"的"一A再A(一忍再忍、一坏再坏)""一A二B(一来二往、一清二楚)"在结构上颇为相似。从历时的角度来看,它们之间是否存在密切联系?该类构式是如何演化来的,目前尚无相关研究。我们进一步考察语料库,初步推断后者是前者去范畴化的结果。以下我们将运用构式化理论,对该类结构去范畴化的历程、诱因及机制作详细分析。

一、"一 A 再 A"的构式化及去范畴化

上古汉语中"再"是数词,表两次或第二次①,而"一 X,再 Y……"起初也是典型的数序表达形式。通过考察汉语语料库发现,该类结构使用频率极高。我们认为,现代汉语中的"一 A 再 A"实际是由数序表达形式"一 X,再 Y……"去范畴化而来的,其历程可描述为:一 X(内含 A),再 Y(内含 A)……→一 A+再 A→一 A 再 A。

(一) 原始形式"一 X,再 Y……"

"一 X,再 Y……"是"一 A 再 A"的原始形式,一般为数序复句,其中,"一 X""再 Y"为分句,且 X、Y 内含相同构成成分 A,A 一般为动词。该结构先秦时期已多见,例如:

(8)凡六乐者,<u>一变</u>而致羽物及川泽之示,<u>再变</u>而致赢物及山林之示,三变而致鳞物及丘陵之示,四变而致毛物及坟衍之示,五变而致介物及土示,六变而致象物及天神。(西周《周礼》)

(9)故其鼎铭云:"<u>一命</u>而偻,<u>再命</u>而伛,三命而俯。循墙而走,亦莫余敢侮。饘于是,鬻于是,以糊余口。"(春秋《左传》)

(10)凡师,<u>一宿</u>为舍,<u>再宿</u>为信,过信为次。(春秋《左传》)

(11)<u>一不朝</u>,则贬其爵;<u>再不朝</u>,则削其地;三不朝,则六师移之。(战国《孟子》)

两汉时期,用例更多,例如:

(12)臣意即为之液汤火齐逐热,<u>一饮</u>汗尽,<u>再饮</u>热去,三饮病已。(西汉《史记》)

(13)臣意饮以火齐汤,<u>一饮</u>即前后溲,<u>再饮</u>病已,溺如故。(西汉《史记》)

---

① 王力:《王力古汉语字典》,中华书局 2000 年版,第 60 页。

（14）通肠之法：<u>一食</u>为适，<u>再食</u>为增，三食为下，四食为肠张，五食饥大起，六食大凶恶，百疾从此而生，至大饥年当死。（东汉《太平经》）

（15）延年侍上起舞，歌曰："北方有佳人，绝世而独立，<u>一顾</u>倾人城，<u>再顾</u>倾人国。宁不知倾城与倾国，佳人难再得！"（东汉《汉书》）

上述例句中，"一 X，再 Y……"的序列项既有两项的，也有三项或以上的。这些例句中的序列项之间内含相同的构成成分，如"变""命""宿""朝""饮""食""顾"等。

（二）"一 X（内含 A），再 Y（内含 A）……"演化为"一 A+再 A"

魏晋至宋元，前一时期的用法基本保留，但因上下文承前省略、转述省略、表达简省等诱发了 X、Y 内含的 A 被提取，该结构进一步演化出并列式"一 A+再 A"，例如：

（16）按今世有三卧<u>一生蚕</u>，四卧<u>再生蚕</u>。白头蚕，颉石蚕，楚蚕，黑蚕，儿蚕，有<u>一生</u>、<u>再生</u>之异，灰儿蚕，秋母蚕，秋中蚕，老秋儿蚕，秋末老，獬儿蚕，绵儿蚕，同功蚕，或二蚕三蚕，共为一茧。（魏晋《齐民要术》）

（17）贾公彦谓：《周礼》地有<u>一易</u>、<u>再易</u>、不易之分，贡乃一易地，二百亩而税，百亩助，则上地百亩，莱三十亩，而税其半。（宋《罗氏识遗》）

（18）又以<u>一易</u>、<u>再易</u>、三易，通之三分去一，为三十五万四百夫。（宋《历代兵制》）

上述例句中，"一生、再生"为承前文"三卧一生蚕，四卧再生蚕"而省略；"一易、再易"实为转述"不易之地，家百畮；一易之地，家二百畮；再易之地，家三百畮。（《周礼》）"时出现的省缩。

（三）"一 A+再 A"演化为"一 A 再 A"

在构式化过程中，"松散和冗余组织的话语结构会凝结成更紧密和更少冗余组织的结构"①。Haspelmath 也指出,构式各构件之间的内在依赖性会逐渐加强。② "一 A""再 A"省缩多余组织(包括标点符号)的同时,它们之间的边界也逐渐消失,内在联系加强。而"一 A+再 A"也由松散的并列短语向联系更紧密的框架构式"一 A 再 A"过渡。

魏晋至宋元,"一 A 再 A"发生了初步的构式化,例如:

(19)孙毓以为<u>一加再加</u>,皆非也。(魏晋《宋书》)

(20)臣等不逮,无能云补,思竭愚诚,谨陈五事如左,惟蒙<u>一省再省</u>,少垂察纳。(唐《晋书》)

(21)"士执雉",谓天子三命之士,及诸侯<u>一命再命</u>之士也。(唐《通典》)

(22)<u>一拊再拊</u>玄鹤舞,三四拊之凄风生。(宋《赠弹琴衡山萧道士》)

(23)子平对曰:"什一取其公田之入,今无公田而税其私田,为法不同。古有<u>一易再易</u>之田,中田一年荒而不种,下田二年荒而不种。今乃一切与上田均税之,此民所以困也。"(元《金史》)

上述例句中的"一加再加""一省再省""一命再命""一拊再拊""一易再易"虽在语义上可理解为"一 A+再 A",但结构形式更加凝固紧凑,这表明,该结构的构式化还处于初步发展阶段,尚不成熟。

至明清时期,该构式的用例骤增,其构式义也从起初的"数序"去范畴化为新的、更抽象的"反复""程度"。同时,语料库显示,该构式表"序列"的用例大大减少。这表明,其构式化基本成熟。

该构式表动作的"反复(或次数多)",A 为动词,例如:

---

① Tomasello,M. Constructing a Language. Cambridge,Massachusetts:Harvard University Press,2003,p. 14.

② Haspelmath,M. On directionality in language change with particular reference to grammaticalization. In Fischer,O.;Norde,M.;Perridon,H. (eds.). Up and down the cline:The nature of grammaticalization. Amsterdam:Benjamins,2004,pp. 17–44.

（24）四十年来，会试虽有严有宽，而解衣脱帽，且<u>一搜再搜</u>，无复国初待士体矣。（明《万历野获编》）

（25）至恒河沙数之<u>一变再变</u>，以至千百变，竟无一物可以喻之，不几充塞江河而为陆地，舟楫之往来能无恙乎？（明《闲情偶寄》）

（26）老残道："都是被你<u>一留再留</u>的，倘若我在屋里，不至于被他烧得这么干净。"（清《老残游记》）

（27）二人挥拳动手，二十余个照面，焦公子一脚踢在濮爷肚脐之上，濮爷向后<u>一退再退</u>，仰身而下，离地且近，用了个燕子翻身，未曾站稳，碰躺下了好几位看打擂的。（清《三侠剑》）

少数也表"程度递增"，A 为形容词，例如：

（28）此去千万要看清，不可失神与大意，<u>一错再错</u>了不成，他们夫妻本领大，你可不要看得轻。（清《小八义》）

除上述例子，明代还有"一见再见""一招再招""一从再从""一灌再灌"等。清代还有"一加再加""一命再命""一战再战""一世再世""一窜再窜""一失再失""一易再易""一试再试""一赐再赐""一败再败""一误再误""一恩再恩""一梦再梦""一熟再熟""一救再救""一犯再犯""一迁再迁""一折再折""一换再换""一题再题""一溃再溃""一传再传""一啄再啄"等。

民国后，新构式基本沿用下来，例如：

（29）宋濂听了，暗想你倒好放刁，咱们四个人一块儿来的，你偏要人家<u>一请再请</u>，还不肯就起身，却等到几时去，怪不得胡将军要抓你去了。（民国《明代宫闱史》）

（30）近临河干，多不合法，且大率单薄，又断续相间，屡经塌陷，<u>一筑再筑</u>，民力困竭。（民国《清史稿》）

二、"一 A 二 B"的构式化及去范畴化

数序结构"一 X（内含 A），二 Y（内含 B）……"是"一 A 二 B"的构式源，其中，A、B 通常为序列项核心的语义内容，通过省缩，二者日益凸显，最终成

为新构式的可变项。该构式的构式化历程可归纳为:数序复句"一 X(内含 A),二 Y(内含 B)"→数序复句"一 A,二 B"→数序短语"一 A+二 B"→"一 A 二 B"。

(一) "一 X,二 Y……"演化为"一 A,二 B"

古汉语中基数"一""二""三"等表达序列十分常见,例如:

(31)治之本二:一曰人,二曰事。(战国《管子》)

(32)上书陈便宜,奏记荐吏士,一则为身,二则为人。(东汉《论衡》)

(33)菩提三种:一者声闻菩提;二者缘觉菩提;三者诸佛菩提。(魏晋《优婆塞戒经》)

上述例句中的数序复句既有两项的,也有三项的。

汉语表达追求"言简意赅"由来已久,Bybee 指出,汉语的话语规约是尽量避免信息冗余。① 而数序结构在实际应用中也遵循了这一规约,为了表述简明,该类结构常省略"曰""则""者"等列举标记词,例如:

(34)九行:一仁,二行,三让,四信,五固,六治,七义,八意,九勇。(战国《逸周书》)

(35)五乘:一人,二天,三声闻,四辟支佛,五菩萨。(南朝《昭明文选》)

上述例句中的序数后也可添加相应的"曰""则""者"等。

在汉语表达中"只要无伤信递(communication),一切皆可省略"②。除了省略列举标记词,该类结构序列项内部的次要语义成分也常被省缩,例如:

(36)三机:一疑家,二疑德,三质士。(战国《逸周书》)

---

① 参见 Bybee,J. Semantic aspecs of morphological typology.In Bybee,J. ;John,. H. & Thompson,S. A. (eds.). Essays On Language Function and Language Type. Amsterdam; Philadelphia:John Benjamins Publishing Company,1997,pp. 25-38。

② 吴福祥:《汉语方言中的若干逆语法化现象》,《中国语文》2017 年第 3 期。

（37）五权：一曰地，地以权民；二曰物，物以权官；三曰鄙，鄙以权庶；四曰刑，刑以权常；五曰食，食以权爵。（战国《逸周书》）

例（36）的"一疑冢，二疑德，三质士"实为"一疑冢无授众，二疑德无举士，三质士无远齐。（《逸周书》）"可见，在省缩过程中只保留了核心的语义成分。有时，省缩的内容通常后置于序列项，如例（37）中的"地"省缩于"地以权民"，其后情况相同。

隋唐以后，该类结构的省缩更常见，例如：

（38）有三意：一入、二住、三出。（唐《小止观》）

（39）其后达磨来又说禅，又有三事："一空，二假，三中。空全论空，假者想出世界，中在空假之中。"（宋《朱子语类》）

也有两项序列的省缩式"一A，二B"，例如：

（40）故龙树立二种般若：一共，二不共。（唐《原人论》）

（41）身子答曰："诸天相似，若论殊益，无过兜率，一乐、二闻法。"（五代《敦煌变文》）

（42）那人便道："一不做，二不休，却是你来赶我，不是我来寻你索命。"（宋《错斩崔宁》）

（43）然虽如是，一不是，二不成，落华流水里啼莺。（宋《五灯会元》）

（44）（净做拿住张千把脉科，云）一肝，二胆。（元《全元曲》）

（二）"一A，二B"演化为"一A+二B"

宋元明时期，"一A二B"发生了初步的构式化，即"一A，二B"由松散的数序复句开始演变为结构相对紧凑的数序短语"一A+二B"。例如：

（45）一罗二土，三水四金，五太阳、六太阴、七计都。（宋《五灯会元》）

（46）一不成二不是。（宋《古尊宿语录》）

（47）一不做二不休。（宋《古尊宿语录》）

（48）<u>一道伴二</u>怨家。（宋《古尊宿语录》）

（49）你家中也有<u>一爹二娘</u>，三兄四弟，五姊六妹，知他死在谁人剑锋之下，填于草野沟壑之中？（元《宜秋山赵礼让肥》）

（50）则我这眼展眉舒，盖因是<u>一由命二由做</u>。（元《包龙图智勘后庭花》）

（51）那妖魔惜命，真个叫："外公，外公！是我的不是了！<u>一差二误</u>吞了你，你如今却反害我。万望大圣慈悲，可怜蝼蚁贪生之意，饶了我命，愿送你师父过山也。"（明《西游记》）

对照例（40）至（44），可见上述例句中"一A""二B"在形式上连接更紧密，已具备了新构式的雏形。但这些用例在语义上仍可理解为"一A+二B"，这说明，该构式的构式化尚不成熟。

（三）"一A+二B"演化为"一A二B"

至清代，序列项为单音节的"一A+二B"使用频率极高，这使框架"一……二……"被进一步凸显。同时，"一A二B"也由"数序"进一步去范畴化为"反复"或"程度"。

该构式表动作的"反复（或次数多）"，A、B为动词，例如：

（52）但见济公<u>一摇二摆</u>的上了金殿，谢了恩在锦墩上坐下。（清《续济公传》）

（53）你不过是爱惜他的意思，他那里懂得，<u>一来二去</u>，眼大心肥，那里还能够有长进呢。（清《红楼梦》）

该构式表性状的"程度"，A、B为形容词或词素，例如：

（54）爷儿俩这一说话，天光已经发晓了，刘云算了店饭钱，交与伙计，另外又多给了一两银子的酒钱，五爷叫店伙计到吉庆店告诉店里掌柜的，昨天住的姓蒋那位客官，连房钱带饭钱，共合给留下二两银子，余下的算酒钱，<u>一清二白</u>。（清《三侠剑》）

（55）当着这许多人面上，被这小孩子轻轻一言，将他面上的光彩削

了个<u>一干二净</u>,这叫他怎不动怒?（清《八仙得道》）

民国至现代,该构式的用法基本沿用下来,例如:

（56）究竟在哪儿,我们姊妹俩,终须探问个<u>一明二白</u>,才好去报告娘娘。（民国《隋代官闱史》）

（57）自然<u>一批二驳</u>,不准不准。（民国《汉代宫廷艳史》）

（58）他毅然放弃了洋房、小汽车、高薪,回到了当时还是<u>一穷二白</u>的祖国。（现代《中国儿童百科全书》）

（59）倘若不能使众人又敬又服,只知道<u>一打二杀</u>,也会坏事。（现代《李自成》）

三、数序结构去范畴化的诱因

（一）形式及语义的省缩

"省缩"是语言演变的直接诱因之一,不少学者已有论述,如江蓝生①、刘红妮②、董正存③、杨永龙④等。所谓"省缩"指的是,在语言演变过程中省略或紧缩原有结构的某一构成成分。结构的省缩通常伴随语言的演化现象,其发生的根本原因是语言经济原则。语言经济原则指,"在保证语言完成交际功能的前提下,人们总是自觉或不自觉地对言语活动中力量的消耗做出合乎经济要求的安排"⑤。"符合经济要求"主要表现为:力求以最少的语言符号负载更多信息。而语言形式的"省缩"恰好迎合了这一要求。

"省缩"也是数序结构构式化过程中极其重要的诱因。典型的数序结构是一种常规结构,它难以启动构式化的程序,必须借助于"省缩"这种超常规

---

① 参见江蓝生:《同谓双小句的省缩与句法创新》,《中国语文》2007 年第 6 期。

② 参见刘红妮:《结构省缩与词汇化》,《语文研究》2013 年第 1 期。

③ 参见董正存:《让步条件构式的省缩及副词"打死"的形成》,《语言教学与研究》2016 年第 1 期。

④ 参见杨永龙:《词音变化与构式省缩——禁止词"别"的产生路径补说》,《中国语文》2017 年第 6 期。

⑤ Martinet,A. A Functional View of Language, Oxford:Clarendon Press,1962,p. 1.

手段以及由此引起的语义变化才可能诱发演化①。数序结构的"省缩"可分为两种:一是形式省缩;二是语义省缩。形式上的省缩不一定产生语义的变化,但语义的省缩往往伴随形式上的改变。我们认为,该类构式的省缩首先从形式上开始,进而引发语义上的省缩,最后导致演变。其路径可归纳为:形式省缩→语义省缩→语义演变(构式化、去范畴化)。具体如下:

1. 形式省缩

数序复句的序列项由复杂趋于简洁,一开始只是音形上的减短,于意义并没有增减②,这实际是语言表达的修辞动因。试比较以下例句:

(60)<u>一奏之</u>,有玄鹤二八,道南方来,集于郎门之塊;<u>再奏之</u>,而列。(战国《韩非子》)

(61)<u>一奏</u>,有玄鹤二八从南方来,集于郭门之上危;<u>再奏</u>而列……(东汉《论衡》)

上述例句中,从"一奏之、再奏之"到"一奏、再奏",可变项音形上减短,但表义没变化。又如:

(62)乃立刑名之制五焉:<u>一曰笞,二曰杖,三曰徒;四曰流,五曰死</u>。(唐《唐六典》)

(63)乃立刑名之制五焉:<u>一笞,二杖,三徒,四流,五死</u>。(五代《旧唐书》)

例(62)中的"笞、杖、徒、流、死"实为"笞刑、杖刑、徒刑、流刑、死刑"的省缩。而从例(62)到例(63),序列项在音形上又进一步减短,但两例的句义没有改变。

2. 语义省缩

语义省缩指的是,原结构的表达内容(或语义内容)有所减省,语义省缩通常伴随形式省缩。例如:

---

① 江蓝生:《超常组合与语义羡余——汉语语法化诱因新探》,《中国语文》2016 年第 5 期。

② 陈望道将此类现象称为"节缩",是一种修辞手段。(参见陈望道:《修辞学发凡》,上海教育出版社 1976 年版,第 157 页)

（64）夫虞卿蹑屩檐簦，<u>一见</u>赵王，赐白璧一双，黄金百镒；<u>再见</u>，拜为上卿；<u>三见</u>，卒受相印，封万户侯。（西汉《史记》）

（65）<u>一见</u>，赐黄金百镒，白璧一双；<u>再见</u>，为赵上卿，故号为虞卿。（西汉《史记》）

（66）我有三宝，持而保之：<u>一曰慈</u>，<u>二曰俭</u>，<u>三曰不敢为天下先</u>。（春秋《老子》）

（67）<u>一慈二俭</u>，守玄祖之格言；沐雨栉风，禀太宗之丕训。（清《唐文拾遗》）

对照例（64），例（65）的序列项从三项减为两项，表达内容省缩了"三见，卒受相印，封万户侯"。例（67）中的"玄祖"指"老子"，而对照例（66），可以发现该句的表达内容实际省缩了"三曰不敢为天下先"。

3. 语义演变

语义省缩较易诱发语义压缩。数序结构虽在表面上省缩了语义内容，但所省缩的内容实际以"压缩"的形式进入了新构式，产生语义演变。这里的"压缩"指原结构多个序列项表达的语义内容只能用两项来表达。语义压缩容易产生语义和句法形式上的矛盾，而解决这一矛盾的途径则是抽象泛化。"抽象泛化的关键要素之一是概念的包容性。"①汉语数序结构在抽象泛化过程中，表"次序"的数量语义特征逐渐丧失，而泛指"多"，其概念的包容性大大增强，因为"二"或以上的数都可统括于"多"这一概念之下。

语义内容的减少实际是抽象泛化的开始。试比较下列例句：

（68）白起，小竖子耳，率数万之众，兴师以与楚战，<u>一战</u>而举鄢郢，<u>再战</u>而烧夷陵，<u>三战</u>而辱王之先人。（西汉《史记》）

（69）楚地方数千里，持戟百万，白起率数万之师以与楚战，<u>一战</u>举鄢郢以烧夷陵，<u>再战</u>南并蜀汉。（西汉《史记》）

---

① 刘正光:《语言非范畴化——语言范畴化理论的重要组成部分》,上海外语教育出版社2006年版,第115页。

（70）白起小竖子，<u>一战再战</u>，鄢郢尽没，被逼迁都。（清《东周列国志》）

（71）而奈何<u>一战再战</u>，且连战不已也。（民国《民国演义》）

例（68）至例（69），所陈述的内容基本一致，但出现语义内容减少，同时伴随形式省缩："一战……再战……三战……"→"一战……再战……"。例（69）至例（70），语义进一步压缩，并开始抽象泛化，即"一战……再战……"→"一战再战"，后者有泛指"多次"的倾向。而例（70）至例（71），则反映了该构式的抽象泛化基本完成，泛指"反复（或多次）"，这从例（71）中的"连战"可以看出。

"一……二……"类似的用例如下：

（72）（折拆驴云）孩儿也，你上的那路台去，一个左边，一个右边，中间里部署扎了那藤棒，擂家汉要智的擒，打的擒，肚有智，瞒过人，<u>一狠二毒三短命</u>，便是擂的旧家风。（元《刘千病打独角牛》）

（73）他如不应允，小弟有个主意，叫<u>一狠二毒三绝计</u>，管保他家败人亡，美人到手。（清《彭公案》）

（74）但我并没有恋栈的心思，你又何必就做出这<u>一狠二毒</u>的样子来呢？（民国《留东外史续》）

从例（72）到例（74），"一狠二毒"也由最初的"数序"省缩并抽象泛化出"程度"。

以上分析说明，数序结构的语义内容实际存在减少并不断抽象泛化，最后只剩下语义核"反复（或多次）"或"程度"。

这里需指出的是，结构省缩的目的是凸显语义表达的核心或焦点[1]。显然，"一 A 再 A""一 A 二 B"的省缩是为了凸显"A"或"A、B"的语义内容。但有时，省缩是为了凸显某序列项，例如：

（75）播百谷，劝耕桑，以足衣食，故八政<u>一曰食，二曰货</u>。（东汉《汉

---

① 刘红妮：《结构省缩与词汇化》，《语文研究》2013 年第 1 期。

书》）

"八政"为"一曰食,二曰货,三曰祀,四曰司空,五曰司徒,六曰司寇,七曰宾,八曰师。（《尚书》）"而例(75)为了凸显"食、货"的重要性只列了两项。

又如,为了凸显"一纯、二精",以下数序结构也进行了省缩：

(76)王曰："所谓一纯、二精、七事者,何也?"（春秋《国语》）

(77)一纯二精,有严典祀。（元《宋史》）

《国语》又载"是以先王之祀也,以一纯、二精、三牲、四时、五色、六律、七事、八种、九祭、十日、十二辰以致之,百姓、千品、万官、亿丑、兆民经入畡数以奉之,明德以昭之,和声以听之,以告遍至,则无不受休。"由此可见,例(76)(77)中的"一纯、二精、七事者""一纯二精"均为省缩,但后者的语义焦点更为突出。

结构省缩通常是历时的,"一 A 二 B"历时省缩如前文例(72)至(74)、例(76)至(77)。我们对"一 A 再 A"也进行了统计,发现该构式构式化成熟时期的许多用例均可探寻其源形式。换言之,其具体的构式化可被实例还原,如前文的"一战再战",再如,"一易再易"的历时省缩过程：

(78)不易之地,家百畮；一易之地,家二百畮；再易之地,家三百畮。（西周《周礼》）

(79)今造都鄙,授民田,有不易,有一易,有再易,通率二而当一,是之谓井牧。（唐《通典》）

(80)贾公彦谓：《周礼》地有一易、再易、不易之分,贡乃一易地,二百亩而税,百亩助,则上地百亩,菜三十亩,而税其半。（宋《罗氏识遗》）

(81)子平对曰："什一取其公田之入,今无公田而税其私田,为法不同。古有一易再易之田,中田一年荒而不种,下田二年荒而不种。今乃一切与上田均税之,此民所以困也。"（元《金史》）

(82)一易再易而不已,岂非至愚极陋,难以情遣理喻,始终未明其故。（清《芰楚斋续笔》）

又如,"一摘再摘"的历时省缩过程：

（83）<u>一摘</u>使瓜好，<u>再摘</u>使瓜稀。三摘犹自可，摘绝抱蔓归。（唐《黄台瓜辞》）

（84）<u>一摘</u>使瓜好，<u>再摘</u>令瓜稀，三摘犹尚可，四摘抱蔓归。（五代《旧唐书》）

（85）陛下有今日运祚，已<u>一摘</u>矣，慎无<u>再摘</u>。（五代《旧唐书》）

（86）循此以推，即使会议重开，而双方隔阂尚多，必至仍前决裂，<u>一摘再摘</u>，国事何堪？（民国《民国演义》）

除了上述例子，"一加再加""一命再命""一请再请""一变再变""一试再试""一败再败""一误再误""一犯再犯""一折再折""一换再换""一辞再辞""一举再举""一饮再饮""一鼓再鼓""一见再见""一失再失""一赐再赐"等在古汉语中也有源结构。这些实例均为"一 A 再 A"演变的痕迹，我们认为，构式化过程中的实例化为构式的历时演变提供了重要的依据。

（二）构成成分的裂变

Croft 认为，在构式化过程中，源结构会通过替代、更新或裂变在句法形式上产生分歧。① 而句法上的分歧易发生重新分析，或导致某些构成成分被提取，这在一定程度上推动了构式化的进程。该涉数序列结构在构式化过程中也有明显的裂变痕迹，其动因可归结为语用驱动，主要包括两个方面：一是语用停顿，即为"引入话题"进行停顿；二是韵律方面，追求结构的对称或匀称化。例如：

（87）<u>一鼓</u>，民被甲括矢，操兵弩而出；<u>再鼓</u>，负辇粟而至。（西汉《淮南子》）

例（87）中"一鼓""再鼓"后的停顿，对其后的表述起到引入作用，同时，由于裂变，整个结构形式更加匀称化，如"民被甲括矢""操兵弩而出""负辇粟

---

① 参见 Croft, W. Radical Construction Grammar: Syntactic Theory in Typological Perspective, Oxford: Oxford University Press, 2001, p. 126。

而至"。试比较,如未裂变,便出现"一鼓民被甲括矢"与"操兵弩而出"极其不对称。

与上述不同,"一 A 二 B"通常从省缩式"一 A 二 B 三 C……"中裂变出局部形式来,如前文例(45)"一罗二土",再如:

(88)我也有一爷二娘,三兄四弟,五子四孙。(元《郑孔目风雪酷寒亭》)

(89)一金二银。三吠琉璃四帝青宝。(清《大藏经》)

因省缩式过于冗长,易丧失节奏感,便出现了局部裂开现象,如例(88)(89)中的"一爷二娘""一金二银"。而裂开后,整个形式更加匀称化,节奏也明确。

如上分析,我们认为,构成成分的裂变,使得新构式的框架"一……再……""一……二……"愈加凸显,为该类结构的进一步构式化创造了有利条件。

(三) 变项泛化、谓词化及单音化

1.变项泛化

变项的扩展反映了构式的包容性,其泛化程度越高,构式的包容性越强,构式化程度越高。两种构式变项的泛化主要表现为:A 或 A、B 用大量的同义或近义形式替代。例如:

(90)及其投劾归来,恩均旧隶,升文石,登玉陛,一见而降颜色,再睹而接话言,非藉左右之容,无劳群公之助。(唐《梁书》)

(91)一息幡竿下,再休石龛边。(唐《游悟真寺诗》)

(92)一吸再唶,云平雾匝。(唐《甘雨应祈》)

(93)若当饥寒穷困之时,咬牙关,存忍耐,一思再忖道:饿死事小,犯法事大,身体发肤,受之父母,不可毁伤,皇天后土,若叫这样守死善道之人饥寒冻馁,万无此理。(明《东度记》)

(94)神光不定,一误再错,绝妙疑团。(清《对山徐墨》)

265

(95)刘弘一误二错,触犯着上圣,望上圣宽恕。(元《施仁义刘弘嫁婢》)

(96)你实说便罢,不然有一差二错,就在你这两个囚根子身上。(明《金瓶梅》)

(97)……昨天住的姓蒋那位客官,连房钱带饭钱,共合给留下二两银子,余下的算酒钱,一清二白。(清《二十年目睹之怪现状》)

同义或近义替代现象在"一A再A"构式化初期十分常见,如例(90)(91)中的"见""睹""息""休",但这一泛化现象不会直接引起数序结构的改变,因为各个序列项之间仍是相异的,如例(90)中的"一见而降颜色""再睹而接话言"表达的内容显然不同。而例(92)—(94)中的数序结构是省缩式,各序列项之间虽在形式上保留了相异性,但因"吸""唔""思""忖""误、错"实际是同义或近义的,序列项具有了同质性,进而出现了语义重合,如例(93)中的"一思""再忖"表达的意思基本一样。"一A二B"的情况类似,A、B由相异到相同或相近,是泛化的表现,但同义或近义替代致使序列项语义重合,如例(95)至(97)中的"误""错""差""错""清""白"。以上语义重合现象实属语义羡余,而语义羡余是语言演化的特殊诱因①。数序结构的列举通常是异质的,即前后序列项不一样,当序列项出现语义重合时,意味着具有了同质性,而无法进行列举或列举削弱,进而引发构式化。因此,同义或近义替代既是可变项泛化的表现,又是该类结构构式化的重要诱因。

2. 变项谓词化

变项的谓词化导致"一……再……""一……二……"被悬空,构式义也更加抽象。两种构式的变项由最初不限于动词,到逐渐以动、形容词为主,具有较强的谓词化趋势。前者从"一X""再Y"直接提取的A主要是动词,其谓词化较明显。后者的可变项由名词性的结构逐渐省缩为以单音节的动、形容词为主,也表现为谓词化。例如:

---

① 江蓝生:《超常组合与语义羡余——汉语语法化诱因新探》,《中国语文》2016年第5期。

（98）乃至心有二种，<u>一者真，二者妄</u>。（唐《禅源诸诠集都序》）

（99）有二科：<u>一曰平射，二曰武举</u>。（五代《旧唐书》）

（100）复次瞿昙世俗有二。<u>一有二无</u>。有即虚空。无即兔角。（清《大藏经》）

（101）沈白清连忙爬起来，只见林公<u>一摇二摆</u>走来。（清《五美缘》）

"一X，二Y"的列举项起初是名词性的，因省缩致使核心的动词或形容词成分保留，从而强化了列举项的谓词性。上述例（98）、（99）中的"一者真、二者妄""一曰平射、二曰武举"均为名词性的，如分别省缩为"一真二妄""一射二举"，可变项的谓词化特性就会被凸显，以至整个构式易被重新分析为可直接接受动词或形容词的结构。如例（100）中"有""无"的动词特性显然得到凸显，而例（101）中的"一……二……"被悬空，表达"摇""摆"的反复。

3. 变项单音化

变项的音节数一定程度上反映了框架构式的凝固度，音节数越多，构式越发显得松散，反之，越紧密。两种构式的变项起先都是不限音节数的，至明清时期则表现为较强的单音化趋势，这进一步推动了该类构式由松散的"一A，再A""一A，二B"向内部联系更紧密的"一A再A""一A二B"演变。

（四）语境影响

语境影响是语言演化另一个值得注意的重要因素。[①] 我们认为，语境对数序结构构式化的影响也十分显著，主要表现为以下几个方面：

1."对举"形成的语境效应

"一X，再Y"双项序列复句在古汉语中使用频率较高，尤其唐宋时期，"一X，再Y"在诗词中形成强烈的对举格式，使新构式的原始构架被凸显、被固化。我们认为，"对举"实际就是该类结构构式化的语境效应。

---

① 刘坚、曹广顺、吴福祥：《论诱发汉语词汇语法化的若干因素》，《中国语文》1995年第3期。

我们对《全唐诗》《全宋词》《全宋诗》进行了统计,"一 A,再 A"共 221 例,"一 A,二 B"共 209 例。例如:

(102)一射百马倒,再射万夫开。(唐《赠裴将军》)

(103)一请工治庖,再请拙操舟。(宋《送丘宗卿帅蜀》)

(104)一愿世清平,二愿身强健。(唐《赠梦得》)

(105)一径直,二周遮。(宋《偈颂五十一首》)

需指出的是,该类用例中有的为"谐数"对举,即人们为了提高语言表达的修辞效果,常刻意模拟自然数序,以求得形式上的对称及和谐。唐宋诗词中常使用"一……再……""一……二……"等自然数序,使句子整齐匀称,前后更加连贯,此类用例还有:

(106)一笑双白璧,再歌千黄金。(唐《古风其五十五》)

(107)一声羌笛晚风斜,再问花期便觉赊。(宋《咏盆梅》)

(108)一川花送客,二月柳宜春。(唐《送郑务拜伯父》)

(109)一溪春水百家利,二顷夏秧千石收。(宋《题皖山北濒江田舍》)

2.佛教玄数的影响

郭攀指出,佛教玄数对汉语层面的渗透较为普遍。① 而对玄数的解释则需大量使用数序结构,其中"一……二……"的使用频率极高。我们对相关文献作了统计,悦耳 384 例:《优婆塞戒经》6 例、《百喻经》1 例;《禅源诸诠集都序》4 例、《敦煌变文》14 例、《首楞严经》7 例、《小止观》4 例;《祖堂集》4 例;《五灯会元》25 例、《云笈七签》16 例、《朱子语类》5 例、《古尊宿语录》7 例;《大藏经》291 例。上述用例主要为单、双音节的变项,其中,单音节的 152 例。例如:

(110)疑有二种:一烦恼疑;二无记疑。(魏晋《优婆塞戒经》)

(111)然无量义统唯二种,一不变,二随缘。(唐《禅源诸诠集都序》)

---

① 参见郭攀:《汉语涉数问题研究》,中华书局 2004 年版,第 202 页。

（112）复有二门：一谓志心，二谓灭心。（宋《云笈七签》）

（113）思等皆有二相，一体二用。（清《大藏经》）

佛教玄数对汉语表达的渗透，加大了该类构式的使用频率，尤其单音节 A、B 的高频使用使该类构式的框架被进一步凸显。

3. 语境吸收

语境吸收（absorption of context）是语境影响的重要表征。语境吸收指，在构式化过程中构式能将语境意义吸收并内化为构式的意义①。三项或以上的数序结构，通常包含两项的"一 A，再 A"或"一 A，二 B"，这使得前者成为后者的直接语境，而随着前者的不断省缩，其"多（或反复）"义也会通过语境吸收逐渐转移到新构式"一 A 再 A""一 A 二 B"上。

四、数序结构去范畴化的机制

（一）重新分析机制

在数序结构构式化过程中，"省缩"诱发了重新分析②。两种构式的重新分析过程可表述如下：

一 A，再 A>（（一 A）+（再 A））>（一 A 再 A）

一 A，二 B>（（一 A）+（二 B））>（一 A 二 B）

首先"一 A，再 A""一 A，二 B"在数序复句中因省缩被逐渐分析为一个局部整体，然后，省缩的"（一 A）+（再 A）""（一 A）+（二 B）"又进一步被重新分析为紧密相连的两个部分"（一 A 再 A）""（一 A 二 B）"。

需指出的是，底层结构中序数与序列项之间的语义关系实际也发生了实质性的改变，表现为"语义指向的重新分析"，即序数的数量意义最初指向的是整个序列项，而在构式化过程中逐渐指向序列项内含的核心谓词，具体可表

---

① 董正存：《让步条件构式的省缩及副词"打死"的形成》，《语言教学与研究》2016 年第 1 期。

② 刘红妮：《结构省缩与词汇化》，《语文研究》2013 年第 1 期。

述如下：

"一 X(内含 A)，再 Y(内含 A)(一→X；再→Y)">"一 A 再 A(一、再→A)"

"一 X(内含 A)，二 Y(内含 B)(一→X；二→Y)">"一 A 二 B(一→A；二→B)">"一 A 二 B(一、二→AB)"

通过省缩，序数的语义逐渐指向核心成分 A 或 AB。"一 A 再 A"语义指向的重新分析较直接，而"一 A 二 B"较为间接，因 AB 可能成词，其语义指向的重新分析存在进一步发展，即"一""二"由分别指向"A、B"重新分析为同时指向"AB"，如"一狠二毒"，"狠毒"是形容词。

（二）隐喻机制

Lakoff 和 Johnson 指出，隐喻是认知域之间相互投射的结果[①]，而在此过程中，概念的相似性是认知的心理基础。数量与反复、程度等概念具有相似性，都属于量范畴，因此，隐喻可以发生。我们认为，从"数序"去范畴化为"反复""程度"，实际就是隐喻化的过程。两种构式的隐喻过程可以描述如下：

序列→量化(增量)→反复→程度

汉语的序列容易演变为"量化"[②]。数序结构的"量化"过程也较明显，数序本身就包含了量上的递增，因而数序表达在数量上易被"量化"，表示"多"。"一 A 再 A"由异体的变项 X、Y 省缩为同体的变项 A，使得其"量化"的语义特征[+反复]被凸显，其构式也由相对具体的"数目、序数"隐喻为更抽象的"反复"。当 A 泛化为形容词时，该构式又进一步隐喻扩展出"程度"，如"一慢再慢"。而"一 A 二 B"除了数序结构本身的量化，更多是因 A、B 的同义关系出现语义重复，以至量化的语义特征[+多]被凸显，如"一误二错"，而当 A、B 为动词时，其进一步隐喻扩展出"反复"义，当 A、B 泛化为形容词时，该构式

---

① 参见 Lakoff, G. & Johnson, M. Metaphors We Live By. Chicago and London: The University of Chicago Press, 1980, p. 85。

② 董正存：《汉语中序列到量化的语义演变模式》，《中国语文》2015 年第 3 期。

又隐喻扩展出"程度",如"一齐二整"。

(三) 韵律"节奏化"机制

节奏是语言韵律的重要组成部分①。Crystal 认为,所谓"节奏",指的是语言单位之间明显可以感觉到的整齐和匀称。② 因汉语有较强的双音化趋势,双音节就成了汉语的强势节奏单位③。正因为汉语韵律节奏的这一特点,汉语中出现了大量的省缩现象④,这说明,韵律节奏对语言表达起到重要的制约作用。我们认为,在该类结构的构式化过程中,可变项由不限音节到趋于单音节化,韵律节奏发挥了重要作用,因为从源构式"一 X 再 Y""一 X 二 Y"最终提取出的 A 或 A、B 都是单音节的,实际是受汉语"2+2"标准节奏模式的制约,这意味着"一 A""再 A""二 B"分别构成一个音步。而"2+2"节奏模式与汉语成语的韵律节奏模式不谋而合,因而该类构式在构式化过程中也有较强的成语化趋势,如,在词汇层面遗留的"一差二错""一差二误""一长二短""一干二净""一高二低""一来二去""一去二来""一来二往""一清二白""一清二楚""一穷二白""一错再错""一误再误"等。

(四) 表述"程度化"机制

"表述的程度化"指某些语言形式的表达功能逐渐演变为限定性状的程度。⑤ 数量结构的表达功能本来以表述事物或动作行为的数量或次序为主,后来演变为表述性状或动作的程度为主,如"百分之百……""千……百……""要多……有多……"。汉语数序结构也存在着"程度化"的过程,因为序列项

---

① Patel,A. D. & Daniele,J. R. An empirical comparison of rhythm in language and music, Cognition,2003(87).

② 参见 Crystal,D. A Dictionary of Linguistics and Phonetics, Oxford:Blackwell,2008,p. 417.

③ 沈家煊、柯航:《汉语的节奏是松紧控制轻重》,《语言论丛》2014 年第 2 期。

④ 刘红妮:《结构省缩与词汇化》,《语文研究》2013 年第 1 期。

⑤ 张谊生:《从间接的跨层连用到典型的程度副词——"极其"词汇化和副词化的演化历程和成熟标志》,《古汉语研究》2017 年第 4 期。

之间实际存在着"级差",即序列项中的某个词汇项已蕴含程度递增。例如:

(114)一染谓之縓,再染谓之赪,三染谓之纁。(战国《尔雅》)

(115)延年侍上起舞,歌曰:"北方有佳人,绝世而独立,一顾倾人城,再顾倾人国。宁不知倾城与倾国,佳人难再得!"(东汉《汉书》)

(116)三刺:一曰讯群臣,二曰讯群吏,三曰讯万民。(东汉《汉书》)

(117)凡克敌一则易,二则难。(东汉《论衡》)

例(114)中的"縓""赪""纁"蕴含了红的程度递增;例(115)中的"城""国"及例(116)中的"群臣""群吏""万民"实际蕴含了数量范围由小到大的级差变化;例(117)中的"易""难"蕴含了由易到难的级差变化。

以上分析表明,该类涉数序表达形式本身蕴含着"程度化",只不过在构式化过程中该特征被逐渐凸显,以至其最终获取了"程度"义,如"一胖再胖、一清二楚"等。

本小节主要从构式化角度探讨了"一A再A""一A二B"的去范畴化,认为该类构式是从数序结构构式化而来,在演化过程中,数词"一""再""二"的数目及数序本义均已丧失,其实际是汉语数量去范畴化的典型案例。我们认为,汉语中类似案例实际还有不少,如,现代汉语中的"左一……右一……",该构式实际是由空间涉数序列结构构式化而来的,其中数词"一"的本义也丧失,整个结构泛指"多或杂乱",下面列出一些历时例证:

(118)左一星少民,后宗也。右一星大民,太后宗也。(唐《晋书》)

(119)及坐图混榜出,纺名之左一人姓冯,右一人姓周,是岁遂登第。(宋《夷坚志》)

(120)你看中间一个老秃厮,左边一个牛鼻子,右边一个穷秀才,攀今揽古的,比三教圣人还张智哩。(元《陈季卿误上竹叶舟》)

(121)那陈老爹是吃过酒的人,被章宏左一杯,右一杯,一连就是十几杯,吃得十分大醉。(明《粉妆楼》)

(122)左一相,右一瞧,足足瞧了一晌。(清《女娲石》)

"左""右"表达空间顺序,与数词"一"连缀形成空间涉数序列结构,表示

"左边有一什么,右边有一什么",如例(118)至(120)。而至明清时期,该类结构也逐渐丧失空间顺序,构式义由"序列"构式化为更抽象的"多"或"杂乱无章",如例(121)、(122)。新构式一直沿用下来。

另,该构式在现代汉语中还扩展出了新的语用功能,表现为"拟声化"①,具有了人际功能,表"厌烦或不耐烦",有一定的贬义倾向,例如:

　　(123)就这样,早来不行,迟来也不行,<u>左一个"办公时间",右一个</u><u>"办公时间"</u>,我们十多个人整整耽误了一天工夫,影响了稻田施肥。

上述例句中的"一个"都是虚指的,也是数量的去范畴化现象。

本章小结:尽管数量范畴的典型成员数词、量词、数量短语在共时层面的去范畴化具有一定的系统性,但从历时角度来看,其去范畴化现象更具动态感,因此,本章选取了数词"半"、量词"般"、数量短语"一般"、数序结构"一……再……、一……二……"等典型个案进行了深入探究,这些数量成员的去范畴化实际就是其语法化、词汇化或构式化的过程,其动因及机制主要为省缩、语境影响、隐喻、转喻、陈述化、重新分析、韵律"节奏化"、表述"程度化",等等。事实上,汉语中的数量范畴涉及面广,其去范畴化无论是在共时层面还是历时层面都较为普遍,但本书只考察了典型成员及其个案的去范畴化现象,其他非典型的数量也可能存在着去范畴化,比如,名词重叠可以表示"数量多"②,如 AABB 式的"男男女女""瓶瓶罐罐""日日夜夜"等,如果将这些重叠式也看作数量范畴的表现形式,那么,该类形式也存在去范畴化现象,如"风风火火"所含数量意义实际弱化或丧失了。又如,人称代词的单复数属传统数量的范畴,其也存在去范畴化表现,例如:

　　(124)那个大胡子吕建国认识,是赵明的<u>一个哥们</u>,姓蔡,市委秘书长的外甥。

　　(125)秉承着"大事我决定,小事你随意"的生活态度,他们认为<u>一个</u>

---

① 刘丹青:《实词的拟声化重叠及其相关构式》,《中国语文》2009 年第 1 期。

② 吴吟、邵敬敏:《试论名词重叠 AABB 式语法意义及其他》,《语文研究》2001 年第 1 期。

<u>爷们</u>除了爱老婆，当然也要有点自己的主见。

从上述例句中的"一个"可以看出，词缀"们"的复数量实际受损，类似情况还有"N+们"，如"向身边的雷锋们致敬"，"们"表达的"类别化"成为词语的核心意义，其数量意义逐渐弱化。汉语中还有一些虚化为助词的"他""他个"以及虚指的"这个""那个"等，它们实际也丧失了单数量特征。至于这些数量是如何去范畴化的，今后还有待深入探索。

主要参考文献

一、中文文献

白荃:《论作主语的介词结构"从……到……"》,《汉语学习》1992 年第 1 期。

蔡维天:《"一、二、三"》,《语言学论丛》2002 年第 26 辑。

蔡丽:《程度范畴及其在补语系统中的句法实现》,暨南大学 2010 年博士学位论文。

曹秀玲:《"一(量)名"主语句的语义和语用分析》,《汉语学报》2005 年第 2 期。

陈昌来、张长永:《时间词"将来"的词汇化历程及其指称化机制》,《鲁东大学学报(哲学社会科学版)》2010 年第 5 期。

陈前瑞、王继红:《动词前"一"的体貌地位及其语法化》,《世界汉语教学》2006 年第 3 期。

陈淑梅:《鄂东方言的量范畴研究》,华中科技大学 2006 年博士学位论文。

陈望道:《修辞学发凡》,上海教育出版社 1976 年版。

陈新仁:《"转喻"指称的认知语用阐释》,《外语学刊》2008 年第 2 期。

陈勇:《框式结构"A 不像 A,B 不像 B"》,《新疆大学学报(哲学人文社会科学版)》2016 年第 5 期。

陈月明:《表钱和物的"数量+数量"结构》,《世界汉语教学》1995 年第 3 期。

储泽祥:《"一个人"的固化及其固化过程》,《华中师范大学学报(人文社会科学版)》2003 年第 5 期。

丁加勇:《容纳句的数量关系、句法特征及认知解释》,《汉语学报》2006 年第 1 期。

丁健:《去范畴化与标句词"说"的浮现》,《学术研究》2021 年第 7 期。

丁声树:《现代汉语语法讲话》,商务印书馆 1999 年版。

董秀芳:《"X说"的词汇化》,《语言科学》2003年第2期。

董正存:《汉语中序列到量化的语义演变模式》,《中国语文》2015年第3期。

董正存:《让步条件构式的省缩及副词"打死"的形成》,《语言教学与研究》2016年第1期。

樊青杰:《现代汉语传信范畴研究》,北京语言大学2008年博士学位论文。

冯璠、叶建军:《"多半"的词汇化与语法化》,《岭南师范学院学报》2016年第5期。

冯赫:《汉语量词"合"与"合(盒)"的历时考察》,《汉语学报》2018年第3期。

冯雪梅:《数词"多"用法补义》,《襄樊学院学报》2000年第3期。

高名凯:《汉语语法论》,商务印书馆2011年版。

高频:《"一下"的语法化研究》,《甘肃社会科学》2008年第4期。

甘露:《甲骨文数量、方所范畴研究》,西南师范大学2001年硕士学位论文。

甘世安、陈刚妮:《名词的原型理论研究》,《西北大学学报(哲学社会科学版)》2010年第3期。

葛婷:《协同副词"一起、一块"的虚化与同形异构》,《枣庄学院学报》2009年第4期。

谷晓恒、李晓云:《"数词+大+名词"短语浅探》,《汉语学习》2005年第5期。

郭继懋:《再谈量词重叠形式的语法意义》,《汉语学习》1999年第4期。

郭攀:《古汉语"数(量)·名"二语序形式二论》,《古汉语研究》2001年第3期。

郭攀:《汉语涉数问题研究》,中华书局2004年版。

郭绍虞:《汉语语法修辞新探》,商务印书馆1979年版。

韩陈其:《汉语词缀新论》,《扬州大学学报》2002年第4期。

黄伯荣、廖序东:《现代汉语》(下),高等教育出版社2007年版。

何杰:《现代汉语量词研究》,民族出版社2000年版。

胡附:《汉语知识讲话》,上海教育出版社1983年版。

胡附:《数词和量词》,上海教育出版社1984年版。

胡清国:《"一量(名)+否定"格式的语法化》,《江西财经大学学报》2004年第1期。

胡清国:《"一量名"否定格式的两种语序及其制约因素》,《宁夏大学学报(人文社会科学版)》2007年第4期。

胡壮麟:《语法化研究的若干问题》,《现代外语》2003年第1期。

华玉明、黄艳梅：《现代汉语中"一"的用法》，《邵阳师范高等专科学校学报》2000年第 1 期。

江蓝生：《从语言渗透看汉语比拟式的发展》，《中国语文》1999 年第 4 期。

江蓝生：《同谓双小句的省缩与句法创新》，《中国语文》2007 年第 6 期。

江蓝生：《超常组合与语义羡余——汉语语法化诱因新探》，《中国语文》2016 年第 5 期。

蒋向勇、邵娟萍：《语义范畴的原型理论诠释》，《江西社会科学》2007 年第 6 期。

金有景：《汉语的"序量组合"与"基量组合"》，《语言教学与研究》2000 年第 2 期。

赖先刚：《量词是体词吗？——量词的数量语义特征与语法功能》，《四川师范大学学报（社会科学版）》2009 年第 4 期。

蓝纯：《认知语言学与隐喻研究》，外语教学与研究出版社 2005 年版。

楼志新、张菊娥：《略谈成语中数词的语用功能及修辞方式》，《云梦学刊》2002 年第 2 期。

李芳杰：《说"从……到……"》，《武汉大学学报》1983 年第 1 期。

李国正：《古词新用说"八卦"》，《语文建设》2004 年第 Z1 期。

李和庆、张树玲：《原型与翻译》，《中国科技翻译》2003 年第 2 期。

李建平、龙仕平：《量词"丙""两"的语源及其历时演变》，《古汉语研究》2018 年第 3 期。

李康澄、何山燕：《汉语数量重叠式的历时考察及其类型》，《中南大学学报（社会科学版）》2010 年第 5 期。

李临定、范方莲：《试论表"每"的数量结构对应式》，《中国语文》1960 年第 11 期。

李小军：《汉语量词"个"的语义演化模式》，《语言科学》2016 年第 2 期。

李宇明：《论数量词语的复叠》，《语言研究》1998 年第 1 期。

李宇明：《"一量 VP"的语法、语义特点》，《语言教学与研究》1998 年第 3 期。

李宇明：《汉语量范畴研究》，华中师范大学出版社 2000 年版。

梁彩琳、石文博：《语义范畴原型理论研究：回顾与展望》，《外语学刊》2010 年第 5 期。

梁丽：《基本层次范畴理论与应用》，中国社会科学出版社 2007 年版。

廖光蓉：《多义词意义关系模式研究》，《外语教学》2005 年第 3 期。

刘柏威：《俄汉语量范畴研究》，黑龙江大学 2006 年博士学位论文。

刘丹青:《语法化理论与汉语方言语法研究》,《方言》2009 年第 2 期。

刘丹青:《实词的拟声化重叠及其相关构式》,《中国语文》2009 年第 1 期。

刘红妮:《词汇化与语法化》,《当代语言学》2010 年第 1 期。

刘红妮:《"忽而"的词汇化及其叠用格式的构式化》,《合肥工业大学学报》2011 年第 2 期。

刘红妮:《结构省缩与词汇化》,《语文研究》2013 年第 1 期。

刘坚、曹广顺、吴福祥:《论诱发汉语词汇语法化的若干因素》,《中国语文》1995 年第 3 期。

刘露营、刘国辉:《词类范畴典型概念与动词名词化现象》,《重庆大学学报(社会科学版)》2008 年第 1 期。

刘松泉:《新词语"秒杀"》,《语文建设》2007 年第 12 期。

刘雪春:《现代汉语等同范畴的语义认知研究》,华东师范大学 2004 年博士学位论文。

刘月华、潘文娱、故韡:《实用现代汉语语法》,外语教学与研究出版社 1983 年版。

刘正光:《语言非范畴化——语言范畴化理论的重要组成部分》,上海外语教育出版社 2006 年版。

卢惠惠:《近代汉语程度副词"十分"的语法化及其特殊用法》,《语言研究》2005 年第 2 期。

陆俭明:《现代汉语语法研究教程》,北京大学出版社 2003 年版。

陆俭明:《八十年代中国语法研究》,商务印书馆 2004 年版。

罗竹风:《汉语大词典》(第六卷),汉语大词典出版社 1990 年版。

罗竹风:《汉语大词典》(第十二卷),汉语大词典出版社 1993 年版。

吕冀平:《汉语语法基础》,商务印书馆 2000 年版。

吕军伟:《名量式合成词的来源问题探析》,《江汉大学学报(人文科学版)》2010 年第 2 期。

吕叔湘:《中国文法要略》,辽宁教育出版社 2002 年版。

吕叔湘:《近代汉语指代词》,江蓝生补,学林出版社 1985 年版。

马庆株:《汉语语义语法范畴问题》,北京语言文化大学出版社 1987 年版。

马庆株:《数词、量词的语义成分和数量结构的语法功能》,《中国语文》1990 年第 3 期。

马庆株:《指称义动词和陈述义名词》,《语法研究和探索(七)》,商务印书馆 1995 年版。

马喆:《"到底"的去范畴化考察》,《武汉理工大学学报(社会科学版)》2009 年第 3 期。

马喆:《方位对叠结构的语义增值与功能拓展——以"东 A 西 B""左 A 右 B"为例》,《汉语学报》2012 年第 1 期。

孟繁杰、李如龙:《量词"片"的语法化》,《语言研究》2011 年第 3 期。

潘允中:《汉语语法史概要》,中州书画社 1982 年版。

彭可君:《关于陈述和指称》,《汉语学习》1992 年第 2 期。

屈承熹:《汉语的词序及其变迁》,《语言研究》1984 年第 1 期。

任学良:《汉语造词法》,中国社会科学出版社 1981 年版。

任鹰:《主宾可换位供用句的语义条件分析》,《汉语学习》1999 年第 3 期。

邵敬敏:《量词的语义分析及其与名词的双向选择》,《中国语文》1993 年第 3 期。

邵敬敏:《动量词的语义分析及其与动词的选择关系》,《中国语文》1996 年第 2 期。

邵敬敏:《汉语语法的立体研究》,商务印书馆 2000 年版。

邵敬敏:《汉语语义语法论集》,上海教育出版社 2007 年版。

沈家煊、柯航:《汉语的节奏是松紧控制轻重》,《语言论丛》2014 年第 2 期。

盛爱萍、张虹倩:《从温州方言中的比较句到比喻句》,《当代修辞学》2011 年第 5 期。

盛新华、魏春妮:《词汇化语法化的标准及其理据——以"一样"为例》,《湘潭大学学报(哲学社会科学版)》2011 年第 1 期。

石锓、王秀云:《"一 X 就 Y"的构式化与构式裂变》,《语言科学》2021 年第 6 期。

石毓智:《试论汉语的句法重叠》,《语言研究》1996 年第 2 期。

石毓智、李讷:《汉语语法化的历程》,北京大学出版社 2001 年版。

石毓智:《论汉语的进行体范畴》,《汉语学习》2006 年第 3 期。

石毓智:《语法化的动因与机制》,北京大学出版社 2006 年版。

舒志武:《数词"三"的文化意义分析》,《华南农业大学学报(社会科学版)》2004 年第 2 期。

宋秀令:《现代汉语中的"从……到……"结构》,《山西大学学报》1980 年第 2 期。

宋玉柱:《关于数词"一"和量词相结合的重叠问题》,《南开大学学报(哲学社会科学版)》1978 年第 6 期。

宋玉柱:《现代汉语特殊句式》,山西教育出版社 1991 年版。

宋玉柱:《语法论稿》,北京语言学院出版社 1994 年版。

孙朝奋:《〈虚化论〉评介》,《国外语言学》1994 年第 4 期。

孙瑞霞、毕诗武:《论"一个"成为话语标记的语法化轨迹》,《沈阳航空航天大学学报》2012 年第 6 期。

陶瑷丽:《现代汉语程度范畴研究》,《长江学术》2009 年第 2 期。

万新:《"从……到……"结构中"从""到"的词性问题》,《河南师范大学学报》1995 年第 6 期。

王德春:《论范畴化——指导语言学博士生纪实》,《解放军外国语学院学报》2009 年第 5 期。

王东风、张凤春:《语境与翻译》,《中国翻译》1993 年第 5 期。

王凤兰:《现代汉语目的范畴研究》,暨南大学 2008 年博士学位论文。

王继同:《"一+动量词"的重叠式》,《中国语文》1991 年第 2 期。

王力:《中国语法理论》,商务印书馆 1944 年版。

王力:《汉语史稿》,中华书局 2004 年版。

王力:《王力古汉语字典》,中华书局 2000 年版。

王绍新:《量词"个"在唐代前后的发展》,《语言教学与研究》1989 年第 2 期。

王学文:《从认知的原型效应与去范畴化看词类的偏移》,《宁夏大学学报(人文社会科学版)》2010 年第 4 期。

王元祥:《也谈"从……到……"结构》,《贵州师范大学学报》1991 年第 3 期。

吴长安:《现代汉语数范畴说略》,《东北师大学报(哲学社会科学版)》2006 年第 3 期。

吴福祥:《汉语语法化研究的当前课题》,《语言科学》2005 年第 2 期。

吴福祥、冯胜利、黄正德:《汉语"数+量+名"格式的来源》,《中国语文》2006 年第 5 期。

吴福祥:《汉语方言中的若干逆语法化现象》,《中国语文》2017 年第 3 期。

吴吟、邵敬敏:《试论名词重叠 AABB 式语法意义及其他》,《语文研究》2001 年第 1 期。

吴英喆:《从带点与不带点的原字论说契丹语"性"语法范畴》,《中央民族大学学报(哲学社会科学版)》2006 年第 6 期。

夏俐萍:《"X 人"致使结构及其词汇化》,《语言科学》2016 年第 6 期。

邢福义:《关于"从……到……"》,《中国语文》1980 年第 5 期。

邢福义:《数量名结构的叠用解注格式》,《语法研究和探索(二)》,北京大学出版社 1984 年版。

邢福义:《现代汉语数量词系统中的"半"和"双"》,《语言教学与研究》1993 年第 4 期。

邢福义、汪国胜:《现代汉语》,华中师范大学出版社 2003 年版。

邢福义:《"广数"论略》,《华中师范大学学报(人文社会科学版)》2010 年第 2 期。

徐时仪:《"一味"的词汇化与语法化考探》,《语言教学与研究》2006 年第 6 期。

许光灿:《数名结构中"大"和"小"不对称性的考察》,《阜阳师范学院学报(社会科学版)》2008 年第 2 期。

[古希腊]亚里士多德:《范畴篇·解释篇》,方书春译,商务印书馆 2008 年版。

杨彬:《从英语新词看原型范畴的动态性》,《北京第二外国语学院学报(外语版)》2007 年第 12 期。

杨凯荣:《"量词重叠+(都)+VP"的句式语义及其动因》,《世界汉语教学》2003 年第 4 期。

杨永龙:《词音变化与构式省缩——禁止词"别"的产生路径补说》,《中国语文》2017 年第 6 期。

于立昌、夏群:《比较句和比拟句试析》,《语言教学与研究》2008 年第 1 期。

袁毓林:《词类范畴的家族相似性》,《中国社会科学》1995 年第 1 期。

张爱玲:《量词"帮"的语法化》,《辞书研究》2022 年第 5 期。

张斌:《新编现代汉语》,复旦大学出版社 2002 年版。

张赪:《现代汉语"V 一 V"式和"VV"式的来源》,《语言教学与研究》2000 年第 4 期。

张定兴:《略谈英语数词动词化及其翻译》,《中国翻译》1995 年第 3 期。

张建理、叶华:《汉语双数量词构式研究》,《浙江大学学报(人文社会科学版)》2009 年第 3 期。

张金圈:《副词"不要"的拟声化重叠及其深度去范畴化》,《汉语学习》2020 年第

2 期。

张旺熹:《汉语特殊句法的语义研究》,北京语言文化大学出版社 1999 年版。

张维鼎:《意义与认知范畴化》,四川大学出版社 2007 年版。

张延俊:《也论汉语"数·量·名"形式的产生》,《古汉语研究》2002 年第 2 期。

张谊生:《从量词到助词——量词"个"语法化过程的个案分析》,《当代语言学》2003 年第 3 期。

张谊生:《试论"有加"的附缀化与"X 有加"的构式化》,《中国语文》2017 年第 3 期。

张谊生:《从间接的跨层连用到典型的程度副词——"极其"词汇化和副词化的演化历程和成熟标志》,《古汉语研究》2017 年第 4 期。

张志公:《现代汉语》(中),人民教育出版社 1982 年版。

赵国军:《汉语量范畴研究综述》,《贵州师范大学学报(社会科学版)》2009 年第 6 期。

郑远汉:《数量词复叠》,《汉语学报》2001 年第 4 期。

郑远汉:《数量词叠用问题》,《南开语言学刊》2003 年第 2 期。

中国社会科学院语言研究所词典编辑室编:《现代汉语词典》(第七版),商务印书馆 2016 年版。

周国光:《现代汉语陈述理论述略》,《暨南大学华文学院学报》2004 年第 3 期。

周国林:《"丈人""丈夫"得名由来及其他》,《华中师院学报(哲学社会科学版)》1985 年第 1 期。

周红:《现代汉语致使范畴研究》,华东师范大学 2004 年博士学位论文。

周静:《现代汉语递进范畴研究》,华东师范大学 2003 年博士学位论文。

周日安:《数词"零"的缀化倾向》,《西北师大学报(社会科学版)》2003 年第 3 期。

周希全:《"数+形+量"格式中量词的语义特征分析》,《连云港师范高等专科学校学报》2007 年第 4 期。

周一民:《现代汉语》(修订版),北京师范大学出版社 2007 年版。

朱德熙:《语法讲义》,商务印书馆 1982 年版。

朱晓军:《空间范畴的认知语义研究》,华东师范大学 2008 年博士学位论文。

宗守云:《量词"组"和"套"对名词性成分的语义选择》,《汉语学习》2005 年第 4 期。

宗守云:《试论量词"堆"对名词性成分的选择》,《南开语言学刊》2007 年第 1 期。

宗守云:《论集合量词和数词词语的选择限制》,《邵阳学院学报(社会科学版)》2008 年第 5 期。

宗守云:《"一量名"和"X 量名"的差异》,《阜阳师范学院学报(社会科学版)》2008 年第 1 期。

宗守云:《论集合量词"把"对名词性成分选择的范畴化过程》,《语文研究》2009 年第 4 期。

二、外文文献

Baker, M. C. *Incorporation*: *A Theory of Grammatical Function Changing*, Chicago: Chicago University Press, 1988.

Bergen, B. K. & Plauché, M. C. The convergent evolution of radial constructions: French and English deictics and existentials. *Cognitive Linguistics*, 2005(16-1).

Berlin, B. & Kay, P. *Basic Color Terms*: *Their University and Evolution*. Berkeley and Los Angeles: University of California Press, 1969.

Bybee, J.; Perkins, R. & Pagliuca, W. *The Evolution of Grammar*: *Tense, Aspect, and Modality in the Languages of the World*. Chicago: Chicago University Press, 1994.

Bybee, J. Semantic aspecs of morphological typology. In Bybee, J.; John,. H. & Thompson, S. A. (eds.). *Essays On Language Function and Language Type*. Amsterdam; Philadelphia: John Benjamins Publishing Company, 1997.

Corbett, G. G. *Number*, Cambridge: Cambridge University Press, 2000.

Croft, W. *Radical Construction Grammar*: *Syntactic Theory in Typological Perspective*, Oxford: Oxford University Press, 2001.

Croft, W. & Cruse, D. A. *Cognitive Linguistics*, Cambridge: Cambridge University Press, 2004.

Crystal, D. *A Dictionary of Linguistics and Phonetics*, Oxford: Blackwell, 2008.

Eckardt, R. *Meaning Change in Grammaticalization*: *An Enquiry into Semantic Reanalysis*, Oxford: Oxford University Press, 2006.

Geeraerts, D. On necessary and sufficient conditions, *Journal of semantics*, 1988(4).

Geeraerts, D. Diachronic Prototype Semantics: *A Contribution to Historical Lexicology*,

Oxford:Clarendon Press,1997.

Harris,A. C. & Campbell,L. *Historical Syntax in Cross-Linguistic Perspective*, Cambridge:Cambridge University Press,1995.

Haspelmath,M. On directionality in language change with particular reference to grammaticalization. In Fischer,O.;Norde,M.;Perridon,H. (eds.). *Up and down the cline: The nature of grammaticalization*, Amsterdam:Benjamins,2004.

Heine,B.;Claudi,U. & Hünnemeyer,F. *Grammaticalization:A Conceptual Framework*, Chicago:University of Chicago Press,1991.

Heine, B. *Auxiliaries: Cognitive Forces and Grammaticalization*, Oxford: Oxford University Press,1993.

Hopper,P. J. & Thompson,S. A. The discourse basis for lexical categories in universal grammar. *Language*,1984(60).

Hopper,P. J. & Traugott, E. C. *Grammaticalization (2th edition)*, Cambridge: Cambridge University Press,2003.

Labov,W. The Boundaries of Words and Their Meanings, In Baily,C. J. & Shuy,R. (eds.). *New Ways of Analysing Variation in English*, Washington:Georgetown University Press,1973.

Lakoff,G. & Johnson,M. *Metaphors We Live By*, Chicago and London:The University of Chicago Press,1980.

Lakoff,G. *Women, fire, and dangerous things:what categories reveal about the mind*, Chicago:University of Chicago Press,1987.

Langacker,R. W. Syntactic Reanalysis. In Li,C. (ed.). *Mechanisms of Syntactic Change*, Texas:University of Texas Press,1977.

Mithun,M. The evolution of Noun Incorporation, *Language*,1984(60).

Martinet,A. *A Functional View of Language*, Oxford:Clarendon Press,1962.

Meillet,A. L' évolution des formes grammaticales, *Scientia (Rivista di scienza)*,1912(26).

Patel,A. D. & Daniele,J. R. An empirical comparison of rhythm in language and music, *Cognition*,2003(87).

Rosch,E. On the Internal Structure of Perceptual and Semantic Categories. In Moore,T.

(ed.). *Cognitive Development and the Acquisition of Language*, New York: Academic Press, 1973.

Rosch, E. Cognitive representation of semantic categories, *Journal of Expreimental Psychology: General*, 1975 (3).

Rostila, J. Lexicalization as a way to grammaticalization, In Karlsson, F. (ed.). *Proceedings of the Twentieth Scandinavian conference of linguistics*, 2004.

Sinclair, J. *Corpus Concordance Collocation*, Oxford: Oxford University Press, 1991.

Sinclair, J. Trust the Text. London: Routledge, 2004.

Tomasello, M. *Constructing a Language*, Cambridge, Massachusetts: Harvard University Press, 2003.

Traugott, E. C. & Trousdale, G. *Constructionalization and Constructional Changes*, Oxford: Oxford University Press, 2013.

Taylor, J. R. *Linguistic Categorization: Prototypes in Linguistic Theory* (2nd edition), Oxford: Oxford University Press, 1995.

Ungerer, F. & Schmid, H. J. An Introduction to Cognitive Linguistics, London and New York: Longman, 1996.